陆羽传

西岭雪 著

时代文艺出版社
SHIDAI WENYI CHUBANSHE

图书在版编目（CIP）数据

陆羽传 / 西岭雪著. -- 长春：时代文艺出版社，2023.11
　　ISBN 978-7-5387-7236-4

Ⅰ.①陆… Ⅱ.①西… Ⅲ.①陆羽（?-804）－传记 Ⅳ.①K825.6

中国国家版本馆CIP数据核字(2023)第173591号

陆羽传
LU YU ZHUAN

西岭雪　著

出 品 人：吴　刚
责任编辑：孟宇婷
装帧设计：青空工作室　陈　阳
排版制作：隋淑凤

出版发行：时代文艺出版社
地　　址：长春市福祉大路5788号　龙腾国际大厦A座15层 （130118）
电　　话：0431-81629751（总编办）　0431-81629758（发行部）
官方微博：weibo.com/tlapress
开　　本：880mm×1230mm　1/32
字　　数：300千字
印　　张：12.5
印　　刷：吉林省恒盛印刷有限公司
版　　次：2023年11月第1版
印　　次：2023年11月第1次印刷
定　　价：59.80元

图书如有印装错误　请寄回印厂调换

目录

引子　朕与你，都是孤儿　　001

第一章　鸿飞于渐

龙盖寺的智积禅师　　003

喜欢听"脱口秀"的竟陵太守　　021

从邹夫子到崔司马　　037

战争来了　　054

第二章　茶禅一味

诗僧皎然，茶禅一味　　073

大唐豪放女李季兰　　090

栖霞山下的皇甫兄弟　　105

陆羽，你的自传不完整　　123

李季卿，说不清的南陵水　　134

至近至远东西　　148

第三章 茶韵诗心

阳羡紫与顾渚紫	171
湖州联诗团	186
韵海不是海，镜源何为源	202
苕溪的竹与茶	214
人间清醒张志和	227

第四章 梦断长安

大历清风皆朋友	241
长安的一天	253
颜真卿的遗书	270
李季兰死于非命	284

第五章 鸿归何处

江西，庐山水与浮梁茶	299
戴叔伦，与君俱是沧海人	315
怀素，蕉和陆羽皆知己	330
孟郊，吟花啸竹成新篇	346
最好的结局	362

跋　喝茶是一件平常的事	374

引子　朕与你，都是孤儿

一

唐建中二年（781年），辛酉。长安兴庆宫。

陆羽独立在御花园的水榭中凭栏眺望，身后有小太监在收拾茶炉，对着柴灶吹火。他看着童子憋涨通红的脸，莫名觉得熟悉，仿佛看到童年的自己。

园中姹紫嫣红，花已经开到了极致，略有些衰败的样子了。御花园是不能见到残花的，所以又有一群小太监在忙碌地修剪，扫拾落叶。

但是今天收拾了，明天还是会有新的花瓣凋落。距离下一次繁花似锦，还要些日子呢。

毕竟是秋天了。过些时日，倒是有菊花可赏。陶渊明最爱的菊花。

陆羽也爱。他最爱的生活，就是在山中建个小小草庐，门前围一圈长短参差的篱笆，篱下有菊花。他每天早起后，就背着篓子去山中问茶，晚上归来，看到菊花迎门，便觉得自己是回家了。

他有过很多居处,却从没有觉得哪个是真正属于自己的家。寺里不是,宫中当然也不是。

这年的陆羽,已经四十九岁了。在世俗的眼中,事业已经达到了人生巅峰。

一个不知父母的弃儿,一个不曾登科的布衣,竟然仅凭着一手侍茶的活儿,便进入了金尊玉贵的宫廷内苑,成为皇帝近臣,这是何等荣耀!更何况,天子为了让他有别于一般的棋画待诏,还特地赐予他"太子文学"的职谓,这简直就是平步青云了。

然而,陆羽吃了半辈子苦,颠沛流离数十年,就在这十丈软红尘的极致之地,于大唐不夜城的花萼相辉处,他却悟了。

孔夫子曾赞叹贤人"五十而知四十九年非",且说:"加我数年,五十以学《易》,可以无大过矣。"

陆羽的名字,就是从《易经》来的。那时他还小,识字不多,因为不喜欢师父给自己取的名字,便用寺里的签子为自己卜了一卦,乃是第五十三卦:风山渐。上九。鸿渐于陆,其羽可用为仪,吉。

这是个下艮上巽的异卦,艮为山,巽为木。树木长在山中,并且不断生长,这就是"渐"。君子得此卦象,取法于山之育林,从而以贤德自居,将会担负起改善风俗的社会责任。是个好签。

象辞说:"其羽可用为仪,吉,不可乱也。"

仪,是舞具。鸿雁落在山头上,羽毛可用来编织舞具,意谓成大器者;因为编织舞具的羽毛应该纯而不杂,就像人心纯正,意志不乱。得此爻者,若是持心端正,得人荐举,则谋望有成,多福多利。做官的会有大运,读书的会有所成,是个非常吉利的上签。

小小的陆羽紧紧地握着这根签,心里很安慰,仿佛有一只鸟儿从心口飞出,扑棱棱地飞出山门,飞向寥阔的天地。

他没有父母,不知道自己是谁,从生下来就被人丢弃在湖北竟陵西湖畔,被龙盖寺的智积法师拾了去,就像小猫小狗一样养在了寺庙。

因为天生貌丑,身体瘦弱,师父为他取名"疾",字"季疵"。

疾也罢,疵也罢,都是人间的残次品。这名字就像和尚头上烙的戒疤一样,烙印在他的人生中,提醒着他的缺失。他是寺院里最低微的存在,当着最卑贱的杂役。

但是没关系,手握签文的这一刻,他觉得人生充满希望,相信自己总有一天,会像鸿雁一样展开羽翼,飞向长空,为自己的人生挣一抹不寻常的光彩。

于是,他给自己重新取了名字:陆羽,字鸿渐。

那天,他跟师父说:"我有名字了,以后,我叫陆羽,陆鸿渐。"

智积禅师冷笑了一声:"有名字了?连姓都有了?嗯,不喜欢师父取的名儿,要自己取?"

陆羽微微怯了一下,却仍坚定地点头:"我不想叫疾儿,不想字季疵,也不想要法号,我有新名字了,叫陆羽。"他摊开手,手心是一枚大雁的羽毛,"我在拾柴时,捡到了这个,这就是我的名字。"

老和尚再笑一声:"陆羽,这是想飞呀,可翅膀还没长硬呢。有蹄者行于陆,有羽者翔于空……你先去牛棚,感受下什么叫脚踏实地吧。"

次日,他被打发去做杂役,负责扫寺院、清洁茅房、放牛、修墙,总之一切最脏最臭的活儿都交给他做。"有蹄者行于陆,有羽者翔于空",他知道,师父还有一句话没说:你又长不出翅膀,就只配侍候四只蹄子的畜牲。

但是,如今他真的张开翅膀飞起来了,一直从山寺飞进了宫中,不可谓不高,不可谓不远。

可是,他却觉得迷茫,不确定,没有"鸿渐于陆"的踏实感。

他看着御花园铺砌着石子的甬道被收拾了出来,再没有一片落叶。这是皇宫与山林最不一样的地方。

在山中,每到秋天,满山都是落叶,枫叶红了,杏叶黄了,脚踩在落叶上,发出喊喊喳喳的声音,真实得让人心碎。但是御花园里,永远只能有盛开的花、茂盛的叶,不能凋谢,不会枯萎,却虚浮得让人心悬,就像鸟儿飞在天空,一直落不了地。

正想着,空中一声雁唳,陆羽举头仰望,看到一行大雁排成人字飞掠长空,有一片羽毛,飘飘曳曳,飞落下来。

他伸出手,那片灰白的雁羽便不偏不倚,正正落进了他手中。

大雁飞得再高,也终是要栖落的。

二

"待诏",顾名思义,待天子命也,也就是随时侍奉着天子旨意的人。

翰林院的待诏,掌校对章疏文史,负责四方表疏批答、应和文章事;内廷则有医待诏、画待诏、棋待诏等,供直于内廷别院,以待诏命。比如李白入朝时,名为翰林学士,实为文学待诏,无关政事,只随时陪候皇上以诗词助兴。

陆羽如今,则是以"太子文学"之名,行"茶待诏"之职。

当今皇上,是历史上称为唐德宗的李适(kuò)。本书以"陆羽的朋友圈"来展开故事,而李适无疑是这圈里最大的"咖"(如果德宗也能算朋友的话),所以将他放在了本书引子。

他是唐朝第十位皇帝,唐代宗李豫的长子。他比陆羽小十岁,如今正值不惑,一个帝王最好的年龄。但他的脸上,却没有多少志得意满的光辉,而时刻带着种挥不去的惆怅抑郁。

此刻,御花园早已收拾停当,再看不到一片落叶、一朵残花。宫女在沉香亭张起了纱幔,李适闲适地斜倚在几榻上,拈花不语。陆羽一边亲自煎水,一边为皇上讲述《茶经》:"茶者,南方之嘉木也。一尺、二尺乃至数十尺。其巴山峡川，有两人合抱者，伐而掇之。其树如瓜芦，叶如栀子，花如白蔷薇，实如栟榈，蒂如丁香，根如胡桃……"

"巴山峡川……"李适忽然低低沉吟。

陆羽忙停了口，等皇上发问。

果然，李适问："卿去过巴山吗？"

"去过。"

为了考察茶叶的产地与品性，陆羽前后考察了三十二个州，茶本出自蜀中，又怎么可能不去呢。

"臣自幼生长于竟陵，紧邻巴蜀，几度前往访茶，曾去过彭州、绵州、蜀州、雅州、泸州、汉州、眉州等地，还在宜昌品尝了峡州茶和蛤蟆泉水……"

陆羽一旦说起茶来，便逸兴遄飞、滔滔不绝。但他看到皇上的神色，虽似在静静聆听，眼神却分明透过他看向了别处，一个遥远的所在。

他停下来，小心地问："陛下喜欢巴蜀？"

"不喜欢。"李适很干脆地回答，"御幸蜀中，从来都不是什么好事。"

陆羽一惊，连忙低头。他知道，皇上这是又想起沈太后了。

果然，只听皇上又问："你去过那么多地方，觉得吴兴如何？"

陆羽不敢抬头，只盯着三足茶釜，轻轻答："臣在那里住了很久，是个地杰人灵的好地方。"

李适点点头："想起来了，我看过你的《吴兴历官记》和

《湖州刺史记》。"

若非如此，一介布衣，如何上达天听？

陆羽想，自己是沾了沈太后的光。事实上，每次李适单独召自己侍茶的时候，便是默默想念母后的时候吧。

因此，他用的是"我"，而不是"朕"。

天宝十五载（756年），"安史之乱"爆发，唐玄宗李隆基带着众妃嫔和皇子皇孙匆匆离宫，打着"西狩"的幌子入蜀避难，堪称有唐以来皇家最大的痛。

《旧唐书》载："禄山之乱，玄宗幸蜀，诸王、妃、主从幸不及者，多陷于贼，后被拘于东都掖庭。"

这其中，就包括了李适的母亲沈珍珠。

沈珍珠，出身于吴兴世家，貌美性柔，素有才名，能诗善画，传说曾拜李白为师。她以"良家子"身份选妃入宫，嫁与当时广平王李豫为妃，生下长子李适。战乱中，因为留在京城而被叛军囚禁，后来更是消声匿迹在漫天烽火中，从此失了下落。

从唐代宗李豫到唐德宗李适，两代帝王从来没有停止过对沈珍珠的寻找，却始终不得影踪。

就在今春，突然有人声称找到了沈太后并护送其至东都洛阳，李适欣喜若狂，巴不得立刻母子相认。然而皇太后的封号不能轻许，一旦相认就要颁诏天下甚至大赦，弄错了可是天大的笑话。

因此在正式拜见母后之前，李适谨慎地派了多名天宝年间的宫人前往探验，先将人迎入上阳宫奉养，并派了一百多名宫女带着车驾、服饰前往侍奉，又命钦天监选取黄道吉日，准备于二月初二奉迎太后，群臣入朝庆贺。

可就在他满怀孺慕地等待母子相见时，却闻得举报，称这位太后是假的！

原来，这女子实为玄宗最宠信的大太监高力士的养女，因为自幼住在京中，对宫里的事如数家珍，自小便知自己与沈珍珠相貌相似，仗着先皇嫔妃乃至养父高力士都已过世，宫中近身侍奉沈太后的宫婢经过烽火岁月也都尽行散去，一般宫人就算远远见过太后几面也不熟悉，更何况隔了这许多年的风霜沧桑，哪里还分得清楚？！因此竟利欲熏心，安享起尊荣来了。

但她瞒得过别人，却瞒不过一同长大的养哥哥，事情传开后，养兄害怕动静越闹越大，总有一天纸包不住火，会连累自己满门获罪，遂主动说出了始末。

德宗听罢，大失所望。却仍让人用牛车好好地送了高氏回家，未加苛责。

陆羽想起这些，心中忽然滚过一阵怜悯。他自小就没有太多的贵贱意识，略有口吃却辩才无双，无所不敢言，也并不觉得天下至尊怎么可能需要一个小小茶待诏的开解，只想诚心诚意地安慰。

一时釜中松鸣，涌泉连珠，已然沸腾。

水过二沸便要离火，不然就老了。

陆羽定一定神，一边舀起茶汤倒入盘龙金盏中，一边轻声说:"圣人宽仁,对高氏欺君之举不加责罚,天下共感戴之。"

李适叹息:"朕宁受百罔,但求一真。倘若降罪高氏,只怕天下再无人敢为朕求访太后。"

陆羽益发感喟:"圣人仁慈,大智大善。"

德宗深深看了他一眼,忽然轻轻一叹,举起茶来,以袖遮唇,用低不可闻的声音说:"朕与你,都是孤儿罢了。"说罢低头轻啜。

陆羽一震,猛地抬头看向皇上,德宗的脸上却又平静如常,仿佛什么都没有说过。

直视圣颜是大不敬,陆羽在惊鸿一瞥后又赶紧低下头,继续一丝不苟地分茶,内里却是澎湃汹涌,便如釜中之水,滚沸一片。

天子九驾,也只是一个可怜的孤儿吗?

他一生自傲自负,身为弃儿却不负此生,从山林一直走到今天,走出了一份骄傲与不群;但他的自尊中未尝没有自怜自艾的味道,当师兄用鞭子在他的背上印满纵横的伤痕时,他也曾觉得自己是世间最悲惨孤独的人。

但是如今,他从山林的寺院、从卑污的牛栏、从喧杂的戏棚,一直走到了花团锦簇、金碧辉煌的皇宫,走到了世间最尊贵的皇帝面前,听到世上最尊贵的人在躬身自悼,说:"朕与你,都是孤儿罢了。"

九五至尊与山林弃儿,都只是个没娘的孩子罢了。孰尊,孰贱?

他的心，不能不觉得震荡。

其实，谁又不是上天的弃儿呢？天地不仁，以万物为刍狗。每个人最终拥有的，也不过是自己当下的一丝生息罢了。除此，俱为虚无。

小时候被迫读过的那些佛经，那些他无比抗拒乃至想要逃离的偈语，此刻一股脑儿拥至面前。

陆羽在这一刻顿悟。

不必等到五十岁再知四十九之非，他比古代贤人，更早一年看透了人生的本质。

所以在后世，他被尊为"茶圣"。

三

很多很多年后，当陆羽成了茶圣，名扬四海，流芳千古，他写的书被奉为世界第一部茶经典籍，他写的字被用碧纱笼了起来，他的出身，也被点染了神秘传奇的色彩。

道光年间编印的《天门县志》中这样记载他的来历："或言有僧晨起，闻湖畔群雁喧集，以翼覆一婴儿，收畜之。"

虽然仍是弃儿，却有大雁相护，宛如周代始祖后稷的出生。

后稷的母亲姜嫄，据说在春游时踩到了巨人的脚印而受孕，生下一子，丑如肉球，所以他娘生下来就打算扔了他，可是扔来扔去扔不掉。弃于后山，虎狼不食；弃于街衢，牛马绕行；弃于冰原，有大鸟覆之以翼。

"鸟乃去矣,后稷呱矣。(《诗经·大雅·生民》)"

这个合该被弃的孩子就被随随便便取了个名字叫作"弃",却在长大后渐渐显示出他的天赋异禀,擅于稼穑之事,遂被尧帝封于有邰(今陕西武功县西南),号曰后稷,成为司农之神。

陆羽也是一个封神入圣的弃儿,又有着"鸿渐于陆"的得名,所以撰写县志的人就非常现成地向后稷借了羽毛,将大鸟覆翼的"马甲"给陆羽穿上了。

当年拾婴的小石桥,便被称为"古雁桥";桥附近的街道,称作"雁叫街";街口的牌坊,则称"雁叫关"。

陆羽至死不知道自己的父母是谁。后世亦无人知晓。

只为他自择姓陆,人们便替他强行找了位祖先:楚狂接舆。

这其实也是他自己的心理暗示。

他在二十九岁那年,写了一篇《自传》,自称:

> 常扁舟往山寺,随身惟纱巾、藤鞋、短褐、犊鼻。往往独行野中,诵佛经,吟古诗,杖击林木,手弄流水,夷犹徘徊,自曙达暮,至日黑兴尽,号泣而归。故楚人相谓,陆羽盖今之接舆也。

楚,便在今天的湖北。根据晋皇甫谧《高士传》称,陆通,字接舆,春秋时楚国隐士。楚王曾以黄金百镒、车驷二乘聘其为宰相,陆通不受,并为了逃避出仕,故意剪去头发,逃入山中,被屈原称为"接舆髡(kūn)首",与"桑扈赢(裸)行"

并列，成为隐士佯狂的代表形象。

接舆已经这样清贞决绝了，他的妻子比他还要清高得彻底。听说有使者来过，便对他说："先生少而为义，岂老违之哉？门外车迹何深也！妾闻义士非礼不动。妾事先生，躬耕以自食，亲织以为衣，食饱衣暖，其乐自足矣！不如去之。"意思是：你看咱们家门外的车辙多深多乱！这些人来来去去，太浮躁了，这不是影响清修吗？先生向来是义人，清高了一辈子，可别到老了被这些尘俗沾染，晚节不保。不如咱俩隐迹山中，你耕地，我织衣，自给自足，远离尘嚣，岂不干净？

接舆一听，贤妻真知我者也！于是夫妻俩红尘做伴，潇潇洒洒，一起隐居到峨眉山去了。据说后来都活了一百多岁，直到太上老君来渡了他二人做神仙。

这是道教与佛教不同的地方，神仙也还是要娶亲的。葛洪、马钰都是夫妻同修，玉帝还有个王母娘娘呢。

陆羽辩才无双，行为怪诞，遗世独立，卓尔不群，说起来的确是与楚狂接舆有些相似的。只可惜，没有一位陆夫人与他做伴，共登仙籍。

但是后世粉丝不忍心他孤单，不仅为他找了个祖宗陆通，还沿着陆氏的线索一直往下捋，硬是替他认下了后世子孙：大词人陆游。

妙的是陆游一生爱茶成痴，生于茶乡，当过茶官，一生以茶入诗三百首，为茶诗人之最，因此也很愿意承认陆羽这位祖先，多次在自己的"公众号"上晒家门：

遥遥桑苎家风在,重补茶经又一编。

我是江南桑苎家,汲泉闲品故园茶。

水品茶经常在手,前身疑是竟陵翁。

桑苎家风君勿笑,他年犹得作茶神。

如此,陆羽的一生终于圆满了,有名有姓,有祖有后,纵然一生未娶,无儿无女,又何憾哉?

缘起：

不记得从什么时候起，我越来越喜欢在创作一本新书后，来一次长途旅行，并将书稿的校对放在旅途中，白天游山玩水，夜里挑灯校书，遇上特别喜欢的风景，便会多耽搁一两天，坐在山水怀抱中读书、饮茶、畅想、写字，借江山之助，让文字多一分灵秀。记得有一次经过蜀南竹海，因为太喜欢那漫山漫谷的竹子，在竹海中一连住了三天，感觉笔下的文字都染上了一层竹叶清香。

这本《陆羽传》在动笔之前，我特地计划了一次万里自驾游，寻找灵感。车子从西安出发，一路入川，之后经贵州去广西，直抵海口，然后经湖南、河南返回西安，一路寻访茶山茶园，从四川青神的"竹丝扣瓷"，到贵州苗寨的"十二迎宾茶"，从广西梧州的老六堡，到湖南永州的粑粑油茶，连茉莉花之乡横县都去了。

初稿赶在今年清明前完成，想要赶着春茶季再来一次问茶之旅，有些细节可以在旅途中补充，在体验后完善，为新书画上一个满意的句号。然而疫情让计划一再延迟，不能说走便走，只能在西安城内转来转去。

为了寻找大唐的空气，我将早已去过的兴庆宫、大明宫遗址公园、曲江池遗址公园、大唐芙蓉园、大雁塔广场去了又去，畅想长安旧貌，发发思古之幽情。然后每天在电脑上修改几行字，聊以度日。

庆幸住在西安，那些久远的沉香雅韵、清词丽句，滋养了一方水土，万古风流，纵使隔了千年，也依然有着丰富的历史养分供我随时解锁封印，汲取灵感。

花萼楼下、沉香亭畔，陆羽会在何处为德宗李适烹茶呢？蛤蟆陵、兴庆坊，这些唐朝便有的街道路名，鸿渐可曾与他的小伙伴联袂经过？他有没有停下脚步尝一碗槐叶冷淘、清蒸羊肉，或是水晶龙凤糕？

从春日迟迟一直等到七月流火，疫情稍稍稳定，我再也等不及，下定决心出门了。早晨从西安出发，晚上则住在了湖北，当真是"朝秦暮楚"的实践者。

第一站：湖北竟陵，陆羽的故乡！

2022 年 7 月

鸿飞于渐

第一章

龙盖寺的智积禅师

一

陆羽不记得自己第一次侍茶是什么时候，好像从记事起，就在摆弄茶水了。

自然，最开始的差使不是瀹（yuè）茶，而只是拾柴看火，稍大些便开始负责担水。

唐代茶叶有粗茶、散茶、末茶、饼茶四种，陆羽将没有经过精细加工的茶叶饮法通称为"淹茶"。他最喜欢饼茶，或方或圆，油润青碧，面上有整齐的褶纹，如浮云出山，如轻风拂水，珍重地自封囊中取出，仿佛捧出一件稀世珍宝，一股草木清香沁人心脾。

茶饼需要经过炙、碾、罗三道工序，碾筛成细末状颗粒，然后才可煎而烹之。

现采现吃的茶需要先用火焙，用微火烤到茶有熟香味为止；晒好的茶饼也要先烤软，待茶饼表面突起，像蛤蟆背上的小疙瘩一样，才酥脆易碾。

烤茶饼的燃料最好用木炭，或是硬柴火。柴以桑、槐、桐为上，容易产生油烟的松柏和桧树是不能用的，朽烂的木器也不能当柴烧。

陆羽最喜欢秋天，吹着清凉的风，走在收割过的稻田里捡拾废弃的稻穗、麦穗，或是去河边收集芦杆，以之生火，有种莫名的充实感，令他心生欢喜。

起初是师兄带着，后来师父提点，再后来就是他自己一点点地悟了。

积公常说：陆羽念经坐禅没有耐心，看火烹茶倒是十分细致，分明有慧根。

大唐多佛寺，而几乎所有的高僧都爱茶。从根本上讲，茶叶的发展与僧人的推广是分不开的。

古今学者公认，茶的发现最初在巴蜀，战国时期秦昭襄王灭蜀之后，才传到中原。秦昭襄王，为秦惠文王之子，他娘大名鼎鼎，就是因为电视剧热播而广为人知的芈月。

茶叶贸易自汉代开始，但是直到魏晋时期才脱离药食形态而成为日常饮品，成为名士清谈的重要道具。而魏晋同时也是佛教盛行于中国的时期，可以说，茶事与佛教的流播相辅相承，从一开始就结下了不解之缘。

《晋书·艺术传》记载，敦煌人单道开在后赵都城邺城（今河北临漳）昭德寺修行，除"日服镇守药"外，"时复饮茶苏一二升而已"。

唐代封演《封氏闻见记·饮茶》云：

> 茶早采者为茶，晚采者为茗。《本草》云："止渴，令人不眠。"南人好饮之，北人初不多饮。开元中，泰山灵岩寺有降魔师大兴禅教，学禅务于不寐，又不夕食，皆许其饮茶。人自怀挟，到处煮饮，从此转相仿效，遂成风俗。

也就是说，饮茶之风，自释门传出。游方僧们怀揣茶饼，云游四方，随处煮饮以醒脑，引起效仿，遂成风俗。

这是因为，喝茶不仅能驱散昏寐，让僧伽们不会在坐禅时打瞌睡，最关键的是：抗饿！

《茶经》中援引了《广雅》中的一段文字，是关于茶叶加工的最早记载：

茶经·七之事

> 《广雅》云：荆、巴间采茶作饼，叶老者，饼成，以米膏出之。欲煮茗饮，先炙令赤色，捣末，置瓷器中，以汤浇覆之，用葱、姜、橘子芼之。其饮醒酒，令人不眠。

茶自巴蜀传入中原，饮用方法一直未有太大改变，仍是煮饮法，先炙后捣，并加入葱、姜、橘皮、茱萸、薄荷、盐等众多调料，与其说是茶，不如说是汤，故而喝茶不叫喝茶，叫吃茶，因为的确管饱。

至今，中国很多地区还盛行"擂茶"，尤其湘、黔、川、鄂交界的少数民族聚居地区，更是一直保留着"土家擂茶"的饮食习惯。其制作方法，是将大米、生姜、芝麻、大豆、花生、玉米等，辅以茶叶为原料，在特制的擂钵中擂制而成，营养丰富，健胃养颜，是土家族款待客人和馈赠亲友的佳品。

以前的擂茶要加入大把的盐，现在则有了"咸口"和"甜口"之分，一碗茶下去，顶得上一顿饭。

可以想象，当年秦惠文王发兵攻打巴蜀时，马困人乏，每每屯兵之际，就地取材，起火做羹，不免向当地人学习"茗粥"的做法，一吃之下，发现解乏又解困，还解饿，自是欣喜。茶叶被引入关中，也就是自然而然的事了。

而僧人们过午不食，不能吃饭，却可以吃茶，就更加趋之若鹜，甚至达到了"唯茶是求"的境地。各种茶事活动也随之兴起。

又因为禅寺多建在高山峻岭之中，有先天之便，很多寺院都会自己种茶、采茶、制茶。

比如唐代荆州玉泉寺附近的山洞水边遍布一种野茶，经玉泉寺真公和尚加以炮制，使之"拳然重叠，其状如手，号为仙人掌茶"。李白曾作《答族侄僧中孚赠玉泉仙人掌茶》，赞其"茗生此中石，玉泉流不歇""曝成仙人掌，似拍洪崖肩"。而且在诗前写了老长的序，注明此茶由中孚所制，是享有"专利权"的。

这也是李白生平唯一的一首茶诗。

二

龙盖寺有没有自己的茶园已不可知，但是智积禅师的嗜茶是出了名的，一日不可无此君，稍离了茶，便如渴睡之人思枕席而不得一般，口涩眼饧，浑身酸软，这时候陆羽就会及时地递一杯茶到他手中。

不加调料的饮茶方式，自陆羽起始，故而又称陆羽煎茶法。

茶经·五之煮

其沸，如鱼目，微有声，为一沸；缘边如涌泉连珠，为二沸；腾波鼓浪，为三沸。已上水老，不可食也。

初沸，则水合量调之以盐味，谓弃其啜余，无乃齸（gàn）𬜜（tàn）而钟其一味乎，第二沸，出水一瓢，以竹筴环激汤心，则量末当中心而下。有顷，势若奔涛溅沫，以所出水止之，而育其华也。

烹茶最讲究火候，用什么样的水，什么样的柴，火烧多旺，水沸几成，这些都是功课。

水有三沸：初沸时微闻水声，水面冒出鱼眼大的水泡；第二沸时水沿着釜边细泡丛生，有如涌泉连珠；这时就可以投茶了，一旦过了三沸，水如腾波鼓浪般，水就老了，会伤了茶性。

智积禅师喝茶是喜欢加作料的，陆羽通常会在第一沸时调入一勺盐化开；第二沸时则先舀出一瓢水来备用，然后一边放入茶末，一边用竹筷子在锅中间旋转搅动，让茶末顺着旋涡沉入，随时观察，汤略沸即加入一点儿预存的二沸水，保持平稳的火候，让茶汤缓缓滚动入味。

至此，茶才有了"品"的意味。

不过，陆羽煎茶，也仍然是要加盐的，不知道是不是唐人口味特别重的缘故。

活水还须活火煎，茶到杯中七分满，一切都刚刚好。

几乎是杯盏还未接到手的那一瞬，积公的瞌睡便清醒了。一缕茶香在空气中依依散开，宛如纶音。

这样被精心侍奉的积公越来越离不开陆羽的一盏茶，这让他在打发陆羽去清扫茅房时很纠结：是应该好好警戒一下这个弟子让他顺服呢，还是让他干干净净清清爽爽地为自己侍茶？

那天，疾儿那孩子忽然跑来说："我有名字了，以后，我叫陆羽，陆鸿渐。"

智积禅师冷笑了一声："有名字了？连姓都有了？嗯，不喜欢师父取的名儿，要自己取？"

陆羽微微怯了一下，却仍坚定地点头："我不想叫疾儿，不想字季疵，也不想要法号，我有新名字了，叫陆羽。"他摊开手，手心是一枚大雁的羽毛，"我在拾柴时，捡到了这个，这就是我的名字。"

老和尚再笑一声："陆羽，这是想飞呀，可翅膀还没长硬呢。有蹄者行于陆，有羽者翔于空……你先去牛棚，感受下什么叫脚踏实地吧。"

次日，他被打发去做杂役，最初还只是扫院子，后来干脆被赶去清洁茅房，另如和泥抹墙、背砖修屋之类的脏活儿、重活儿，也都让陆羽经历了一遍，还命他负责三十头牛的放牧。

然而，扫了一天茅房的人，即使洗澡更衣，也仍然沾染着一种说不清道不明的味道，就像是用朽坏的木器烧煮食物，会有陈旧木材的味道，称为"劳薪之味"，实在败坏胃口。

这让积公很恼火，因为除了陆羽，禅寺中竟然再没有一个人的烹茶技艺可以令他满意。

罚，还是不罚？这是一个问题。

积公带着这个问题坐禅，宛如体悟艰深的经文道义，久久不能得解。

便在这时，一个让老和尚难得动怒的消息传来：陆羽逃跑了！

三

陆羽的叛逆行径中最令积公恼火的，不仅是他不肯剃度，还有他虽身在佛门，却立志向儒，并振振有词说："佛门中人摒弃七情六欲，终鲜兄弟，无复后嗣，穿僧衣，烫戒疤，在儒家看来，这不是大不孝吗？玄奘大师少时亦曾闻《孝经》而避席起答，以效圣贤。弟子欲学孔子之书。"

积公嗤笑："你一个无父无母、不知根底的人，何谈孝道？"

陆羽却不甘心："我虽不知根基，却必定是父母所生。况且，我纵无父母，又怎么知道一定无子孙呢？我就不能为自己找个亲人吗？"

这是他的执念。就因为大千世界孤落落抛下了一个他，无牵无挂，无绊无羁，他才越发不甘心，想要为自己寻找至亲，找不到，就自己生一个出来。他已经无父无母了，难道也不可以有妻有子吗？如果这世上有了一个或者几个带着他血缘的孩子，他与世界的关系是不是也可以变得亲密一些？

释门戒嗔，但是智积禅师着实恼怒。佛门亦红尘，玄宗朝的学校教育中，《孝经》被抬上了极高的位置，不仅成为科举必考内容，皇上还于天宝二年（743年）亲下诏令，规定民间必须家藏《孝经》一本，人人成诵。

因此鸿渐与师父做这场释儒之辩时，单单抬出一个"孝"字来打擂。积公纵然不喜，却只能斥责弟子不能体悟佛法高明，拿他弃儿的身份说事儿，却不好明说佛家弟子六根清净，不需要讲孝道，否则就是与皇命对着干了。这场辩论注定没有结果，谁也说服不了谁。

缺爱的孩子，格外渴望红尘情缘。禅林外的世界，光怪陆离，温暖喧嚣，有着无尽的可能性。但这一切却与他无缘，一出世即被抛弃，无选择地在寺院长大，将来也会一辈子在寺院生活，直到老死，这一眼看到头的命运，他不甘心。

他，不、甘、心！

正所谓"小和尚念经——有口无心"，积公布置的经文，陆羽背了许久都背不出，却孜孜不倦地捧着本不知从哪里得来的张衡的《南都赋》摇头晃脑，读得津津有味。

积公简直不理解，这疯魔的性子是从哪里得来的？陆羽六岁学识字，九岁写文章，还只是个初学蒙童，那骈四骊六的《南都赋》古雅深奥，别说文义了，就连字他都认不全，又能读懂些什么？

这自我陶醉的装模作样，看得积公气不打一处来。在积公眼中，这就是离经叛道，不敬佛祖，须得以体罚来约束心性。

陆羽小小年纪，却在寺中做着最繁重的杂役，打扫寺院、清洁茅房、放牛、修墙，总之一切最脏最臭的活儿都交给他做，从早到晚不得歇息。

"有蹄者行于陆，有羽者翔于空"，他知道，师父还有一句话没说：你又长不出翅膀，就只配侍候四只蹄子的畜牲。

即便如此，也不能让他停止读书。骑在牛背上的他也念念有词，没有纸笔就用竹枝在牛背上画字，叹惜说："子在川上曰：'逝者如斯夫，不舍昼夜。'这样子一天天长大而不知书，空在佛门耽误年华，岂不枉来人世一遭？"

这样的话，被师兄听见，自然又是一顿好打。

陆羽却只是不改，依然着迷地沉醉诗书，他识得的字不多，却渴望创作，口中时常喃喃有词，每到会心得趣处，便忽忽若有失，痴痴呆呆，心如灰烬，手头的活计也忘了。看管的人以为他偷懒，便又绑了他鞭笞，大声斥问："还敢不敢在佛前胡说？肯不肯好好背经？"

陆羽却昂首向天，挺着瘦小的、鞭痕纵横的背，仰着张丑脸，口吃而倔强地背起诗来："行道迟迟，中心有违。不远伊迩，薄送我畿。谁谓荼苦，其甘如荠。宴尔新昏，如兄如弟……"

《诗》《书》《礼》《易》《乐》《春秋》，这些他都想学习。在他心中，这些才是老祖宗留下的真经，远比佛经有意思得多了。

陆羽的倔强与傲慢益发惹怒了师兄。师兄一鞭鞭抽打在他瘦小的背上，一直打到胳膊酸了才罢手，然后便将他扔进了柴房。

同时扔进来的，还有一卷佛经，师兄指点着说："不背熟这段经文，不许吃饭。"

陆羽身心俱痛，连倚靠一下都不行，只能侧身而卧，叹道："岁月往矣，恐不知其书。"

寺中生活，完全看不到尽头，也看不到希望。他想，是时候离开了。

师兄话说得凶，却也并没真想饿着他，寺院里本来就是过午不食的，"不许吃饭"不过是句唬人的话。到了第二天早晨敲钟时，师兄还是开了柴房门喊陆羽去斋堂，却发现房门大开着，陆羽不见了。

那一年，陆羽十一岁，毅然逃离了自幼生活的禅林，投入五光十色的红尘。

但他不知道，这并不是他禅林生活的结束，而只是序曲。

四

"竟陵者，陵之竟也。"意思就是山陵至此终止，战国时为楚国竟陵邑，秦朝设竟陵县，就在今天的湖北天门市，一个山清水秀的小城。

城北有天门山，城西有西湖，湖中有弹丸小洲，形似一只锅子倒覆在湖中央，故称"覆釜洲"；洲上建寺，始建于东汉，初名青云寺，后名方乐寺，北周武帝时被毁；隋文帝仁寿末年诏建舍利塔，东都洛阳上林园译经馆高僧彦琮法师被派遣来送舍利子到此，于方乐寺遗址盖置"舍利塔"。

因是真龙敕建，故名"龙盖寺"。

且说佛教本始于印度，西汉末年传入中土，于东晋得到大力发展，广建寺院，所谓"南朝四百八十寺，多少楼台烟雨中"（杜牧《江南春》）。

到了唐朝，佛教更是达到鼎盛，并随着求同存异的趋势发展为几大宗派：天台宗、三论宗、法相唯识宗、律宗、华严宗、密宗、净土宗、禅宗等，并在禅宗六祖慧能"顿悟"理论和《六祖坛经》的出现后达到顶峰，完成了"圆融方便"的中国化佛教。

那位首倡饮茶之风的"太山灵岩寺降魔师"，便是禅宗大师。

竟陵寺完整见证了佛教在中土的传播发展，从汉至晋，从隋至唐，并在玄宗朝发展到鼎盛。智积禅师，也成了唐朝名僧。

大唐人人向佛，朝廷上下无不出口成经，"家家观世音，户户弥陀佛"，出家做和尚成了最热门的职业，白居易有首诗充分展示了这种盛况：

> 行也阿弥陀，坐也阿弥陀。
> 纵然忙似箭，不废阿弥陀。

唐朝寺院空前发展，且有了多种形式，民间自建的叫作"招提""兰若""精舍"，通常规模不大；官办寺院要宏伟壮丽得多，叫"伽蓝"，尤其皇家敕建的寺院，就更加令人崇仰。

唐朝出家人被叫作"沙门""沙弥"或者"比丘",德行高深的僧人则被敬称为"和尚""上人",走到哪里都能受到信众最诚挚的欢迎和崇拜。

而且,因为皇帝看重佛教,经常会给寺院捐银赏地,朝廷上下也都蔚然成风。比如大诗人王维,字摩诘,少年成名,文重当世,却生活得极为俭朴自律。他三十岁丧妻,虽然以"妙年洁白,风姿郁美"著称,却偏偏不近女色,不续娶,不纳妾,"三十年孤居一室,屏绝尘累"。每日上朝归来,便脱去官服,褐衣芒鞋,焚香诵经,蔬食淡茶,不茹荤腥,不衣重彩,完全就是个不穿袈裟的和尚。

那他赚的俸禄都哪里去了呢?尽数捐给寺院,供养僧人了。《旧唐书》中说他"在京师,日饭十数名僧,以玄谈为乐。斋中无所有,唯茶铛、药臼、经案、绳床而已"。

王维一生诗、书、画、乐俱佳,苏东坡赞他"诗中有画,画中有诗",后世更尊称其为"诗佛",与"诗仙"李白、"诗圣"杜甫等一并为读者熟知。

王维比陆羽大三十岁,白居易比陆羽小四十岁,都可以算得上是同代人。从他们的经历和诗作中,可以清楚看到彼时的佛事有多么盛行,僧人有多么受欢迎。

无论王公贵族还是平民百姓,都特别舍得在供养佛事上花钱。寺院不仅有庙产,有土地,无论香火钱还是租子钱都收入不菲,最好的是还不用缴税,所有收入都是净资产。

这样有前途的好职业,自然人人争抢,所以出家为僧的条件也很苛刻,僧人剃度的资格证要由朝廷签发,称为"度牒",

每年名额有限，黑市价最高卖到几万两一张。

然而，在寺院长大的陆羽，明明得天独厚，可以顺理成章地获得证书，他却坚定地表示："我不要！"

这简直是愚不可及！

更何况，智积禅师还是开元年间享有极高声誉的名僧。在他身边长大的陪侍弟子陆羽，如果留在寺院，前途必是一马平川，简直就是天选之子，保送名校的特长生。

这样大好的前途，他竟然说不要！

真是和尚也要发起火来。

积公觉得，陆羽放弃出家为僧这样的大好前途而一心学儒，简直就是"中邪"了。因此，他本着普度众生的初心，坚定地要对陆羽进行"拨乱反正"。

虽然他过激的言行和对陆羽的种种禁制，实在不像一位能看破红尘悟彻因果的高僧所为，但确确实实属于"我是为你好"。

五

历史上有三次大规模的灭佛运动，分别是北魏太武帝、北周武帝、唐武宗执政期间，合称"三武灭佛"。

日月轮转，又过了近百年，唐武宗是唐朝的第十六位皇帝，于会昌年间发起灭佛运动，并于会昌五年（845年）四月达到顶峰，摧毁一切寺院，命僧尼全部还俗。无敕令而擅自剃发着袈裟者杀。史称"会昌法难"。

彼时天下毁寺四千六百余所，还俗僧尼二十六万五百人，毁招提、兰若四万余所，收膏腴上田数千万顷，收大量田地及奴婢十五万人。

龙盖寺亦不复存在。

武宗行径固然暴烈，但也侧面显示出宗教力量在唐朝的庞大、寺院财产的丰厚。正如唐武宗在旨意中所说，佛教寺院的规模比皇宫还大，十分天下财，而佛有七八。

换言之，与其说武宗灭佛是崇尚道教，不如说他是眼红寺院的势力与家底了。寺院不纳税，蓄私产，良田万顷，奴仆无数，这简直就是从国库抢钱；而且寺院信众无数，高僧大德振臂一呼而天下应，已经对中央集权产生极大的威胁。所以，武宗灭佛，是夺产、夺政之举，大大地增加了国库收入，巩固了中央集权。

寺院被毁，僧人还俗，佛教传播一度沉沦，直到唐宣宗大中元年（847年），敕命"会昌五年所废寺，有僧能自葺者，听自居之，有司不得禁止"，方才重新振兴。

龙盖寺奉真龙之命而盖，又因天子之命而毁，复因皇帝诏命重建。一座寺院的几度兴废，堪称是朝代更迭、帝王心术的照影。

幸而，那都是后来的故事了。在我们这本小书中，智积禅师也罢，陆羽也罢，都没有亲身经历这场浩劫。

智积禅师圆寂后，僧众在龙盖寺侧修建积公塔墓，将其尊奉为"竺乾圣人"。

江湖上流传着一个"鸡汤"味极浓的逸闻，说是唐代宗李豫喜品茶，一次召智积禅师入宫论经，命人煮上等好茶奉与积公。老禅师却殊无悦色。代宗因问："这茶难道不好吗？"积公叹道："再好的茶，没有巧手烹制也是寻常，陛下若是品过我徒儿陆羽烹的茶，就会觉得天下无茶了。"

代宗听说这般奇事，便命人寻来陆羽，令他藏于屏风后煎茶。待茶童奉上，积公只尝了一口，便悚然惊叹："疾儿何在？"

在这个传奇小故事中，陆羽与积公京城重逢，一笑泯恩仇。

但是唐书中，无论正史、杂记，都找不到师徒再次相见的片言只字，也没有代宗召见陆羽的任何记录。德宗李适倒是召见了陆羽，但那时老和尚智积早已作古。所以这个传说九成是杜撰。

不过，在陆羽心中，的确是早已与恩师以及年少的自己做了和解，那些纵横的鞭痕、劳碌的苦役，都已随着岁月淡了痕迹，风住尘消后，心镜中留下的唯有感恩。

毕竟，他是积公亲手拾来的弃婴，没有积公，就没有他的今天。许多年后，当他在异乡听闻积公圆寂的消息，大哭了一场。

唐李肇《国史补》载："异日，（羽）在他处闻禅师去世，哭之甚哀，乃作诗寄情。"

这就是茶界人人成诵的《六羡歌》的由来：

> 不羡白玉盏，不羡黄金罍（léi）；
> 不羡朝入省，不羡暮入台；
> 千羡万羡西江水，曾向竟陵城下来。

原来，那个当初他一心想逃离的地方，才是他最留恋的所在。

他对好友周愿说："竟陵，是世界上最美的地方。"

他是没有家也没有根的人，所知的来处，便是竟陵西湖。

曾经那样努力要逃离的清净山林，那湖北竟陵的一草一木，早已在他的心底生了根，成为魂牵梦萦的故乡。

这是陆羽传世的唯二首诗中的一首，流传度极广，大多版本为"朝"字注音都读成"cháo"，解释成"入朝为官"，其实意思并没错，然而这样就无法与"暮"字相对应了。所以这里应该读"zhāo"，早晨的意思；而"省"和"台"才是指官署，比如中书省、门下省，御史台、尚书台。如此，"朝入省"和"暮入台"恰好对仗。

白玉盏和黄金罍，则都指贵重的金玉酒器，代指富贵。

这首诗的意思是说：我不羡慕白玉和黄金做的酒杯，也不向往入朝为官、功名利禄。我只想念故乡的西江水，滔滔不绝地流向竟陵城边。

文如其人，陆羽是有资格这样说的，因为又过了许多年，他当真走入红尘中最富贵荣耀的御苑高台，诏封太子文学，徙太常寺太祝，然而他却再一次推拒了。

他一生从心所欲，不求官禄，不慕贤达，只为了一个"茶"字殚精竭虑，不暇其他，的确不负"茶圣"之名。

饮茶法小常识：

关于饮茶，向来有"唐煮、宋点、明泡"之说，唐代饮茶法为煮饮，加入大量作料，自陆羽后方弃调料而仅加一撮盐，称为"陆羽煎茶法"。

宋朝饮茶法为"点茶"，分为炙茶、碾茶、罗茶、候汤、烫盏、点茶六步。步骤繁琐，技艺精湛，堪称艺术表演。日本茶道就是从宋朝传过去的。点茶法，迄今犹用于抹茶之中。

明朝以后，"废团为散"，饮茶法就主要是开水冲泡了，与今天一般无二。

今天的沏茶、泡茶、功夫茶，通通是泡饮。关于泡茶的水温，不同的茶，对水温有不同的要求，基本原则是，越是鲜嫩的茶，水温要求会略低一些，尤其是绿茶，芽叶细嫩，冲泡时水温应控制在八十摄氏度左右，欣赏茶叶在杯中旗枪舒展、芽叶分明的样子，边饮边品，最是宜人。如果水温过高，泡出的茶便会有熟闷之气，鲜爽感会有较大损失。

另外，家常饮茶也可以采用煮饮，将茶叶投入煮茶器中按说明书操作即可，非常方便。

比如白茶中最鲜嫩的白毫银针，如果是一两年的新茶，用九十摄氏度左右的水温比较好；但如果是三年以上的老银针，就用一百摄氏度的沸水冲泡吧，高温会激发茶叶内质的充分析出，同时也更容易激发茶香；如果是白牡丹和寿眉，一百摄氏度的沸水就很好；如果是三年以上的老白茶，必须是沸水才能达到香韵俱佳。所以老白茶也是非常适合煮饮的茶。

再如普洱、茯苓砖、千两茶等老茶、粗茶，皆宜煮饮，此类茶叶茶质相对肥厚饱满，富含多种氨基酸、黄酮、果胶等营养物质，煮茶更能释放香气，但要注意用量，控制时间，避免汤汁过厚，难以入口。

今天的煮茶，与唐代煮茶法最大的分别是不加调料，当然，你要自制一杯奶茶，也是凭君心意了。

喜欢听"脱口秀"的竟陵太守

一

陆羽的命运在十一岁那年拐了个弯儿,从世外禅林一步踏入红尘。

谁能想到呢,貌丑口吃的弃儿杂役,一旦离了寺院,竟是直接进入到红尘中最热闹的所在——投奔戏班做了伶人。

这简直就像一片未发酵的绿茶,在清水中濯洗后直接扔进沸水,一芽一叶都舒展了起来。

同样是一边打杂一边学艺,但陆羽很喜欢戏班的生活,因为活泼热辣,既充满了真实喧嚣的烟火气,又有着假作真时的梦幻性。

唐代的戏剧还并不成熟,没有完整的起承转合,也不分什么生旦净墨,表演形式就是以歌舞和参军戏为主,图个热闹有趣。

参军戏通常需要两位艺人,一个扮故事主角,称"参军",另一个从旁戏弄,称"苍鹘",有点儿像相声的逗哏与捧哏,只是故事性和表演性都更强些，接近于讽刺小品，要做滑稽对话和表演，一问一答地说着俏皮话儿，间杂搞笑的动作。后来和佛教、书法、茶道一样，都被日本人学了去，发展为"漫才"表演。

不需要师兄们的"鞭策"，对自己有兴趣的事，陆羽比谁都用功。他要学的技艺很多，有参军戏，还有操作木偶和表演幻术，也就是变戏法。

木偶戏，又叫傀儡戏。由演员操纵着提线木偶进行表演，边唱边说，同时配有音乐。做傀儡戏时演员需要躲在台下或幕后，只操纵着手中提线木偶取悦观众即可。演参军戏就要登台了。

陆羽很喜欢站在舞台上表演。听到众人因为自己的言行而发出的由衷笑声，陆羽觉得这真是有温度、有色彩的生活。他的每一句话都有了回应，再不是山林中那个孤独地骑在牛背上以竹枝画字的小杂役。

舞台小世界，生活大舞台。当他沉浸在自己的表演中，调侃着生活的苦辣酸甜，演绎着历史的悲欢离合时，那因为弃儿身世而与生俱来的自怜自艾情绪渐渐消散了。他觉得人生也不过是一场戏，而自己是拨生弄死的编剧，可以随心所欲地让观众笑，让观众哭。

舞台给了他自信。他虽然不知道何时才是自己起飞的良辰，但却朦胧地相信，他会为自己的人生重新编剧。

在参军戏的舞台上，陆羽的丑脸和口吃都不再是天生的缺陷，而成了老天爷赏饭吃的小丑本色，搞笑的举止配上木讷的讲述，貌似笨嘴拙舌实则妙语如珠，逗得观众捧腹大笑。

细说起来，这也并不意外，因为"脱口秀"演出的最早源起本来就是在寺院里，唐寺院这种独有的说唱艺术叫作"俗讲"，就是将佛经故事结合百姓生活，编成通俗易懂的"变文"来宣讲，这就是陆羽早期的"脱口秀"训练。

因此离开寺院后，陆羽一时想不出自己能做什么，就很自然地投奔戏班了。不久还真闯出了点儿名声来。

且说智积老和尚自从陆羽逃离，很是为他担心，一面恼怒这个弟子不知好歹一意孤行，一面又懊悔是不是逼急了他，这娃儿自小长在佛寺，毫无谋生经验，一旦误入红尘，要以何事营生呢？他令座下弟子四处打听着，终于听说陆羽竟是投入到戏班中做起伶人来，真是匪夷所思——和尚与戏子，这差距也太大了吧？本身就像是一出咶断了肠子的荒诞戏。

为了这个自幼养大的小弟子，积公亲自来到闹市找到陆羽，恳切相劝："你与佛有缘，方才入我门来。如今佛道丧失，岂不可惜！记得祖师说过：'我弟子十二时中，许一时外学，令降伏外道也。'你回来吧，以后每天我许你学习一个时辰佛教以外的知识，这总顺你所愿了吧？还不快扔掉这些乐工之书，跟我回寺中去！我不会再罚你了。"

一位德高望重的禅院住持，肯亲自来见陆羽，说出这番话来，着实不容易。

可惜陆羽已经铁了心，根本不愿意相信"生入佛门是天注定的命运"这番话，既然一出生就是上天的弃儿，那索性也不需要遵守老天爷为他安排好的命运，就顺从自己的心性走出一条新路来吧。

"我命由我不由天"的，不仅是哪吒，还有陆羽！

更何况，这时候他已经成了小明星，正在兴头儿上，而且，因为他识字，能够自导自演，更是迅速在一伙伶人间脱颖而出，很快成了戏班的台柱，被尊为"伶正之师"，每次演出都能赚得不少赏钱。

也如同"脱口秀"演员一样，大多时候本子都要由演员自己撰写。陆羽在编剧中锻炼了文笔，在向孔孟致敬的道路上生生走出了一条别路来，还将自己的段子编集成书，撰写了《谑谈》三篇与《教坊录》，可惜没有流传下来。

但是，他的名气已经让他大大地开拓了自己的朋友圈，吸引了官员的注意，交到了改变人生道路的第一位贵人：竟陵太守李齐物。

二

唐朝时优伶地位虽然不高，但是因为玄宗热爱戏剧，技艺精湛的参军戏演员往往可以名利双收。

比如开元年间有位叫作李仙鹤的谐星，还被唐玄宗特别赐授韶州同正参军，享有食禄，世人都说，"假参军成了真参军"。

陆羽大约出生于玄宗开元二十一年（733年），病逝于德宗贞元二十年（804年），一生历经了四朝皇帝：唐玄宗李隆基，唐肃宗李亨，唐代宗李豫，唐德宗李适。

开元二十一年，也就是历史上称为"开元盛世"的时光，繁花着锦，烈火烹油，红尘中多少富贵热闹。

那时距离武宗灭佛还有一百多年，寺院还处在最富有的时候。当然，小杂役陆羽的禅林生活和富贵不沾边儿，但是戏班却让他接触了真正的热闹。

尤其唐玄宗李隆基是史上最热爱戏曲的帝王，没有之一。他热爱音乐，史称"英断多艺，尤知音律"，既喜欢笛箫丝竹，也擅长羯鼓等击打乐，擂鼓的样子非常有"摇滚范儿"。他还特地将宫廷乐师重新编制，选数百名识音律、善歌舞的宫女居于宜春北院，题名"梨园"，这就是后世称戏曲界为梨园的来历。而唐明皇则被奉为了梨园之祖，现在还有很多剧团里供奉着玄宗像。

玄宗最宠爱的杨贵妃，则亲自担任梨园班子的"艺术总监"，教授歌姬们舞蹈。史说她"善歌舞，通音律"，尤擅琵琶，与玄宗夫唱妇随，非常有共同语言。

唐玄宗是在天宝四载（745年）册封杨玉环为贵妃的，同时抬升了她的三位姐姐为韩国夫人、虢国夫人、秦国夫人，兄长杨国忠更是权势熏天，无人能比。他们的荣光和大唐的鼎盛一样，宛如烟花腾空，燃到了极致。

没有人知道，黑夜即将到来，大唐从这一年开始走向衰败。

只是此时，还正是烟花凋零前最绚烂的时刻，星光熠熠，一片璀璨。

陆羽遇上李齐物，正是在玉环晋身杨贵妃的第二年。

李齐物，字道用，出身宗室，祖籍陇西成纪，后徙居长安，为淮南王李神通曾孙、弘农太守李璥之子。官至河南尹，以治下严苛闻名，清廉独断，刚毅不群。

他生平最奇特的经历，是在天宝初年开砥柱之险以通流运时，竟于石中发得一具铁犁铧，上镌"平陆"二字，遂改河北县为平陆县，一时天下闻名。

天宝五载（746年），李齐物因为得罪权臣李林甫，被贬竟陵郡守。他本是靠着祖荫得官的，素向不好读书，吟诗唱曲这些都不在行，最喜欢爽利诙谐的参军戏。

楚人民俗，每年端午于沧浪水边大办宴席。竟陵城中的戏台上，丝竹相应，正咿咿呀呀地唱着一支唐玄宗亲自为木偶戏题的词《傀儡吟》：

> 刻木牵丝作老翁，鸡皮鹤发与真同。
> 须臾弄罢寂无事，还似人生一梦中。

灯红酒绿，衣香鬓影，曲移节奏，韵变宫商。清音嘹嘹，空号双成之笙；长袖翩翩，唯许妖娆之舞。

所有人都醉在梦里，新任太守李齐物亲临观赛，与民同乐，手里捏着一只夜光杯，看着台上扭胳膊踢腿的偶人，听着那宛如佛偈般的词儿，感慨不已，拈须吟哦："须臾弄罢寂无事，还似人生一梦中。"

忽地，只听那台后音乐一停，有个稚嫩而略带口吃的声音"咄"一声叹道："世事如梦，似醉还醒，谁是谁的傀儡？谁是谁的提线？又谁是谁的看客？醉着总归无趣，清醒亦无意思，不若尽饮杯中物，且听下回书！来者！"

于是，台上锣鼓重开，整治出另一番悲欢剧情来。

李齐物却心如钟撞,向左右说:"请出那木偶戏的伶师来。"

须臾,一个穿着犊鼻裤的丑孩子被引着前来,走至李齐物案前,像模像样地行了一礼,稚声道:"小民陆羽,拜见太守。"

李齐物听他声音果然便是那幕后提线人,一张丑脸稚气未脱,看着最多十来岁模样,倒是笑了,不禁问:"你方才说的那番话,是谁教你?"

陆羽道:"是某听了圣人的诗,有感于心,自己这样想,便这样说了。"

李齐物诧异:"你才多大,竟说得出这番话来,倒像是红尘里翻过多少筋斗来的。"

陆羽笑道:"红尘中待不过十数载,台子上倒是翻得百来个筋斗的。"

李齐物大笑。两个本来毫不相关的人,便这样在竟陵的舞台上下相遇了。

三

因为有个"文艺范儿"十足的皇帝,上行下效,唐朝很多官员都是参军戏爱好者,李齐物便是如此。自从见了陆羽之后,每每聚宴,便召他来席上表演,宴后也不放他离去,留下说笑话解闷儿。

这日李齐物与陆羽说了一回话,临去时欲拿钱打赏,陆羽却望着架上书册说:"市中妇女看戏亦会往台上抛散碎铜钱赏赐,太守自非俗流,不若以案上不看的诗书赏我一册可好?"

李齐物大笑："这些书白放在我这里也是吃灰，你既喜欢，都拿去又何妨？"

他一时来了兴致，便不令陆羽离去，却命他坐下吃茶，一边细细问他生平。陆羽谢座品茶，却微微一蹙眉，说："李公赐书，某无以为报，愿为李公烹茶。"

李齐物见他眉宇间似有不屑之意，不禁笑问："怎么？看不上这茶？"

陆羽老老实实回答："水老了，炭也不够活，想是太守身在客中，来日尚浅，故而器具也不全备。"

李齐物更来了兴致，问道："你一个小小伶人，见过多少茶器？品过几次好茶？倒是恁地讲究。"

陆羽笑答："某从前本是龙盖寺杂役，常为住持积公侍茗。寺中茶具虽称不上多，却齐全，釜、鍑、铛、铫、风炉、壶、罐、盏、瓢、杓（勺）俱备，碗盏以青瓷为主。茶器与食器更须绝对分开，不可混用。如某手上这只盏，此前想来是厨房用过的，虽然洗得干净，终究曾沾腥荤，伤了茶气。"说着装模作样用力一闻，"这盏前儿还尝过一只西湖捆蹄儿呢，味道蛮扎实。"

李齐物听他说起茶来滔滔不绝，轻微的口吃并不妨碍他挥洒，反更添意趣，且先还一本正经地说茶事，忽然又露出参军戏本色来谑笑，不禁发唆，当真唤人另取了茶与盏来，由着陆羽重新碾筛煎煮。

陆羽托起茶，方深深一闻，只觉一股清香扑鼻而来，沁入肺腑，又见表面光滑如澄泥，纹路清晰似霜荷，不禁赞曰："好茶，竟是蒙顶石花。"

李齐物看他竟然识得，不禁又高看几分，笑道："这可是蜀中贡茶。看来，你还真是跟着师父喝过不少好茶。"又见陆羽掰下一块，碾茶，罗茶，手势灵动，行云流水，动作态度中有一种形容不出的优雅，宛如琴人操缦，墨客挥毫，让人完全忽视了他的丑脸，李齐物心中竟然升起一种肃然宁和之感。

至此时，李齐物已经完全放下了轻视谑笑的态度，正襟危坐，定睛端详陆羽烹茶。待见他弃各种作料一概不用，只略加一勺盐，不禁好奇，脱口问："何以不加姜葱，就只是清水煮？"

陆羽一边将罗好的茶末倒入二沸的水中，轻轻搅拌，一边笑道："茶性易染，最怕异味，粗茶、散茶、末茶、饼茶各有贮存方式，细纸包裹，绢丝防潮，百般护惜。然而煎煮之时，却加入恁多生猛葱姜，再滚水熬煮，哪里还辨得出本来气味？如此，从前种种功夫岂不白做？便如同小娘子绣花，纤纤十指拈了五色针线，精心布局，着意勾勒，绣得好水灵花样儿，左边一行鸳鸯戏水，右边一朵蝴蝶穿花，精精巧巧地缝贴在鞋面上，却巴巴地赶了个大雨天出门，一脚踏在泥水里，哪里还分得出哪是鸳鸯哪是水，哪是蝴蝶哪是花？"

一番话，说得李齐物抚掌大笑。

此时，水已三沸，沫饽如雪，陆羽将茶舀入碗中，双手呈与李公，轻轻吟了句："焕如积雪，晔若春敷。"

齐物轻啜一口，只觉甘甜浮滑，与往昔所饮不同，一口咽下，茶水竟像是有生命的一般，倏然钻进五脏六腑。仿佛一颗树种投进心田，在心尖上扎根发芽，迅速向四面八方伸展了枝叶；又像是春风吹过竹林，竹叶沙沙作响。每个毛孔都瞬间被充盈，被滋润，被熨贴，不禁脱口赞叹："好茶！好句！难得你竟有这般好文采！"

陆羽笑道："这却不是我说的，是晋杜育《荈赋》所言。"说罢也轻啜一口，托着盏儿诵道，《荈赋》云：'器择陶拣，出自东瓯。'某听闻瓯以越州为上，口唇不卷，底卷而浅，李公这只越瓯倒也齐整，可惜之前蒙尘太久，有些灰土气，倒也无妨，多用些时日，滚汤浇洗，不数日便可养出茶气来了。"

李齐物不学无术，论起典故来竟不若一个徘优有见识，却也并不觉得丢脸，只笑道："你倒是无书不读。"

陆羽摇头："某在山林，纵然立志苦学，却无书可读。幸而这篇《荈赋》为住持所藏，某在积公房中得来，佛灯前借了光，偷偷读的。师兄弟诵经时，我也跟着滥竽充数，悄悄背诵《荈赋》，人家是'鱼目混珠'，我是'木鱼混书'。"

李齐物听他妙语如珠，一句一个包袱，一边笑一边心下赞叹，暗道这小伶儿不过十来岁年纪，竟对茶事有这般见识，更难得的是卖弄之际还不忘收敛锋芒，故意逗趣来缓和气氛，圆滑而不谄媚，这分寸感才最是通透。想来正如他所说，年纪虽小，却是翻过些筋斗来的。

如此，李齐物益发对陆羽不肯小觑，临别前不但尽以案上诗书相赠，且许诺会为他择一位名师。

于是，陆羽在十三岁那年，命运再次拐了一个弯儿。

四

自从喝过了陆羽亲手烹的茶后，李齐物便如智积禅师一般，再也看不上别人煮的茶了。从此，陆羽不再只是太守宴上助兴的伶人，更成了太守闲暇时侍茶的谈伴，时不时便要往府衙中叙话。

李齐物喜爱陆羽的诙谐知机，更欣赏他的志向远大，身在梨园而心向杏林。多番考量之下，李齐物将他推荐给火门山隐士邹夫子，随其读书。

陆羽至此正式开始了求学之路，准备腾飞。

关于李齐物在竟陵做太守的政绩，陆羽称之为"汉沔之俗亦异焉"，意思说李太守澄清吏治，整顿民风，一时竟陵风气清正，就连汉沔之水也更加清亮了。

李齐物卒于唐肃宗上元二年（761年）五月，神道碑由一代书圣颜真卿撰写，题为《金紫光禄大夫太子太傅兼宗正卿赠司空上柱国陇西郡开国公李公神道碑铭》：

> 公遂贬竟陵郡太守，时陆羽鸿渐随师郡中……数年间，一境丕变，熙然若羲皇之代矣。哀孤重老有隐逸好道者，常骑马于里巷之中，亲自恤问，量移安康，即日上道，老幼遮拥，不得发者三辰。

从这个长长的碑题中，可知李齐物死后哀荣，得封国公。

陆羽后世被尊为"茶圣"，颜真卿被尊为"书圣"，两位圣人都对李齐物极口称赞，可见是一位光风霁月的好官。

李齐物是陆羽结识的第一位太守，后来几任太守都和他有

过交情,甚至在他逝后,好友周愿也来到了竟陵做太守,写下《牧守竟陵因游西塔著三感说》:

> 羽,字鸿渐,百氏之典学,铺在手掌;天下贤士大夫,半与之游。加以方口谔谔,坐能谐谑,世无奈何,文行如轲,所不至者,贵位而已矣。
>
> 噫!我州之左,有覆釜之地,圆似顶状,中立塔庙,篁大如臂,碧笼遗影,盖鸿渐之本师像也。悲欤!似顶之地,楚篁绕塔。塔中之僧,羽事之僧;塔前之竹,羽种之竹。视天僧影泥破竹,枝筠老而羽示终。予作楚牧,因来顶中道场,白日无羽香火,遇叹零落,衣摇楚风。

这篇关于陆羽的回忆录中,我以为最关键的有两句,一是说他无书不读,二是说"天下贤士大夫,半与之游"。

而这,正是改变陆羽命运的两大法宝,用今天的话说就是:知识改变命运,人脉决定层次。

周愿曾不止一次听陆羽满怀眷恋地说起竟陵,道是"风土之美,无出吾国"。后来周愿做了竟陵郡守,第一件事便是前往西塔寺做道场。正是借着他的祭文,我们才可以隔着风沙星辰,一直望进历史深处,望见竟陵湖畔的西塔寺。

龙盖寺后更名西塔寺,一直沿用至今,依然是天门最大的佛教寺院,也是江汉平原最古老的寺院。

按照文章的说法,龙盖寺当立于水中小洲,洲名覆釜,寺名龙盖,镜花水月,相映成辉。

这使我和先生来到天门市后,径奔西湖,一眼看见湖心小岛上高耸的九层红塔,我立刻小鸟般奔了过去,然而来到了才知道,这座只是"茶经楼",额上大字"茶和天下",隔水相望的西塔寺,则在湖畔陆地上。

寺院于2003年重建,说是依照周愿的记录而建的,但我总怀疑设计施工者是不是理解有误,或者是湖面缩小,将西塔寺挤到了陆地上,又或是因为小洲上早有茶经楼,所以将寺院建在了水畔?

在茶经楼品了一壶恩施玉露后,我们绕楼而行,一路经过为纪念陆羽在沧浪之滨与李齐物相遇的"沧浪桥"、得蒙司马崔道辅赏识的"司马桥"、伶艺长廊、浮香阁、雁叫关,又穿过一片竹林山路,这才看到了马路对面的西塔寺。

金瓦红墙,正门紧闭,侧门倒是大开着,空荡荡阒无一人。偌大禅林中只有我们两人尽情徜徉,穿过天王殿,畅通无阻地来到大雄宝殿,一路参拜。

寺中除了各路神仙殿与禅房等常规殿阁外,还有个重要景点:三公祠,这里供奉着支公、积公与陆公。

积公和陆公自然指智积禅师与陆羽师徒,支公则指东晋高僧支遁。相传支遁曾经在此设坛布道,宣示佛经,故供奉之。

支遁,又名支道林(314—366),好谈玄理,曾注《逍遥游》,宣扬"即色本空",释道兼修,喜交名士,曾与王羲之、谢安共襄盛举,于绍兴兰亭来了场"曲水流觞"的"行为艺术",流芳千古。

而他个人最著名的段子,则属"支遁放鹤",载于《世说新语》。相传支道林好鹤,有人投其所好送了他一对仙鹤。为怕鹤在养熟前飞走,道林命人剪短了鹤羽,令它们飞不起来。两只鹤每每看到别的鸟儿翱翔天空,都会顾翅垂头,十分自卑懊丧的样子。这让支通大有所感,叹道:"既有凌霄之姿,何肯为人作耳目近玩。"遂将其放飞,令自归于长空。

还是那句话:"有蹄者行于陆,有羽者翔于空。"

陆羽,龙性生来多傲气,岂能只作池中游?注定是要飞的!

出得寺来,已是黄昏,我们在经过竹林时,特地放慢了脚步,想象这是陆羽手植之竹的后代,"视天僧影泥破竹,枝筠老而羽亦终"。

时间断裂在寺庙崭新的金碧瓦檐上,却又借着松风竹雨重新接续。凤尾森森,龙吟细细,水流潺潺,仿佛诉说着一个关于茶香的故事,传诵千年……

唐朝称谓小常识：

唐朝非正式用语不会轻易提及"皇帝"或"皇上"，通常唤作"圣人"。源自《周易·说卦》："圣人南面而听天下，向明而治。"

皇帝身边的人包括后妃、内侍则往往称"主上""大家"，大臣可称"陛下"。百姓们非常激动的时候会喊一声"万岁"，但平时不会用。

唐朝称呼官员绝不可滥用"大人"，而多是称官职，或含糊以姓氏加"公"即好，比如李齐物就是"李公"。

在唐宋时，"大人"是对父母的专称，民众绝不会因为父母官就真的乱认"干爹"。当下小说电视剧里"大人"乱飞的情形，是"没文化真可怕"的泛滥。

当官的不能叫"大人"，平民自然也不必称"小人"，大家都是有尊严的平等的人，所以人人都可以自称"某"。

另外，男子常自称"鄙人""在下""仆"，女子可以自称"妾"或"儿"。男女老少都可自称"奴"，"奴"不是奴婢，只是"我"的代词，宋以后"奴"则渐渐变为女子专用。

皇后对皇上也是自称"妾"的，绝非"臣妾"；

皇子、公主对皇上则自称"儿",也并非"儿臣"。

"臣"这个字,不但大臣可以对皇上这样自称,平民在皇上面前也可以这样自称。因为,"普天之下,莫非王土;率土之滨,莫非王臣"嘛!

从邹夫子到崔司马

一

陆羽重新远离了尘嚣。

只是,这次他没有被逼着剃度做和尚,却是跟随火门山书院邹夫子学儒;诵六经,习文章,闲时采茶煮茗,于柴火泉水益发精心。

夫子当然也是要喝茶的。陆羽从不肯就便从江中随意担一桶水,每次都要走很远的路寻找山泉水。水流湍急处的水是不可取的,会有泥沙味儿;洼谷潦尘处停滞的水也不可用,那叫"死水";还有,雨后的江水有腥气;有人家的地方水质亦不佳。

最好的水,是从石钟乳上滴下的水,或是崖缝中流出的泉水,所以陆羽最喜欢沿着溪流一直去到上游,接取山崖中的涓涓滴水。为了一桶水,他常要半夜出发,天大亮了才回来。

如果石头是山的骨骼,那么溪泉就是山的精血。他向山林求取一滴血,怎么可以不恭敬谦默呢?

当他守着山崖的一线罅隙静静等待水桶滴满时,只觉得整个世界都清静了,万千红尘都仿佛从那山崖中挤出,在清流中洗濯一番,滴滴在心头。

晨光穿过林梢,渐渐透明,绿色的山林,银色的光线,他默默背诵着夫子刚教过的书:

> 野马也,尘埃也,生物之以息相吹也。天之苍苍,其正色邪?其远而无所至极邪?其视下也,亦若是则已矣。

这不是儒家六经,而是道家的《逍遥游》。

邹夫子隐居山中,虽然教授儒术,却性近于道,所以也同时教授老庄之学。

道家以《周易》《老子》《庄子》为"三玄"。陆羽最爱《庄子》,因其文字瑰丽琳琅,描绘世界诡谲多姿,庄子笔下借楚狂接舆之口形容的那位餐风饮露的姑射神人,以及陆接舆本人的故事,都让他心神往之。他想,既然人人都有父母,就连一桶水也有个出处,那就给自己也寻一位祖先吧。

他是天生地养的一个弃儿,连姓名都是自己给的,祖宗来处为什么不能自己定?既然自择了陆姓,那祖宗便是楚狂人陆接舆吧。

接舆之名始见于《论语·微子》:

> 楚狂接舆歌而过孔子曰:"凤兮凤兮!何德之衰?往者不可谏,来者犹可追。已而,已而!今之从政者殆而!"孔子下,欲与之言。趋而辟之,不得与之言。

昔年孔子周游列国，行至楚国时，狂人迎面高歌，歌词大意是：凤凰啊，你生在这个时代太倒霉了。天下道德何其衰微，尧舜文明已经过去，未来圣君还未出现，当今的政治已经没救了，眼下从政太危险了。还是算了吧，算了吧。

整首歌，用四个字形容就是"生不逢时"。虽然态度桀骜怪诞，但是毕竟将孔子比作凤凰，可谓善意的提醒。

孔子听了，心旌动摇，大有知己之感，立刻下车来想和这位狂人好好攀谈一番；但是楚狂人只想抒发一下情绪，完全没有深谈的欲望，唱完歌就跑掉了。孔子只好惆怅地望着那个如风的背影，一声叹息。

这故事写的是孔子"明知不可为而为之"的孤绝奋斗，《凤兮》之歌，可谓见诸文字历史的出世思想与入世思想的第一次交锋。

修仙的青莲居士李白曾经写诗赞美："我本楚狂人，凤歌笑孔丘。"

陆羽自然没有笑孔丘之意，却也存了楚狂人之心。

"楚狂接舆"四个字，其实颇难解释，可以说是一位叫作接舆的楚国狂人，也可以说是一位楚国狂人迎着车子走来，边走边唱，"舆"只是孔子的车子。

然而事隔一百多年，楚狂接舆的形象越来越具体，确认姓陆名通，字接舆，春秋时著名隐士。庄子在《逍遥游》中正话反说，形容接舆性情乖僻，言语无状，"惊怖其言，犹河汉而无极也，大有径庭，不近人情焉"。

此时，接舆不但成了人名，还是个见多识广、能言善道的修道高人，他为大家讲述的姑射山神人的故事，塑造了古往今来最冰清玉洁、高逸出尘的神人形象：

> 藐姑射之山，有神人居焉。肌肤若冰雪，淖约若处子；不食五谷，吸风饮露；乘云气，御飞龙，而游乎四海之外；其神凝，使物不疵疠而年谷熟。

这段描写实在太美了，陆羽常常一边抱膝等水，一边仰首看着林间的光线，心想山深处会不会住着一位神人，乘云飞行，游乎四海？

存了这样的心思，陆羽便连行径也模仿起老祖接舆的特立独行来。行吟山水，散发佯狂，偶尔也打打坐，诵诵经，除了要交给夫子的功课外，又常写些自娱自乐的文章。

不仅如此，他还给自己又找了位远祖陆纳。

虽然无父无母，不知所源，但是华夏五千年，历史悠久，找几位名人祖宗还不容易？

陆家的家谱，陆羽自己修！

二

茶经·七之事

《晋中兴书》：陆纳为吴兴太守，时卫将军谢安尝欲诣纳。纳兄子俶怪纳无所备，不敢问之，乃私蓄十数人馔。安既至，所设唯茶果而已。俶遂陈盛馔，珍馐必具。及安去,纳杖俶四十,云:"汝既不能光益叔父,奈何秽吾素业?"

陆纳大约是有史可查的最早的吴兴太守了,"东山再起""王谢世家"的那位江左名士之首谢安特地前往拜会,陆纳听说了,也并没有为此做特别准备,"所设唯茶果而已"。陆纳的侄子陆俶觉得这样可对不起谢宰相的名头,于是暗中调换,"珍馐必具"。

不料陆纳大怒,客人走后,将侄子找来痛斥一顿:"你不能为叔父添增光彩也罢了,何必做此世俗行径,累我素日名声?"于是命人将侄子拖下去打了四十大板。

这个故事说明了两件事:一是陆纳的我行我素,这恰投了陆羽的脾性;二是晋代的茶果待客,代表了名士的清贵高洁。

所以陆羽认了这个祖宗,觉得与有荣焉。

后来,他在《茶经》中追述茶史,陈列饮茶名流,特特强调了"远祖纳"的身份,指的便是陆纳了:

茶经·六之饮

茶之为饮,发乎神农氏,闻于鲁周公。齐有晏婴,汉有杨雄、司马相如,吴有韦曜,晋有刘琨、张载、远祖纳、谢安、左思之徒,皆饮焉。

称纳而不提陆姓,只道"远祖纳"。这是确定自己是陆家后人了。

不管你认不认,反正我认了。

如此在意，倒有些孔夫子"必也正名乎"的执念。

这又是陆羽的一种矛盾与自洽。

子曰："不得中行而与之，必也狂狷乎！狂者进取，狷者有所不为也。"

儒家讲究礼仪，席不正弗坐，割不正不食，隐士却是特立独行、不修边幅的。听上去似乎格格不入，但是仁者难得，中庸难为，如果遇不到真正的圣贤君子，那么宁可做个恩怨分明的性情中人。

狂者，偏于进取，勇往直前，虽傲慢自大，却洒脱无所惧；狷者，保有底线，有所不为，近于隐士。

陆接舆也罢，陆纳也罢，都属于"狂狷"者流。而陆羽如今追随夫子学儒，却过着隐士的生活，不也正是"中行而与之"吗？

日子就这样在读书、煎茶、习儒、修道中一天天度过，陆羽的茶技益发娴熟。陆羽还考察地形，在书院不远处挖了一眼泉，从此他再也不需要半夜起来去深山取水了。

山里松竹俱多，柴枝随处可拾，用这样的活水活火烹煮的茶，清润醇香。

他盯着鼎炉上的水，一边煽火一边想，风助火势，以水煮水，鼎立土上，釜承茶叶，这一切是多么和谐呀！煮好一盏茶，也就是汇集了金、木、水、火、土，若能许身于茶，这一生便是圆满。

火门山的名头如今早已弃而不用，有人说火门山便是天门山，然而来到天门再三询问，却说天门无高山，小丘野坡不知其名，根本也没什么天门山、火门山，倒是有个佛子山镇，相传便是陆羽读书处。

原来，网上查到的所有资料与地址竟是全不作数的，导航上更是连个准确名目都没有，更没什么陆羽祠、陆羽亭、陆羽泉。我在辗转结识的当地朋友的带领下，驱车一小时，从市中心开往乡镇，又循着山村道路一路蜿蜒，直到无法前行时，又在丛林泥泞小路上拨花拂叶走了几百米，这才看到一排平房，也就两大间，一间门额上写着"陆子书堂"，另一间写着"广教院"，供奉玉皇大帝、王母娘娘、送子观音等一排神仙。

书堂前方倒是有个亭子，但是不叫"陆羽亭"，而是"品茶亭"；亭前有座碑，刻着"陆子读书处"，认认真真地告诉我确实是这里没错了。

至于陆羽泉是没有的，有口井盖上覆满尘土的老井，不知道是不是和陆羽相关。若非熟人带领，决计找不到这里。

倒是在市中心陆羽公园附近有条"文学泉"，又称"三眼井"，相传为陆羽晚年重回竟陵时所挖。

然而陆羽后半生再未踏足湖北，所以以上多半是附会。如果真是陆羽遗迹，也该是他少年时所为。彼时有李太守和崔司马的帮助，打口井倒不是难事。

又因陆羽后来曾拜"太子文学"，井也跟着"有仙则名"，遂被命名"文学井"。

至少，这个说法在宋代是得到了黄州太守王禹偁的认可的，他在游文学泉时曾赋诗一首，以纪茶圣：

> 甃石封苔百尺深，试尝茶味少知音。
> 唯余半夜泉中月，留得先生一片心。

《天门志》载：清乾隆三十三年（1768年）天旱掘荷池，得断碑，有"文学"字样，见泉水。于是甃（zhòu）井、建亭、立碑，以复胜迹。再后来，有兵备使陈大文访天门，于井畔陆羽亭立石碑，正面题"文学泉"，背面书"品茶真迹"。

我来到此地的时候，已是夜深，星子满天，荷花盛开，一丝风也没有，只有蒸腾的溽热之气。我在亭前稍作停留，便是一身汗湿。徘徊在井眼侧，伸头向下望了望，幽深不见底，在夜里有种格外神秘深邃的气息，让人不敢多看，仿佛怕被吸了进去。

那深处沉淀的，不只是岁月吧？

三

陆羽结识司马崔国辅，是在学成下山后。

崔国辅，出身于清河崔氏，开元十四年进士，历官山阴尉、许昌令、集贤院直学士、礼部员外郎等职。

他可与李齐物不同，博学广识，素有才名，以五言绝句闻世。

他的五绝，深得齐梁遗风，婉娈清切，《唐诗品汇》中评点五绝，将崔诗与李白、王维、孟浩然并列"正宗"。而他与李白、孟浩然都素有交情，且于杜甫有知遇之恩，也算得上是唐朝诗坛上的风云人物了。

且举其一首古风为例：

> 妾有罗衣裳，秦王在时作。
> 为舞春风多，秋来不堪著。

这是典型的宫怨诗，以前朝宫女目睹旧罗衣而感叹春归为喻，抒发虚度光阴之痛。

既称"秦王在时作"，可见如今秦王已故，那么曾经受到秦王恩宠的宫女，除了老死宫中就再也没有别的出路了。既不可能被新王宠纳，也没有机会出宫，反而不如那些从来不曾得过恩宠的宫女。

"为舞春风多"，写出女子从前的高光时刻，绮年玉貌，清歌曼舞，多得秦王眷顾，被赐罗衣。然而一度春风，无边秋夜，真个情何以堪。

这首小诗，乍一看只是在讲述宫女命运，以色事人，焉能长久？何况朝代更迭，运气不好，徒呼奈何！

然而从《诗经》《楚辞》时候起，宫怨诗的主要作用就是借代，借香草美人以自况。所以，必须要将视角放在男人的角度和立场来重新解读这首诗。

那么一个男人遇到变天会怎样？

借助男人的视角，这个"秦王"的指代意义就多了，可以是皇上，也可以是权臣，或者主上，总之意味着能够决定自己前途命运的顶头上司、雄大势力发生变化，改辙更张了，那么失利的臣子该如何自处？

比如李齐物，不就是因为李林甫专权，才被贬竟陵的吗？

崔国辅来到竟陵，同样是被贬。

天宝十一载（752年），崔国辅贬竟陵司马，不知道是因为李齐物的推荐，还是陆羽运气好，总之两人得以相识，一见如故，都爱茶成痴，又喜谑笑，性情相投，朝夕往来，很快结为挚友。

童年禅寺的生活，加上山中的苦读岁月，让陆羽在静思默识、融会贯通之间，渐渐融合了儒、释、道三家之学，虽存偏激之心，却无门户之见，每每下笔千言，风骨别具一格，宛如茶水浸润，隽永清新。

他读书虽然用功，文采斐然，却并没有走寻常路去参加科考举。这或许是因为陆羽学成后反而无心仕途，又或者是"十年寒窗"需要极强的毅力和耐心，唐代科举试的严格，无异于千军万马过独木桥，三年一考，来自全国各地的举子何止千万，上榜者却不过几十人甚至十几人，堪称凤毛麟角，绝非随便找位夫子读几年书就能成功的。没有可依傍的家世和资本供他进修，跋涉京城，还不如先找个名目满足生存基本需求，继续读读书、写写字，然后静静地喝茶。

这就有赖于唐朝的幕府制度了。

幕府原指将军的府署，因为军队出征使用帐幕，故而名之，有运筹帷幕之意。能为"入幕之宾"的，自然都是谋臣干将。

后来，随着唐朝藩镇割据严重，节度使权力增大，地方军政大吏的府团也都称为幕府，于是幕僚身份也越来越制度化，对文士的需求和倚重越来越大。

人才也是一种投资，幕主很看重入幕之宾将来的前程，因为他们随时都可能咸鱼翻身入殿为臣，这就等于给自己在朝廷中安插了一个眼线。同时，幕主也可以举荐幕僚得到朝廷任命，这种方式成为曲线入仕的一条捷径，使得文人入幕之风盛行。无论是不得志的落第举子还是上了榜却未及授官的进士，都将幕府视为最佳栖身之所。顾况、裴度、韩愈、杜牧、李商隐等大诗人，都曾做过幕僚。

陆羽显然并不符合这些条件，但他虽然是天生弃儿，却命交华盖，注定一生多贵人。所以走了个太守李齐物，又来了位司马崔国辅，令他衣食住行有了着落，他便继续过起闲云野鹤的日子来。

崔国辅一共在竟陵待了三年，陆羽就给他煎了三年茶，也跟他学了三年诗。都说"君子之交淡如水"，而两人的交情恰恰是因为水，他们最喜欢的相处模式就是结伴游山问泉，品鉴茶水。

三年后，崔国辅任满归京，行前赠送陆羽一头白驴，一头乌犁牛，还有自己珍藏的文槐书函一枚，殷殷说："此物皆己之所惜也，宜野人乘蓄，故特以相赠。(《陆文学自传》)"

"野人"之誉，道尽陆羽彼时情状。显然立志向儒的陆羽在学成下山后，并没有将自己当作文质彬彬的文士，反而我行我素，遗世独立，俨然方外散人。

如此形容的他，又怎么会一本正经地去考科举呢？

崔国辅走后，陆羽重新从幕僚做回了隐士，在竟陵县东古驿道附近的东冈村筑草庐以隐居治学，并给自己取了个号，叫作"东冈子"。

对于取名这件事，陆羽一直是有些执念的。小时候他拒绝师父给自己取的名字"疾儿"，也不愿剃度出家取法号，所以自己给自己取名陆羽，字鸿渐，立志学孔；如今学儒的志愿已经达成，更于庐中静心著书，却又重新给自己取了号。

从这个号也可以看出，此时陆羽的心性，是倾向于道家的。

天门市有条东冈大道，但是东冈村的位置早已不可考。陆羽公园有座"东岗草堂"，红色门窗，白色围墙，茅草圆顶，是参照汉代草庐的样式套牌设计的，大凡诸葛草庐、陶潜草庐、杜甫草庐，都是差不多的模样。

著书闲暇，他常常骑着崔国辅送他的白驴闲游山林，夷犹徘徊，忽然就觉得郁闷起来。

茶的起源据说自神农尝百草开始，距今已有五千年历史。神农走过千山万岭，尝尽天下草木，一日遇七十二毒后得茶而解。

陆羽摇摇晃晃地骑在驴上，忍不住想，如果有一天他也能像神农那样，走万里路，尝千种茶就好了。可从他出生到现在，还从没有离开过竟陵呢。

世界那么大，他想去走走。

事实上，也不由得他不走，因为，战争来了！

天宝十四载（755年）冬，三镇节度使安禄山在范阳起兵，唐玄宗为避战乱，带着近臣爱妃逃往四川。一时民心大乱，百姓拖儿挈女，纷纷东逃西窜。

二十四岁的陆羽，也离开了竟陵，从此再也没有回来。

四

神农，相传牛首人身，因为掌握了用火而得到王位，故称"炎帝"，他教导人们制耒耜，种五谷，为中国农耕文明奠定了基础，故称"神农"。他与伏羲、黄帝共称"三皇"，是所有华夏子孙的共同祖先。

也就是说，在神农之前，还是茹毛饮血的时代，直到神农发明了刀耕火种，陶器与炊具，人们才开始了烹煮操作，吃上了熟食。同时，他还是医药的发明者，而茶，最早就是作为药用的，是为神农解毒的。

关于炎帝故里有多种说法，包括陕西宝鸡、湖南会同县连山、湖南株洲炎陵、湖北随州、山西高平、河南柘城等，而遇毒后得茶而解之事的发生地，却是众口一词，就在湖北神农架。

茶经·七之事

《续搜神记》：晋武帝时宣城人秦精，常入武昌山采茗，遇一毛人，长丈余，引精至山下，示以藂茗而去。俄而复还，乃探怀中橘以遗精。精怖，负茗而归。

自从屈原在《山鬼》诗中第一次描写野人后，关于神农架野人的传说就一直没有停止过，陆羽《茶经》中转述的是《续搜神记》中的故事。"武昌山"，指的就是神农架。

这说的是晋武帝时，有宣城人秦精，常往神农架山采野茶。有一次遇见一个丈余高人，浑身长毛，引着秦精来到山谷中，将一丛茶树指给他看，而后离去。过了一会儿又回来了，从怀中掏出橘子送给秦精，秦精很害怕，赶忙背了采到的野茶就回家了。

这真是个和善的野人，更是个懂茶的野人。

在古代传说里，茶是一种神奇的灵药，这种说法一直延续到汉代，司马相如《凡将篇》中将"荈诧"与另外二十几种药物相提并论，华陀《食经》中写到茶时，仍是从药理出发，称其有清醒大脑、提高思维能力的作用。

将茶当作日常饮品，是魏晋时期的事了，至唐则蔚然成风。

或许便因为湖北是神农与陆羽的故乡的缘故吧，这里竟然保留了全国唯一的一款蒸青绿茶，堪称中国茶叶的活化石。

这真是一件让人既感动又惊喜的事情。

唐代饮茶主要指绿茶。根据杀青和干燥方法不同，绿茶大概分为四类：炒青绿茶、烘青绿茶、晒青绿茶、蒸青绿茶。

"杀青"，是鲜叶采摘后马上要进行的关键工序，指采取高温措施破坏和钝化茶青中的氧化酶活性，散发叶内水分，控制茶酶变化。

"晒青"，就是用日光直接晾晒茶叶，中间要适当翻叶。主要作为沱茶、紧茶、饼茶、方茶、康砖、茯砖等紧压茶的原料。其中,以云南大叶种的品质最好,称为"滇青"。我最爱的福鼎白茶,采用的也是晒青工艺,不炒不揉,自然萎凋,杀青和干燥过程都尽量要求纯日晒,算是把晒青贯彻始终的一种茶。

"炒青",是如今最常用的方式,通过翻炒让茶叶在高温中迅速萎凋。但由于铁锅直到宋代才产生,所以"炒青"工艺的完成也是在宋后期,至明朝逐渐完善。

"烘青",是将杀青、揉捻后的茶叶用烘笼或烘干机进行烘焙干燥,这也是很多绿茶、青茶最常采用的干燥方法,也常用于窨制各种花茶,称之为茶坯。

所以,唐代茶叶的主流制作是"蒸青",就是用甑(zèng)蒸茶叶以杀青。

茶经·二之具

始其蒸也,入乎箪;既其熟也,出乎箪。釜涸,注于甑中,又以榖木枝三亚者制之,散所蒸芽笋并叶,畏流其膏。

蒸青茶叶由于香气较闷,不及锅炒杀青绿茶那样鲜爽,如今已经极少使用了。但是因为蒸青温度高、时间短,叶绿素破坏较少,加上整个制作过程没有焖压,所以蒸青绿茶最大程度地留存了鲜叶里面的营养物质,同时也保持了自然的口感与鲜绿的本色,十分养眼。

日本茶道对于颜值的追求甚至超过品质,因此对于蒸青绿茶十分追捧。反而在茶叶的故乡——中国,这种工艺已经非常罕见了。唯有湖北恩施，仍保留了古老的蒸青工艺，有一款特殊的蒸青茶"恩施玉露"，又称"玉绿"，其最大特色是"三绿"：干茶翠绿、汤色青绿、叶底嫩绿。

不过，我实地品鉴后，发现多少是有些夸张的：茶形如针，纤细暗绿，品相的确不错；但是冲泡之后，也只是正常的白水而已，除非将茶叶留在杯中，否则怎么也泡不出绿色茶汤来，若真的汤绿，也无法入口了。

值得一提的是，纤细如针的茶叶在八十摄氏度的水中舒展开来，又会变成一片完整而翠绿的叶子，那个瞬间令人十分感动，仿佛看到美女回到十八岁最好的时光，出走半生，归来依旧是佳人。

恩施，古称施州，南接潇湘，北靠神农架，得天独厚，遗世独立，或者正因为这样，才能将古老工艺保存至今。

早在唐代巢县县令杨晔的《膳夫经手录》中，就有过"施州方茶"的记载，可见恩施玉露在唐时已有。

一杯在手，翠色欲流，两腋清风，仿佛只要喝下去，直接就可以穿越到大唐了。

关于茶的分类：

关于茶叶分类，有多种分类标准。

比如按季节可分为：春茶、夏茶、秋茶。

按成茶形态可分为：散茶、紧压茶等。

按制青工艺可分为：蒸青茶、炒青茶、晒青茶等。

但最通行的是以茶叶的发酵程度来区分的六大类茶：不发酵的绿茶，微发酵的白茶，轻发酵的黄茶，半发酵的青茶（乌龙茶），全发酵的红茶，重发酵的黑茶。

战争来了

一

大唐最兴盛的时代,有个专有历史名词叫作"开元盛世";大唐最混乱的时期,则有另一个历史名词叫作"安史之乱"。

大唐最著名的诗人李白,和大唐最著名的女子杨贵妃,他们都生活在同一个时代,侍奉同一个皇帝,那就是唐玄宗李隆基。

所以,套一段狄更斯小说的经典句吧:

> 这是一个最好的时代,也是一个最坏的时代。
> 这是一个智慧的年代,这是一个愚蠢的年代;
> 这是一个信任的时期,这是一个怀疑的时期。

说是最好的时代,因为开元年间真是富庶啊,用杜甫的诗来形容,就是"忆昔开元全盛日,小邑犹藏万家室。稻米流脂粟米白,公私仓廪俱丰实"。

说是最坏的时代，因为真是动乱，也真是惨啊，还是用杜甫的诗来形容，就是"国破山河在，城春草木深。感时花溅泪，恨别鸟惊心"。

妻离子散、家破人亡的故事时时处处都在上演，惊惶失措的人们从山林逃向城邑，从城邑逃向山林，不知道哪里才是安栖的乐土。

说是智慧的时代，因为这时期出现了像"诗仙"李白、"诗圣"杜甫、"诗佛"王维这样惊才绝艳的大诗人；出现了像颜真卿、柳公权这样的"书圣"；阎立本、吴道子这样的"画圣"；还有张九龄、张说这样的名臣。

说是愚蠢的时代，是因为李隆基这个皇上握着满手好牌，竟然能打个稀烂，宠信奸佞，养虎为患，先后将李林甫、杨国忠这样一个又一个的大奸臣捧上了天。

大唐的由盛转衰，是从张九龄罢相就埋下了伏笔的，而这正是关于"信任"与"怀疑"的一幕大戏。

开元宰相张九龄（673或678—740），就是"海上生明月，天涯共此时"的作者，字子寿，广东曲江人，所以又称"张曲江"。

有一个词叫作"曲江风度"，就是用来形容他的，据说张九龄姿容俊逸，举止优雅，一举手一抬足都透着温润如玉的君子气，令人如沐春风，连玄宗见了他都瞬间变身"小迷弟"，自称："张九龄文章，自有唐名公皆弗如也。朕终身师之，不得其一二，此人真文场元帅也。（《开元天宝遗事》）"

然而帝心如月，阴晴不定，李隆基一边声言愿终身以其为师,一边对张九龄的忠直肯谏越来越不满,尤其到了沉迷女色、滥用权臣的晚年,就更加老糊涂,几乎是张九龄说左,他就要往右,张九龄说对,他就要说错。

有一天,两人又因政见不合争执起来,玄宗沉下脸问:"事总由卿?"言外之意就是:天下大事都是你说了算,那你是皇上还是我是皇上?直接把天聊死了。

通常帝王这么说话的时候,就表示形势很危险了。但是张九龄仍然维持一贯的忠勇,继续直言上谏,对于自己不满的事勇敢说"不":皇上想任用李林甫做宰相他说不,想废掉太子李瑛他也说不,想提拔牛仙客他还是说不。

公元733年,范阳节度使因为一个手下副将在契丹讨伐战中犯了大错,捉拿押送到京城,请求按照典章处死。张九龄看此人面相奸诈,断言说:"乱幽州者,必此胡也。"坚决请斩。

然而唐玄宗正在"你说东我往西"的游戏兴头上,便非要赦其无过,不但不罪,还给提拔了。

这个人就是安禄山!

二十余年后,当身兼三镇节度使的安禄山在范阳起兵,李隆基被逼得放弃皇城、仓惶逃向成都时,在途中又想起了张九龄,不禁痛哭失声:"当初我要是听从张九龄的话,断不至落到今天。"

那一天,是天宝十五载(756年)六月十三日。众大臣直到上朝,才知道皇上已是连夜逃走了,又是顿足又是叹息,还想着替皇家粉饰颜面,对外宣告说銮驾"西狩"去了。

而李适的母妃沈珍珠,当时还只是广平王李豫的一个普通嫔妃,没资格从君西狩,便被安禄山掳去了洛阳,永远离开了儿子。

"九重城阙烟尘生，千乘万骑西南行。(白居易《长恨歌》)"皇上都跑了，民众能不慌吗？于是百姓拖儿挈女，也都纷纷往西南集体打猎去了。

陆羽的第一次入蜀，很可能就是在这时候。

二

陆羽的奔走，与其说是逃难，倒更像是游学。

一路上边走边看，边问边记，品茶问水，走走停停，这行程比起玄宗的逃难来，也太悠闲了吧！

国家不幸诗人幸，这些经历，对于《茶经》的撰成起了决定性的作用。

迄今各种版本的陆羽生平考据中，关于他去到四川的时间和具体地点一直存在着极大的争议。有人说陆羽入蜀是在战争打响后随大溜儿脚跟脚儿地沿着唐玄宗足迹进川的，也有人说是在战争平定甚至《茶经》初稿完成后才游学入川，甚至还有人说是在书稿付梓前做最终修订的时候才去的，所以反而会在《茶经》开篇提及。

可以肯定的是，他是去过蜀地的，或许不止一次，毕竟自楚入蜀不算艰难，无论陆路还是水路，一直向西便是。

几番入蜀，陆羽先后考察了彭州、绵州、蜀州、邛州、雅州、泸州、汉州、眉州的茶叶生产情况，还在宜昌品尝了峡州茶和蛤蟆泉水，更见识了巴山峡川那两人粗的老茶树，叹为神迹。

茶树分为乔木型、小乔木型、灌木型三种。我们通常所见的茶园多为灌木型，高不过两米，粗不过寸许，"两人合抱"的茶树则实在罕见。因此，当他动笔写《茶经》时，开篇即提到了那株神树：

茶经·一之源

茶者，南方之嘉木也。一尺、二尺乃至数十尺。其巴山峡川，有两人合抱者，伐而掇之。其树如瓜芦，叶如栀子，花如白蔷薇，实如栟榈，叶如丁香，根如胡桃。

这是《茶经》的开篇内容，正所谓"南方有佳木，十年蔚成林"。

"南方"，泛指秦岭以南，因为唐朝都城在陕西长安，惯以秦岭为界分南北。

从长安出发，越过秦岭，就是蜀地了。

公元前316年，秦惠文王灭巴蜀，秦国正式成为战国第一强，并在由陕入蜀的第一现场设立葭萌县。

这是四川最早建县的地方，后来各朝各代不断改名，直到北宋时，才由太祖亲自赐名"昭化"，意谓"昭示皇恩，以化万民"。

昭化之名，一直延用到今天。

这本书动笔前，我为了寻找灵感先特地来了次万里自驾游，第一站便选择了四川广元市的昭化古城，入住葭萌驿酒店。这纯粹是由于我的名字控：

葭萌，是茶名，茶最早起源于巴蜀之地，古蜀国时又被称为"葭萌"；

葭萌，是人名，古蜀国杜宇王朝的后裔、蜀王杜尚的弟弟，大概是特别喜欢喝茶吧，所以自名葭萌；

葭萌，是地名，公元前368年，杜尚封其弟杜葭萌为汉中侯，管辖蜀地与秦地接壤之处，杜葭萌遂建"苴国"，并将自己的名字同时做了都城之名。

苴是多音字，作为春秋国名时读"chá"。

苴国的首都是葭萌，多么合理！

在关于蜀地茶乡的宣传中，总不会忘了提及历史上四位与茶相关的西蜀名人：苌弘、王褒、扬雄、司马相如。这其中没有葭萌，真是不科学。要知道，现在的苴国虽然早已湮没无闻，春秋时却是一度可与巴国、蜀国三足鼎立的存在，虽然规模略小，却因紧邻秦国，踞守剑阁天险，地理位置重要而地位巩固。其极盛时，管辖范围大致包括今天的广元市全境，绵阳的梓潼县，甘肃陇南的康县，陕西汉中的南郑、宁强和略阳县，面积也相当不小了，是自秦入蜀的首经之地。

唐玄宗天宝十五载（756年）入蜀，至德二年（757年）出川，经过剑阁时，御笔题下一首诗：

幸蜀西至剑门

剑阁横云峻，銮舆出狩回。
翠屏千仞合，丹嶂五丁开。
灌木萦旗转，仙云拂马来。

乘时方在德，嗟尔勒铭才。

是的，仅仅一年，改天换地。

公元 756 年在历史上有两个年号，既是天宝十五载，又是至德元年。

天宝十五载是从玄宗这儿论的，一个非常耻辱的纪年。他在那个六月的早晨带着皇亲近侍连夜逃往蜀中，方至马嵬驿，三军哗变，不但杀了杨国忠父子，还提着国舅爷的脑袋向皇上请命，声称"贼本尚在"，不杀杨妃，难安军心。

玄宗狼狈之下，试着跟将士谈条件：玉环只是一介后宫女子，从未参与政事，你们杀了杨国舅，朕已决定不追究了，你们就放过贵妃吧。

然而大将陈玄礼道："贵妃是皇上枕边人，我等拼死杀敌保卫皇上，却不得不防备贵妃他日报复，阵前卒安抵枕边风？禁军上下如何能忠心护君？愿陛下深思，将士安，则陛下安！"

理由很充分。于是，李隆基很容易就在"将士安"和"陛下安"之间做出了抉择，丢给杨玉环一条白绫。将贵妃缢死后，还特地"尸置驿庭，召玄礼等人视之"。这就是验尸啊！生怕贵妃死得不彻底。

国色天香的杨贵妃，生前集万千宠爱于一身，死时却落得如此凄凉，也是可怜。

之后，李隆基继续西行，百姓拦道磕头，哭声震天，请求皇上不要放弃他们。为了安抚民众，太子李亨主动表示要留下来抗敌，请父皇放心入蜀。

但是皇上一走，李亨就带着将士北上灵武，并在群臣拥戴下，于七月十二日单方面宣布即位，改元至德，并遥尊李隆基为太上皇。

这便是唐肃宗，第一个没有在长安登基的大唐皇帝。风流多情的唐明皇李隆基，就这样稀里糊涂地被"太上皇"了。

因此，后世史家多认为这场拦道闹剧，根本就是李亨一手策划。杀死杨贵妃，就是为了敲山震虎——不，是搅乱天子心神，让唐玄宗在惶惧伤心之下，顾不得多方思虑，轻率地答应太子离了自己的眼，还命他为天下兵马大元帅，给他分去了大部分兵马。

所以天宝十五载对肃宗来说，就是至德元年了。

但这同样不是什么值得纪念的好年号，因为之后，唐肃宗向回纥人借兵平叛，许诺"克城之日，土地、士庶归唐，金帛、子女皆归回纥"（《资治通鉴》）。待到收复两京，终不舍得长安被屠，改为开放洛阳大门，任由回纥纵兵劫掠，造成了比叛军更大的破坏。

因此至德年号也只用了一年多便又改元了。

但是无论怎样，太上皇可以"日落西山红霞飞，战士打靶把营归"了。

西山，便指幸蜀西狩的剑门山；而归营，自然便是回銮京师了。

这首《幸蜀西至剑门》，便是作于至德二年（757年）唐玄宗李隆基于返京途中经过剑门时。看到山壁中开，岩壁峭绝，李隆基不禁心生感叹，对左右侍臣说："剑门天险若此，自古及今，败亡相继，岂非在德不在险耶？（《开天传信记》）"遂写下这首诗。

剑门，又称剑阁，因为有大剑山、小剑山，七十二峰高耸入云，排如剑阵，下有狭窄山路三十里，如门户之阁道，形势险峻，是长安入蜀的天然屏障，历来兵家必争之地。三国时，蜀将姜维就曾经借助剑门关的地势之便，成功阻击了魏将钟会十万雄兵的来袭。

正所谓"一夫当关，万夫莫开"，所以唐玄宗逃亡时会将此地作为临时驻地、保命良方。

然而"乘时方在德，嗟尔勒铭才"，能够开辟盛世，赶上好时光，关键在于德行；如果德行不修，光是借助天险难攻，又怎么能保江山永固呢？

痛悔之情，溢于言表。然而，晚了。

三

陕西与四川，隔着一道秦岭，风物已然不同。

是夜，我们走在葭萌古城的石板路上，浏览着两旁的仿古建筑和门牌楹联，谈古说今。有雨，细密如丝，以至于我脑子里反反复复想起陆游的一句诗："此身合是诗人未？细雨骑驴入剑门。"

想到骑驴，便又想起了陆羽——想不到都不可能，毕竟古苴国最著名的物产就是茶。

茶书上常说茶是从秦惠文王灭蜀后方引进汉中的，这其实并不确切。

晋人常璩《华阳国志·巴志》上溯殷周，书中写道："武王既克殷，以其宗姬封于巴，爵之以子……桑、蚕、麻、苎、鱼、盐、铜、铁、丹、漆、茶、蜜、灵龟、巨犀、山鸡、白雉、黄润、鲜粉，皆纳贡之。"

意思是说，周武王克殷以后，分封巴蜀诸国，这些子国在向周王朝进献的贡品中，就将"茶"与蜜并提，可见是饮品。

《周礼·地官·掌茶》中还有"掌以聚茶"的记载，说明茶在周礼中已成为祭祀贡品，只不过数量极少，为天家御用，所知者少罢了。

直到秦惠文王将巴蜀变成了自己的属地，将茶叶打个蝴蝶结送给老婆芈月当礼物，从此茶叶大量引进，老陕们才有了喝茶的习惯。

但是不管怎么说，自神农始，巴蜀就一直是茶的主要产地。

走在葭萌的秋夜里，我忽然便想清楚了为什么《茶经》开篇要写巴峡，无关行程顺序，更非刊前校订，而只是因为茶始于巴蜀。各路专家争议那么久，大概都和从前的我一样——想多了。

除了"葭萌"和"茶"之外，茶的别称和雅号还有很多。

很多茶书中说"茶"字乃是陆羽取"荼"字减一横而为之，这显然是错误的说法，因为"茶"字并非唐代以后才普及使用。晋郭璞《尔雅》所载"早取为茶，晚取为茗"的提法虽然值得商榷，但"茶"与"茗"在古代一直可以替换使用，另有槚（jiǎ）、蔎（shè）、荈（chuǎn）、皋芦、瓜芦、水厄、葭茶、苦茶、甘露、酪奴、灵草、嘉草、叶嘉、瑶草、瑞草魁、涤烦子、不夜侯，等等，也都是茶之别称，只不过自陆羽《茶经》问世之后，统一称之为"茶"罢了。

陆羽实在太喜欢"茶"这个字了,草头人中木底,拆开来就是"人在草木中",他可不就是天生地养的一个草木人儿吗?

他觉得这个字简直就是为自己发明的,从此固执地舍弃一切荼、茗、蔎、荈等别名,只称为"茶"。

茶本是药用,后来却做了饮品,而且自从魏晋时期始,就与名士风流结合了起来,有一种天生的诗意优雅。

生活是劳碌的,辛苦的,满目疮痍,但是茶,却是乱世中的一份安慰,那么韵致天然,那么纯粹洁净,让人一杯在手,再纠结的心思也会跟着茶香舒展开来。

所以陆羽写《茶经》的文字,也是清雅而诗意的,充满绿色的芬芳。

茶经·一之源

其字,或从草,或从木,或草木并。

其名,一曰茶,二曰槚,三曰蔎,四曰茗,五曰荈。

其地,上者生烂石,中者生栎(引按:砾)壤,下者生黄土。凡艺而不实,植而罕茂,法如种瓜,三岁可采。野者上,园者次。阳崖阴林,紫者上,绿者次;笋者上,牙者次;叶卷上,叶舒次。阴山坡谷者,不堪采掇,性凝滞,结瘕疾。

茶之为用,味至寒,为饮,最宜精行俭德之人。

《茶经》第一章,不仅介绍了茶的别名和原产地,还详细介绍了茶的形态、栽培土壤和种植方法。

陆羽将茶地分为上中下三类：烂石、砾壤、黄土。

所谓"天产石上英"（《全芳备祖》），烂石就是含有未风化碎石的土壤，茶农称之为"生土"，比如武夷岩茶；砾壤是含有半风化碎石的土壤，稍次于烂石；黄土地更次之。

另外，茶树的生产宜于"阳崖阴林"，向阳山坡，又有树林掩蔽，是茶树的最佳生长地。坡阴谷地茶树，气温低，日照短，芽叶萌发迟，茶品就差。

所以现今选茶，总要讲究"坡地茶"和"台地茶"之分。

比如卖出天价来的西湖龙井，就是因为茶园处于向阳山坡，冬日可避寒流，夏日有林木遮阳，土壤又是富含矿物质的石灰岩烂石之地，如此才能孕育出天下绝品。

高山出名茶，云南的滇红、普洱，安徽的祈门红茶、黄山毛峰，江西的庐山云雾茶等，都属于高山优质茶。

四川的蒙顶山茶，也是。

有句话叫作"扬子江心水，蒙山顶上茶"。在蜀地茶人的宣传里，蒙顶山茶是有故事的茶。传说此茶雷鸣而发芽，所以又称"雷鸣茶"。山上云雾缥缈，有如神明眷顾，那是仙女的纱巾，长年飘拂在峰峦之上，指画江山，让蒙顶山的茶树茁壮成长。所以蒙山茶是仙茶，有保健奇效，喝过后能够延年益寿。

唐代有十七个郡向朝廷贡茶四十多种，雅安茶入贡，最早有记载是在唐天宝元年（742年）："雅州芦山郡……土贡：麸金、茶、石菖蒲、落雁木。（《新唐书·地理志》）"

当时蒙山属雅州芦山郡管辖，蒙顶石花也在贡茶之类，陆羽怎么能入宝地而空手还呢？所以蜀人坚定地相信，陆羽是来过蒙顶山的,甚至还在山里住了挺久,撰写茶书。

另外,峨眉山僧农事与参禅并重,农事即茶事,陆羽肯定也是要前往的。

峨眉山自然气候独特,雨水丰沛,"一日有四季,十里不同天",这为大量的野生古茶树群落和人工茶园提供了优越条件,其中"峨眉雪芽"犹为著名。

峨眉多药草,茶味犹佳。山上有座黑水寺,始建于晋代,被山僧尊为峨眉山禅宗祖殿。寺僧于后山峭崖密林中种茶,味道鲜爽自是不提,最奇特之处在于,这种茶发芽时二年白一年绿,相间互替,没有人能说出理由,也只能叹一声地气所钟了。

茶芽发于每年农历二三月,雨水至清明时季,芽尖灵透,带有绒绒的白毫,宛如落雪,故称"雪芽"。但是间隔两年,则又呈翠色不带白毫,极有规律。

此茶由僧人种,僧人采,僧人制,蒸青之时,众僧还要先盘坐诵经,然后才精心焙制。

陆游骑驴入剑门后,曾吟诗赞叹:"雪芽近自峨眉得,不减红囊顾渚春。"

而顾渚紫笋,正是陆羽的最爱。怪不得陆游哭着喊着都要认陆羽当祖宗呢!

紫笋,指的是茶树的芽种颜色和形状,卷曲如笋,芽尖微紫,正是"紫者上,绿者次;笋者上,芽者次;叶卷上,叶舒次"的典范模本。我们后面再专章论述。

不管怎么说,读万卷书,行万里路,识万个人,陆羽一一做到了。

为了访茶问泉，也是为了避乱，他一路渡过长江，沿岸东下，沿途对常州、湖州、越州等茶区进行考察，走访了山南东西两道的峡州、襄州、荆州、衡州、金州、商州、唐州、归州，淮南的光州、舒州、蕲州、黄州等州县深山峡谷的茶园和茶场，对茶树的生态环境、茶园的培育管理、茶叶的采摘焙制进行了全面考察，自然也结识了很多好朋友。

因此，在《茶经》第一章，介绍完茶树的基本分类与种植后，紧接着就来了一句"为饮，最宜精行俭德之人"。

正是这些精行俭德之人，组成了陆羽的"朋友圈"，最尊贵的自然是德宗李适，此外高官贵族亦不少，比如他在南京结识皇甫冉、皇甫曾兄弟，交往维系十几年；在洪州认识了司户参军柳澹，为其代拟《笺事状》；在湖州结识杼山妙喜寺名僧谢皎然，结为缁素之交，影响一生；在润州遇戴叔伦，患难相交，酬唱多年；在湖州拜识书圣颜真卿，还结成湖州诗社，与张志和、顾况、朱放等常相往来，直接推进了中唐诗坛的新风。

他从来都不是大唐最鼎鼎有名的文人，却在诗圈、茶圈、禅修圈、书法圈，处处都留下了自己的痕迹，说一句"天下谁人不识君"也不为过。

陆鸿渐，真的渐渐飞起了！

正是：

平沙落雁汉宫月，大漠孤烟唐塞风。
散发五湖君莫笑，烹山煮水一壶中。

——西岭雪

绿茶小知识：

唐代饮茶，主要指绿茶，还有少量白茶。黄茶偶尔出现在操作失控的"意外"事件中，青茶、红茶与黑茶则全无踪迹。

绿茶是指未发酵的茶，因此几乎所有茶种都可以制作绿茶，所以产量极大。

现代绿茶的制作工艺包括采青、萎凋、杀青、揉捻、干燥、精制等步骤。

炒青至叶子暗绿，叶质柔软且略有黏性，梗折不断，手捏成团，略有弹性，青气消失，茶香溢出，达到熟、透、匀的要求时立即出锅。

炒制过程中，通过机械与手工的合力作用，使茶形出现长条形、圆珠形、扇平形、针形、螺形等不同形状，所以又分为长炒青、圆炒青、扁炒青，等等。

通常经过炒青、揉捻、干燥过的茶就可以冲饮了，但是对于高档茶的精制，还要经过筛分、剪切、拔梗、补火、风选等再加工，如此才能制作出优质精品。

绿茶的选择要一看、二闻、三品。

看叶子的颜色厚实，翠绿油润，有较多白毫者为春茶，高山绿茶色泽绿而略带黄，鲜活明亮，平地茶色泽深绿有光；

看炒青的外形，要坚实紧滑，无黄点，无深暗叶梗，不能松碎不完整；

香气要清新馥郁，高香持久，不好的绿茶会有烟焦味，这是杀青温度过高或是机器不洁造成的；

茶汤要黄绿明亮，若是茶叶看着青翠，汤色却只是浊而不亮的黄汤，则是杀青时间过长或鲜叶有泥土杂物造成的。

当然，买茶最好还是找熟悉的商家，不要只是图贵，好舌头都是靠学费培养出来的。

茶禅一味

第二章

诗僧皎然，茶禅一味

一

在湖州，陆羽遇到了生命中最重要的朋友，一生知己皎然。

陆羽一生致力于《茶经》的写作，大半时间都用来攀山越岩，寻找好茶。皎然从物质到精神都给予了陆羽极大的帮助，因为他认识的名流多，很能帮陆羽找投资拉赞助。没有皎然，陆羽的日子过得不会那么专心致志。

甚至，如果没有皎然，可能都不一定有陆羽的《茶经》。因为《茶经》从创作企划到资料采集、印刷发行、推广宣传，都离不开皎然的指导与资助。

皎然，俗家姓谢，名清昼，浙江长兴人，相传为谢灵运十世玄孙，自幼性与道合，受戒于杭州灵隐寺，琴棋诗画样样精通，姿容俊美，口才敏捷，在文学、佛学、茶道等方面都卓有造诣，著有《诗式》《诗议》《诗评》等诗论专书，对早期的诗词讲论影响很大。

唐时僧人本来就受人尊敬，更何况还是一位才貌双全的名僧，因此当世称其为"释门伟器"，文士名流争相结交，皆以与皎然来往为荣。刘禹锡幼时学诗，也曾得到过皎然指点。甚至，人们提起皎然时往往不提其名，而只称之为"诗僧"。

这就要提起唐朝诗坛的一大重要支派：禅诗。

禅诗有两种，一是禅理诗或者说佛理诗，又称佛偈，重在说理，不讲格律。最著名的佛偈故事，莫过于六祖慧能（638—713）凭诗上位的《无相偈》。

话说当年五祖弘忍想以衣钵传人，令座下弟子各出一偈。上座神秀曰：

身是菩提树，心如明镜台。
时时勤拂拭，勿使惹尘埃。

"上座"是佛弟子的品级，资深的得道僧人。佛教历史上最大的一次分化，就是"上座部"与"大众派"的分化，至今南传佛教，犹称为"南传上座部佛教"。

上座弟子神秀这首偈子的意思是说：我等释门子弟当守身如树，守心如镜，时时修习，不使沾染半点儿俗尘，渐成大道。这是一种"渐悟"的修行。

但是烧火僧慧能正在灶下舂米，听到偈子，摇头说："美则美矣，了则未了。"遂口占一偈：

菩提本无树，明镜亦非台。

本来无一物，何处惹尘埃？

这是说万物皆空，花非花，雾非雾，又哪来的菩提树，哪来的明镜台，根本连这个身子、这颗心都是不存在的，自然更无红尘可惹。这叫"顿悟"。

慧能不识字，央求师兄替自己写在禅壁上。弘忍见了，惊为天人，遂偷偷将衣钵传给了他，并命他连夜逃离寺院，自往岭南开宗立派去了。

这便是禅宗的起源。

从此，中原僧众便分为了"顿悟派"与"渐悟派"。神秀是主张勤奋修行的，要不停擦拭心灵的镜子，莫使染尘；而慧能则认为看空一切，连心都是空无所有，又哪来的尘染呢？

这道理说起来又玄又深又"高大上"，而且省却了坐禅苦修的功夫，主张人人都可以顿悟成佛，所以很得人心，日益发扬光大；而曾为"两京法主、三帝国师"（《唐玉泉寺大通禅师碑铭》）的高僧神秀却渐渐消失在众人的视线中，湮没无闻了。

我本凡人，虽曾两次前往西双版纳法住禅林闭关修行，却连"初禅"亦未能触受，更遑论顿悟了，所以"本来无一物"也只是我随口念来自我安慰的口号而已。

广东乐昌市乐城西北石岩寺，有一座溶岩洞穴，相传为南宗六祖慧能坐禅处，可见"顿悟"也还是要"时时勤拂拭"的。唐宋以来，无数骚人墨客来此流连题记，众多墨迹中，赫然题着"枢室"二字，世传为陆羽所题，并说西石岩寺后麒麟山原是茶山所在，陆羽颇为欣赏。

二

禅诗除佛偈外，还有另一种题材，即有禅意的诗作，不为辩经说理，只是见心明性。这类诗不一定为僧人所作，但多描写僧侣或是林栖生活，包括佛寺诗、游方诗、修性诗、隐居诗等，以描写洁净无尘的山居风光、表现淡泊宁静的幽怀心境为主。

王维的诗是最好的例子，他也被后世称为"诗佛"，且举一首：

过香积寺

不知香积寺，数里入云峰。
古木无人径，深山何处钟。
泉声咽危石，日色冷青松。
薄暮空潭曲，安禅制毒龙。

这是一首标准的首句不入韵五言律诗平起式，也可视为写景诗。

首联说"不知香积寺，数里入云峰"，显然是初次来到山中，欲访香积寺，但是山高峰峻，不知远近，因此是边走边寻找。

依靠什么来寻找呢？原来，虽然古木森森，行人罕至，但是远远地能听到钟声，依稀指明了方向。一句"不知"，加一个"何处"，清楚地写出了诗人的寻找。

颈联"泉声咽危石，日色冷青松"向来被诗家举为炼字的典型范例，意思是山泉流泄，遇危石阻断而鸣咽鸣响；青松苍翠，太阳照在其中也是一片冷郁之色。

这都是作者沿途所见，经过了古木、山泉、松林、深潭，终于在黄昏时候来到禅寺。最后一句"安禅制毒龙"，引用佛典中高僧以无边佛法制服毒龙的故事，比喻修炼心性，抑制欲念。"安禅"为佛家术语，就是安静地坐禅入定。

因此，这是一首典型的禅诗。

禅宗虽主张"顿悟"，但同时也把证悟分为三重境界：

第一境"落叶满空山，何处寻行迹"，指的是刻意寻禅而未得；

第二境"空山无人，水流花开"，指有所了悟尚未得道的阶段；

第三境"万古长空，一朝风月"，是种顿悟的空明境界。

王维的这首《过香积寺》在字句锤炼上精致幽峭，洁净玄微；然而主题先行，未免刻意，还停留在"落叶满空山，何处寻行迹"的第一境界。

后来王维写辋川山居的诗中，写风、写月、写松、写鸟、写山、写水、写云，却再也不提禅字，反而更见空灵，如"雨中山果落，灯下草虫鸣""明月松间照，清泉石上流""白云回望合，青霭入看无"等，真正体现了"空山无人，水流花开"的闲散境界。

至于禅修第三境界的"万古长空，一朝风月"，则可意会而不可言传，可神通而不可语达。仍以王维诗为例，"行到水穷处，坐看云起时"大概最符合此种境界了，对仗极工，却出语天然，似无意为之，空灵可喜，无住无着。

相比之下，反而是诸多名僧的禅诗，太着痕迹，满篇非"禅"即"空"，句句强调自己的释子身份，努力说明道理，拔高境界，有如喊口号，"四大皆空""心即是佛"，什么"放下"、什么"看破"，似乎随便说几句云山雾绕的话，就能悟道了似的。

《全唐诗》收录一百一十五位诗僧作品，两千九百一十三首，可见唐代儒释一家的风采。其中卓越人物如灵澈、无可、栖白、齐己、贯休、昙域、智闲等。这些僧人居于世外，行于红尘，最喜与名流高士往来，所以诗以言志，唯恐俗人不解。"顿悟"未必，"顿高"却是一种立竿见影的心理安慰。

以皎然诗为例，试举三首：

闻　　钟

古寺寒山上，远钟扬好风。
声余月树动，响尽霜天空。
永夜一禅子，泠然心境中。

水　　月

夜夜池上观，禅身坐月边。
虚无色可取，皎洁意难传。
若向空心了，长如影正圆。

九日与陆处士羽饮茶

九日山僧院，东篱菊也黄。
俗人多泛酒，谁解助茶香。

这是皎然诗中我比较喜欢的三首，清新空明，冷意横生。然而比起王维，却无疑差了一截。

王维是个不穿袈裟的和尚，他的佛性是通过一直不间断的修行，由个人的文化修养和阅历见识所得来，有一种不经意的淡然；虽然始终未能真正脱离尘网，但他修行半生，中晚年一直过着绳床瓦灶的清净生活，心底是洁净的，就连他的死也如高僧一般："临终，作书辞亲友，停笔而化"。

而僧伽们则把空性当成功课，所以在诗中总是强调自己僧人的身份，太着形迹，反而落了实相。

以这三首为例，左一句"古寺""禅身"，右一句"空心""山僧"，无时无刻不带着释子的烙印，仿佛在拿着度牒写诗，未免刻意。

第三首赠给陆羽的诗，以僧家身份提出了"以茶代酒"的概念，清逸出新，但是因此特地强调此法为"俗人"不解，生怕别人不知道自己是高僧似的，便又着相了。太强调世外之身，只会在"有名"中泥足深陷。

所以古人评价，和尚写诗有"蔬笋气"，意思是和尚不吃荤，只吃素，局限在自己狭隘的生活圈里，文字中也刻意强调出家生活，字字句句忘不了强调一个"禅"字，这就无法让诗文与红尘读者产生共鸣，这就叫"蔬笋气"，与"烟火味"相对。

皎然生平诗作中，与陆羽有关的近二十首。如果把"诗僧"皎然和"茶圣"陆羽放在一起，最好的形容就是"茶禅一味"。

三

皎然居于湖州杼山妙喜寺，声称"隐心不隐迹"，交游广阔，且子史经书，各臻其极，不只是"诗僧"，还是"茶僧"，一生著有茶诗二十余首，首开茶诗之先河。

其中我最喜爱的一首，是《对陆迅饮天目山茶因寄元居士晟》：

> 喜见幽人会，初开野客茶。
> 日成东井叶，露采北山芽。
> 文火香偏胜，寒泉味转嘉。
> 投铛涌作沫，著碗聚生花。
> 稍与禅经近，聊将睡网赊。
> 知君在天目，此意日无涯。

湖州多名茶，其中以顾渚紫笋与天目山茶为最。

这首诗写的是天目山茶从种植、采摘到烹煮的馨意。诗境清空如水，文辞对仗工谨，是非常工整的五言六韵排律。

通常排律的首尾两联可以不对仗，皎然这首诗却从首联起便每联对仗，而且从语意上来看，大多是流水对，这是非常了不起的事。

"喜见幽人会，初开野客茶。"首联开篇点题，从友人相会说到开茶待客，出语天然，却交代明了。幽人，是清净的人；野客茶，是野生的茶。《茶经》云："野者上，园者次。"皎然这是尝到了天目山的野生茶，香气高远，触动心弦，因此诗性大发，不禁开始追忆采茶煎茶的过程，什么样的茶，什么样的火，什么样的水，一一描写清楚。

"日成东井叶，露采北山芽。"此处"东"是虚指，"北"是实写。古人以东南西北代指春夏秋冬，比如"西陆蝉声唱"，"西陆"是秋天。而此处的"东井叶"，则指的是春水、春茶；"北山芽"，则指北山的新茶，且是嫩茶芽，极言茶之上品。

"文火香偏胜，寒泉味转嘉。"既然是茶芽，自然不能大火烘烤，只能文火烘焙，茶香溢出；且取寒泉之水煮沸，正是好茶配好水。

然后是茶器，以铛煎煮，以碗承之，"投铛涌作沫，著碗聚生花"形容茶沫香浓。沫饽是茶汤的精华，皎然形容沫饽如开花一般，描写极美。

接下来自然就是喝茶了，一句"稍与禅经近，聊将睡网赊"明确地将饮茶与禅院生活结合起来。

禅宗语录："禅意何处有？春来草青青。"所以饮茶即坐禅，更是驱除昏寐，清净心神。

最后尾联收束，"知君在天目，此意日无涯"，点明地点是天目山，并以"无涯"二字荡开笔墨，使余韵不绝。

这首诗通篇写禅，也是通篇写茶，释家生活，幽静恬淡，意趣横生，茶意与禅意相互衬托，相得益彰。

《茶经·八之出》有注："杭州临安、于潜二县生天目山，与舒州同。"

天目山茶久负盛名,但是直到明朝才被选为贡茶,可见皇家选茶眼光远不如皎然、陆羽。

如今,天目山名茶犹有天目青顶,又名天目云雾茶,条索紧结,叶质肥厚,芽毫显露,色泽嫩绿微黄,油润有光。采摘时讲究一芽一叶,冲泡后芽叶朵朵可辨,清香鲜爽,香气持久。

不过,不是生在天目山的都叫青顶,而只有顶谷、雨前的才有此佳誉,余者则称毛峰、小青。

四

茶从流行之初,就与僧侣结下了不解之缘,这使得制茶、品茶这件事,莫名地具有一种宗教之美。

中唐时,禅寺饮茶之风盛行,更是渐渐形成了一系列制度规程:各大寺院中均设有"茶堂",有"茶头"专管茶水,按时击"茶鼓"召集僧众饮茶,等等。

生活需要仪式感。嗜茶又爱风雅的江南名士,时时举办"品茗会""斗茶赛""诗茶会"等,而这些活动的倡导推广者,往往是皎然,堪称佛门茶事的集大成者。由他牵头的"顾渚茶赛""剡溪诗茶会",成为茶史上飞扬俊逸的一笔,历久弥香。

甚至就连"茶道"这个词,都是由皎然首次提出的:

饮茶歌诮崔石使君
越人遗我剡溪茗,采得金牙爨金鼎。
素瓷雪色缥沫香,何似诸仙琼蕊浆。

> 一饮涤昏寐，情来朗爽满天地。
> 再饮清我神，忽如飞雨洒轻尘。
> 三饮便得道，何须苦心破烦恼。
> 此物清高世莫知，世人饮酒多自欺。
> 愁看毕卓瓮间夜，笑向陶潜篱下时。
> 崔侯啜之意不已，狂歌一曲惊人耳。
> 孰知茶道全尔真，唯有丹丘得如此。

这说的是有位越州朋友送我剡溪新茶，金鼎烹，素碗盛，泛起雪乳般的沫饽，宛如琼浆玉蕊，曲尘之花。一碗喝下去，困顿全消；尝过两碗，神清气爽，如暑天急雨，风定尘香；三碗喝过，大概便可以像丹丘子那样得道成仙了。

茶自神农始，这本身就有了一种神话的意味。而为《神农本草经》作注的陶弘景又说，喝茶能使人身轻，脱胎换骨，丹丘子、黄山君便都是长年饮茶之人。

陶弘景自己既修佛又修道，死前留下遗嘱，要头戴道冠，身披袈裟，佛与道一个也放不下。

中土佛道不分家。皎然在这首诗中，不但提出了"茶道"与修行生涯的紧密关系，且形象地总结了饮茶的妙处：一饮涤昏寐，再饮清我神，三饮便得道。

这便是"和尚家风三碗茶"的由来，后世"茶仙"卢仝的"七碗茶歌"也是脱胎于此。

卢仝（约795—835），自号玉川子。陆羽病逝湖州时，卢仝刚满十岁。他与陆羽一样，博览经史，工诗精文，也一样心寄山水，不愿出仕，二十岁便隐居嵩山少室山，只以读书访茶为乐，著有《茶谱》一书，人称"茶仙"。

他有首《走笔谢孟谏议寄新茶》，其中一段记述饮茶之乐，明显脱胎于皎然"三饮"，但是流传度远比皎然诗更广，爱茶人无不成诵。且摘录于下：

> 一碗喉吻润，两碗破孤闷。
> 三碗搜枯肠，唯有文字五千卷。
> 四碗发轻汗，平生不平事，尽向毛孔散。
> 五碗肌骨清，六碗通仙灵。
> 七碗吃不得也，唯觉两腋习习清风生。

按说卢仝这样一位世外高人，本不应该扯进朝廷宫斗的戏目中来。可是偏偏他那天不知怎么想起来要下山串门，而且串的还不是普通的门，竟陪着朋友去宰相王涯家蹭饭。

结果饭没蹭上，正值那天宫中政变，就是历史上著名的"甘露之变"。

大体来说，就是唐文宗看不惯宦官专权，安排了禁军暗杀大宦官，但是计划失败，反被宦官控制了朝政，并派出神策军四处杀人、抓人，宰相家自然不会放过。卢仝就这么稀里糊涂地被绑去了城西南隅刑场，以"谋反"之名被处刑。

行刑相当残酷，"自（王）涯以下，皆以发反系柱上，钉其手足，方行刑"。卢仝因为头发短，还要额外加刑，"令添一钉于脑后"，就是用钉子穿过头皮钉在柱子上行刑，而且是腰斩。

卢仝死后葬于玉川，沈长波有联：

> 陆羽六羡西江水,卢仝七碗玉川泉。

苏东坡则有名句:

> 何须魏帝一丸药,且尽卢仝七碗茶。

卢仝的"七碗茶歌",在日本已经演变成茶道。日本诗僧高游外在《梅山种茶谱略》一书中说:"茶种于神农,至唐陆羽著经,卢仝作歌,遍布海内外。"

后来,日本的茶道祖师千利休,也死于一场宫廷政变,被丰臣秀吉逼着剖腹自尽。

中日两位茶仙,一个腰斩,一个切腹,茶禅一味,终究难空。

五

宋朝末年,日本荣西和尚在归国时携回茶种,种于寺院,使饮茶之风在日本禅林大为盛行;和茶种一起被带回日本的,还有北宋高僧圆悟克勤的《碧岩录》,这就是日本临济宗的源头。

1191年,荣西写成《吃茶养生记》一书,更成为日本佛教临济宗和日本茶道的开山祖师,这使得后世人们以讹传讹,以为"茶道"源于日本。

然而日本茶道与临济宗的源泉,从禅宗第一书《碧岩录》,

到开山墨宝《印可状》，以及茶叶种植之法与吃茶礼仪，无一不是向宋朝佛院习得，更比皎然和陆羽的故事晚了数百年。

《印可状》是圆悟禅师于1124年写给弟子虎丘绍隆的资格认证书，大意是说虎丘参禅多年，已达大彻大悟之境，足以前往云居山真如院担任住持。

这幅书，后来不知怎的辗转为"聪明的一休"所得。

一休宗纯（1394—1481），自幼出家，喜汉学，好诗词，向以诙谐著称。有一次，当时的幕府将军足利义满召他到金阁寺吃茶，席上指着画屏中的老虎问："听说那只老虎每到晚上就会跑出来，你能把它抓住吗？"

一休说："很容易啊。"他拿了一捆绳子作势立定，然后问，"我已经准备好抓虎了，你们谁把它赶出来？"

足利大笑，于是赐给他两只麻薯，待他吃下后却又问："刚才那两只茶果子哪个更好吃？"一休却将手一拍，反问："刚才那一声拍手，哪只手更响亮？"

如果把悲剧的千利休比作日本的卢仝的话，那么谐谑的一休则更像是镜面的陆羽。他与陆羽最相像的地方不只是喜茶，还好诗，他写过许多汉诗，只举一首：

吟行客袖几时情，开落百花天地清。
枕上香风寐耶寤，一场春梦不分明。

从一休生平诗作来看，他堪称一位风流和尚，招惹闲花，流连春色，甚至几次声称要破戒，但到底终生未娶。

他对于茶道最大的贡献，就是将《印可状》传给了弟子村田珠光，从此开创日本茶道。

这幅字从文采到书法以及对禅悟的阐述都堪称至宝，村田珠光将其高悬龛堂，要求每个前来学习的弟子都要在墨宝前下跪行礼，并制定一系列详细的饮茶礼仪。这便是"墨迹开山"典故的由来。

就这样，茶道由中国和尚推广，日本和尚携回，从起源便注定了"茶禅一味"的精神实质。

到了千利休（1522—1591）时代，茶道更被赋予了"一期一会"的庄严仪式与"和、敬、清、寂"的精神内核，融会了饮食、园艺、建筑、花木、书画、雕刻、陶器、竹器、礼仪等诸多方面的内涵，形成了一套综合文化体系，其影响渗透到了日本文化的各个方面。

那是日本的战国时代，武士们的每一次聚会，都可能是最后一次。今天一起喝茶的人，明天说不定就上了断头台。因此千利休要求参加茶会的人，须要带着一生一次的心情来对待这杯茶，一株开得正艳的花、一幅印着岁月的挂轴、一只精美优雅的手作陶瓷盏，件件都让人心存恬静，死而无憾。

想来，千利休在临终前举行最后一次茶会，要求以"士"的尊严切腹的时候，带着的就是这样一生一次的心情吧。

当我在京都清水寺的街道上看到满眼手写的招牌广告各个都是书法精品时，在岚山渡月桥就着茶果子品尝抹茶时，在宇治喝到流传千年的蒸青玉露时，心头漾过阵阵惆怅，说不清是感慨还是失落。

我痛恨某些崇洋的人竟以日本茶道为宗，却不得不承认今天的中国茶道常常更近于茶艺表演，与唐宋的"茶禅一味"是有断层的。反而是日本茶道，有破有立地继承了大唐煮茶与宋代点茶的传统精髓，在茶道的传承上做得要比中国更好。

宋朝士大夫四大雅事：焚香、点茶、插花、挂画。这种仪式之美，也被很好地保存在了日式茶道中，并且延续了近千年。

根据一年四季变换壁上的书画，根据二十四节气变换茶具，一只小小的茶点也要捏造得精致如画，这些都与茶无关，却都是茶道。

日本茶道在仪式感上的追求极致到了刻板的地步，怎样开门，怎样捧罐，怎样折茶巾，捧罐行走的高度和姿势，打开茶巾时那"啪"的一声，甚至进门时先迈哪只脚，都有严格的规定。不要去问为什么，不要质疑这样做有什么意义，茶巾折成四方还是三角形，茶则放在左边还是右边，对茶味有影响吗？

这些，都不要问，不用想，就只是关注于手中当下正在做的事情，关注于每件茶器上，一丝不苟地做好每个步骤，在你的每一个手势、动作中日复一日地训练，直到熟极而流，仿佛手自己会动、会说话。

如此下去，才会清楚地意识到：茶道是一种修行。

怜物而不恋物，怀旧而不守旧，生活的真趣就在这些点点滴滴之中。

只有懂得欣赏无用之美，才是更高级的情操。

关于茶道：

茶道，这是个从来没有被明确化和统一化的概念。我个人的理解是：茶道就是研究茶与传统文化的关系，还有静以修身、俭以养德的人生体验与感悟过程。

周作人对茶道的定义相对更生活化，他说："茶道的意思，用平凡的话来说，可以称为忙里偷闲，苦中作乐，在不完全现实中享受一点美与和谐，在刹那间体会永久。"

台湾学者刘汉介先生认为："所谓茶道是指品茗的方法与意境。"

著名茶学家吴觉农先生认为："把茶视为珍贵、高尚的饮料，饮茶是一种精神上的享受，是一种艺术，或是一种修身养性的手段。"

大唐豪放女李季兰

一

南朝《吴兴记》中说:"乌程县西二十里,有温山,出御荈。"

一句话说明了两件茶事:一是南北朝时已有宫廷用茶;二是乌程温山茶驰名千里。

陆羽问茶,怎么可能不亲自勘探?于是便兴冲冲来了乌程温山。

乌程,即今浙江长兴,属湖州市,位于太湖西南岸;温山,是弁山的一座峰,因"山势如冠弁"而得名。弁山又称"卞山",晋张玄之《吴兴山墟名》赞:"卞山峻极,非清秋爽月不见其顶。"因此,弁山有湖州主山之称。

在乌程,陆羽最大的奇遇不是茶,而是人,一个叫作释皎然的男人,和一个叫作李季兰的女人。

陆羽、皎然、李季兰，这三人究竟是谁先结识了谁，在史上是一笔糊涂账。因为李季兰的籍贯就是糊涂的。

李季兰，原名李冶，字季兰，唐朝四大才女之一。《唐才子传》说她是峡中人，也就是四川三峡人，《全唐诗》存诗十八首零八句，诗前小传称其为吴兴人。

吴兴出才女，德宗的生母沈珍珠是一个，李季兰又是一个。

但是德宗一点儿都没念及这段香火情，生生下令棒杀了李季兰，所以李季兰的卒年倒是确切的，在784年，此为后话。

李季兰自幼聪慧，六岁学诗。一日在院中玩耍，看到蔷薇盛开，脱口吟出："经时未架却，心绪乱纵横。"

按说小小女童显示出如此天分，父母应该欣喜才对。但是李季兰的父亲却极为恼怒，摇头道："此女子将来富有文章，然必为失行妇人矣。"

因为"架却"谐音"嫁娶"，小小女孩儿随口吟出的诗句中竟露出思春之意，而且还是心绪纵横，岂非不祥失贞之语？

于是父母一合计，便决定将李季兰送去道观修养心性，以地气来改变天命。

这倒也不是父母心狠。唐朝时，李唐皇室为了自重身份，自建朝起便追奉老子为祖先，唐高祖李渊还亲自去函谷关拜谒，上演了一出认祖归宗的大戏，且奉道教为国教。

因此，唐朝素有"道大佛小，先老后释"之说，释道并行，而那些不想出家为僧却又标榜仙风道骨的王孙贵族，便都以修道为荣。终唐一朝，先后有十八位公主出家做了女冠子，比如著名的太平公主和玉真公主，"太平"和"玉真"都是道号。

李季兰虽然不是宗室女，但也姓李，按照李世民的说法自然也是老子后人，入道门做女冠，没毛病。

而且，做女冠的好处是，出家了，也未必要一直住在观中；就算住在道观，也是出入自由的。甚至有很多追求个性解放的女子，就是为了方便交际才打着出家的幌子做女冠的。道观，成了她们最现成的交际场。

因此，"唐代四大女诗人"中的三位：薛涛、鱼玄机、李季兰，都是女冠子，否则没有交际的舞台，也积攒不了那样大的名气，最后一位刘采春，则是陆羽的同行——参军戏名伶。

李季兰做了女冠，轻浮多感的本性非但没有被修正，反而因为不在父母跟前受约束，益发解放。十年后，一首《蔷薇花》明确地宣告天地：我就是这样的女人！

> 翠融红绽浑无力，斜倚栏干似诧人。
> 深处最宜香惹蝶，摘时兼恐焰烧春。
> 当空巧结玲珑帐，著地能铺锦绣裀。
> 最好凌晨和露看，碧纱窗外一枝新。

如果说六岁的李季兰咏蔷薇"心绪乱纵横"只是童言无忌，并不知道什么叫思春的话，那么十六岁的少女李季兰再次咏蔷薇，"翠融红绽浑无力""深处最宜香惹蝶"之句，已可谓是高张艳帜，毫不避讳地为自己树立了一个娇媚多情的水性女子人设。

这首诗不能细读、多想，想深了去，会发现每句都含意暧昧，简直就是一首隐喻淫靡的艳词。

她的成名作，是一首关于听琴的诗，也是同样的欲迎还拒，

充满了挑逗意味,更令她身世成谜:

从萧叔子听弹琴赋得三峡流泉歌

妾家本住巫山云,巫山流泉常自闻。
玉琴弹出转寥复,真是当时梦里听。
三峡迢迢几千里,一时流入深闺里。
巨石崩崖指下生,飞波走浪弦中起。
切疑愤怒含雷风,又似呜咽流不通。
回湍曲濑势将尽,时复滴沥平沙中。
忆昔阮公为此曲,能令仲容听不足。
一弹既罢复一弹,愿似流泉镇相续。

从这首诗中,不难看出白居易《琵琶行》的影子,白居易晚了李季兰六十年,如果在写作上确有"偷师",倒也侧面印证了李季兰诗在当世的影响。

《三峡流泉》是一首著名琴曲,相传为"竹林七贤"之阮咸所作,故而诗中云"忆昔阮公为此曲,能令仲容听不足"。

李季兰闻弦歌知雅意,全诗用了大量比喻来形容琴曲的顿挫悠扬,开篇先声夺人,有种睥睨红尘的潇洒张扬。

宋玉《高唐赋·序》中云:"昔者先王尝游高唐,怠而昼寝。梦见一妇人曰:'妾巫山之女也,为高唐之客。闻君游高唐,愿荐枕席。'王因幸之。去而辞曰:'妾在巫山之阳,高丘之阻。旦为朝云,暮为行雨。朝朝暮暮,阳台之下。'"

从此,"巫山云雨"便成为自荐枕席男女欢爱的代名词,女子诗文中避之唯恐不及,而李季兰偏偏要高调声称"妾家本住巫山云",分明是诱人犯罪,但是接下来一句"巫山流水常自闻",自然而然地转到琴曲中,又似乎说客官你想多了,奴家只是说琴呢。

也正是因为这句诗,导致李季兰的出身扑朔迷离,让人无法判断她是真的家住四川峡中呢,还是仅仅借典自况,搅弄烟云。

也许她的本意并非如此,但是她虽身处道观,却交游广阔,送往迎来,并无一点儿清修守拙的意思,却是不争的事实。由她发起的诗集雅会,影响遍布江淮,很多扬州人都要渡江来拜。

于是,茶圣、诗僧、女冠子,这历史上声名赫赫的三位高人,命中注定一般地在乌程相遇了,轰轰烈烈演出了一场流传千年的三角恋闻。

二

李季兰多情诗,也多情史。文坛上与李季兰关系暧昧且留下名字的男人不少,包括朱放、韩揆、阎伯钧等,大诗人刘长卿也与她交游甚密。《唐才子传》中甚至说,连皇上都曾经因为"女中诗豪"的美名而召见过她,"留宫中月余,优赐甚厚,遣归故山"。

女中诗豪,便是刘长卿给她的赞誉。

刘长卿(约726—约786),字文房,河间人,天宝进士,历任监察御史、转运史判官、随州刺史等职,所以又称"刘随州",有《刘随州文集》十一卷存世,《全唐诗》存诗五卷。最擅五言诗，自称"五言长城"。刘长卿题诗从不言姓，只书"长卿"二字，人们问他为什么不题全名，他很诧异地回答："有必要吗？难道天下还有人不知道我刘长卿？"

刘长卿的名字是否天下皆知我表示怀疑，但是他有首著名的五言绝句《逢雪宿芙蓉山主人》倒是人人成诵的：

> 日暮苍山远，天寒白屋贫。
> 柴门闻犬吠，风雪夜归人。

刘长卿传世诗中，我最喜欢的是一首近于自画像的《听弹琴》：

> 泠泠七弦上，静听松风寒。
> 古调虽自爱，今人多不弹。

我创办的西周私塾游学班，很重要的一个开课地点就在扬州街南书屋中，每年夏天我都要去住一阵子，每次入住的都是十号院。院中壁画的题诗，便是这首《听弹琴》，不过画中人散发宽衣，不像大唐装扮，更像魏晋人物。

每次入住小院，我都会在壁画对面设下琴桌，古调自娱，发思古之幽情。

西周私塾的课程是上午教授诗词格律，下午学习茶道茶艺。陆羽、皎然、刘长卿、李季兰的名字与作品，自然都不免时时提及。

不知道李季兰与刘长卿的《听弹琴》谁写得更早，但在当世一般著名。而且李季兰不仅擅听,且擅弹,又擅诗,《唐才子传》中形容她"美姿容,神情萧散。专心翰墨,善弹琴,尤工格律",如此,怎能不让刘长卿极口称赞呢?

刘长卿有一首《吴中闻潼关失守因奉寄淮南肖判官》,从诗题便可知,"安史之乱"爆发时,刘长卿正在吴中任长洲尉,故而才能与李季兰、皎然等相熟,又不知道通过哪个,辗转与陆羽相识。

他送给陆羽的也是一首五言律诗,足证两人交情:

送陆羽之茅山,寄李延陵
延陵衰草遍,有路问茅山。
鸡犬驱将去,烟霞拟不还。
新家彭泽县,旧国穆陵关。
处处逃名姓,无名亦是闲。

李延陵,名李挚,为延陵县令。延陵,古邑名,在今天常州、江阴一带;茅山,位于常州金坛区和镇江句容市。显然,陆羽有意前往茅山问茶,刘长卿热心地替他引荐当地长官,希望行个方便。这首诗,便是"五言长城"的独家名片,世间最风雅的介绍信。

而刘长卿对陆羽的欣赏之情,也跃然纸上。

一日,刘长卿邀集江南文士于乌程县开元寺雅集,李季兰也在座——这简直是一定的。当时的名流诗茶会中,若是没了李季兰，哪里还谈得上档次，而有了李季兰，也就有了第二天的"热搜"。

她不仅能诗善琴，且性情豪放，水袖善舞，周围蜂忙蝶乱。人人都知道她有许多裙下之臣，但知道是一回事，看到是另一回事，人人都在传说，人人都不确定，这就越发使她显得神秘魅惑。即便是她不在的宴席上，人们也总是免不了谈起她，说她最新的诗作，聊她最近的绯闻，有艳羡，有揄扬，也有的会刻意贬损，把她形容得糜滥不堪，但这丝毫无碍于她的风头，只会让她更加邪魅招摇。

她是被所有男人供奉在舌尖上的女人，"李季兰"三个字，就像一面旗帜，走到哪儿招摇到哪儿。

那日众人在寺中廊庑下设下案席，一一揖礼相见，推让一番，请刘长卿坐了首席。先茶后酒，吟诗联句，先还斯文揖让，后来便意兴渐浓，废了笔墨，掷骰子行起令来。

刘长卿做了掌令的"明府"，取出一只精致的鎏银雕花筹筒来，笑道："还须请两位录事。"

众人不免又是一番推让戏谑，最终选了皎然和李季兰，都道："这叫有官有民，有僧有俗，有男有女，有仙有凡，最是齐整。"说得众人都笑了。

李季兰也不推让，自认"席纠"，拿过筹筒来旋开钮子，只见里面装了四五十根银筹，上面各写了一句论语及令，笑道："原来是论语玉烛，这倒爽利。"说着便拿起骰盅来摇了一摇，掷在案上银盘中，却是三个四点向上。

众人都笑道："仙子出手便是堂印，果然好手彩。"

惯例掷出三骰一样点数的便属好彩，其中又以同为四点、六点、一点为贵。因四点同时朝上，一片红彤彤，贵气非常，便如宰相们议事厅所用大印一般，故称"堂印"。掷出者可以举酒杯任选一人喝酒。

季兰举杯笑道："如此，便请在座共饮一杯为贺。"

众人都饮过了，便又重新掷过，是个一二三，加起来是六点，数至皎然，掣出签来，只见上面写着："望之俨然，即之也温，听其言也厉。对家饮一杯。"

李季兰转眸一笑，百媚横生："这句语录形容上人最妙。"拿了签望着皎然点头，喃喃重复，"望之俨然，即之也温……"

她的声音里有一种说不出的柔腻，仿佛用鹅毛轻轻挠着人的心尖，眼光更是深情款款，似乎缘定三生，今世重逢。

皎然却只淡淡一笑，恍若未闻，以茶代酒饮了一杯，向刘长卿恭敬道："县尉请。"

原来刘长卿正是皎然对家，只得饮了。便又摇过骰子，这次轮到陆羽。

掣签看时，只见上面写道："乘肥马，衣轻裘。衣服鲜好，处十分。"意思是座上打扮最漂亮的人喝一整杯。

陆羽原不擅酒令，见此句倒愣了一下，笑道："座上嘉宾济济，衣冠楚楚，俱是肥马轻裘者，合当共饮。"

皎然笑道："贫僧无马无裘，缁衣芒鞋，自不必饮。"

李季兰亦笑道："小道世外之人，自然也非冠冕堂皇之士，亦不必饮。"

刘长卿立即反对："这里说的可是'衣服鲜好'，取其胜者，不当责众。既是鸿渐掣出此签，不如便由你来评评，席中衣冠最漂亮的是谁，便是谁饮可好？"

众人自然都说好，陆羽便望向李季兰，拱手道："东风又染一年绿，楚客更伤千里春。女史请了！"

这两句正是李冶咏柳新诗中的一联，因清新工整，又恰贴合陆羽身份心事，十分喜爱，不意今日见到诗家本尊，又看她戴着莲花冠，插着碧玉簪，云衣霞帔，宽大的裙裳飞流直垂，随着举手投足轻轻摇荡，裙摆是深深浅浅的碧色，间中疏疏绣了几朵白色娇花，花样并不繁复，却异常精致，配着她雪白的肤色，艳也艳极，清也清极，正如嫩柳娇花一般，不禁脱口吟出。

众人自然也都叫好。李季兰便也笑了，举杯饮尽，媚眼如丝，望向陆羽道："衣敝缊袍与衣狐貉者立而不耻者，其由也与？不忮不求，何用不臧？"

陆羽一怔，不禁心中震动，口中只道："是道也，何足以臧？"

二人对饮一杯，都笑了。

原来，李季兰所言，也是《论语》中的语录。孔子的大弟子仲由，字子路，原是乡野鄙人，初见孔子时，粗服蓬头，粗鲁不文，却偏有种天不怕地不怕的爽利。从师后虽渐通文理，那种睥睨自信的劲儿却从未改变，孔子夸他即使穿着破旧袍子站在狐裘貂帽的贵人间，也仍然从容自若，并用《诗经》中的话来赞美他："不忮不求，何用不臧？"意思是不妒不羡，不卑不亢，真是好品德呀！

子路听了很得意，从此终日念着这两句诗。孔子倒无奈起来，不得不又提醒他说："是道也，何足以臧？"仅仅做到这样，又怎么算是最好呢?

今日开元寺雅集,来者多为闻人名士,各个衣裳光鲜,而陆羽却仍是一惯的竹杖芒鞋,粗褐衣,犊鼻裤,无异于子路的"衣敝缊袍与衣狐貉者立",但他向来是特立独行之人,自许清高,"不忮不求",内心自有一种骄傲。

这骄傲,却被李季兰一眼看透,带笑说出,如花解语,嫣然开放。

她是他的知己!

陆羽便是这般沉醉了,有一种全然陌生的情绪从他心底里升起,仿佛氤氲的茶气浸润了整个天地,世界忽然变得朦胧而绮丽起来。茶山上那些深碧浅翠再不仅仅是茶叶的芽种年份,而是她裙摆漫出的颜色,拖拖曳曳,跟随他辗转江湖,走到哪里都避不开她的风采。

他愣愣地看着她,看她手挥目送,烟视媚行,利落又妩媚地行着令,不管说什么做什么都是那样俏丽、灵动,出人意表又恰到好处。他是擅长话术的,而她竟还胜他三分,话也不多,可是满席的人都被她搅动得情绪浮荡,言语暧昧。

彼时暮色四合,刘长卿多喝了几杯,有些坐立不安,偏偏李季兰又掷出一个"满盆星",即三个一点朝上,依例可以任请座中一人饮酒。

李季兰倒了酒,双手捧与刘长卿道:"还请长洲尉满饮此杯。"

刘长卿推辞道:"天色已晚,某不胜酒力,这一杯便免了吧。"

李季兰却忽然邪魅一笑，望着远山曼声道："谁道天晚？岂不闻'山气日夕佳'？"

这句诗来自陶渊明，本是极清雅的，可是李季兰此时吟来，却是暗刺刘长卿坐不住乃是因为疝气发作，以"山气"喻"疝气"，这个谐音梗实在有点儿污。

众人不禁都看着两人发笑，不料刘长卿不慌不忙接过酒喝了，随即笑应："众鸟欣有托。"

这一句，也是来自陶渊明，只不过，此"鸟"非彼"鸟"也。

一时举座哄堂，捶桌的，喷酒的，指着李季兰笑得说不出话来，无不为二人的思路敏捷诙谐狎昵而赞叹。

其实，这种讲黄段子抖机灵哗众取宠的做派，原不符合一个女冠子的身份。但是由李季兰做来，却偏偏有种随意自然的诱惑，便如同她那句"妾家本住巫山云"一般，任你笑得前仰后合，她只是无辜而嗔怪地表示：我不过是即景吟诗罢了，你们想什么呢？

陆羽第一次见识这样的女子，她比他平生见过的所有女子都更加妩媚动人，又偏偏豪爽率性，较男人犹胜。她有点儿像他从前在戏班里结识的女伶，却又是完全不同的路子。她也做戏，也倚娇作媚妖冶风骚，但同时又独立得可怕；明明强势，偏做出副弱不禁风的娇娘模样，好像谁给一句好话就会晕陶陶跟了人去，但是烛影摇红中人人都醉得沉了，她的一双眼睛也依然清醒，眼底是深深的惆怅与孤独，仿佛千年深秋。

他看着她，当下说不出是惊是羡，竟连是非臧否的判断都没了，就只是目不转睛地看着她，看她像太阳一般闪闪发亮，而星围在她身边的那些有名望有地位的男人们都被她映衬得黯淡无光。

她美丽的容颜、流转的眼波、优雅的谈吐、不凡的诗才，乃至那时时流露出的孤独柔弱，都让他感到深深的迷醉。不论他此前有没有过春梦绮思，但是一旦看到了她，关于爱情的所有想象便被这个女子填满了，如蛛丝般将他的心层层织裹缠绕。

从此，萦系一生。

三

"由爱故生忧，由爱故生怖。(《妙色王求法偈》)"

陆羽心里一旦生了情，眼睛和耳朵也都跟着敏感起来。他搜集着李季兰的诗和八卦，对她越了解就越敬畏，并且很快意识到她对皎然的与众不同。

实在是皎然太出色了，诗名远扬还在其次，关键是相貌清俊，惊才绝艳。他本应是王谢世家的芝兰玉树，偏做了斩断尘缘的清风白云，一举手一投足都透着股仙气儿，难怪连惯经风月的李季兰见了，也不由得意动神驰，赠诗试探。

但皎然隐心不隐迹，行走江湖惯了的，这种人人争吃唐僧肉的戏码不知见了多少，哪肯沾染是非。他可是名僧，与一个女冠搅在一起算怎么回事，半世名声还要不要了？当下痛快地回绝了，言辞婉转而明确，毫不拖泥带水：

答李季兰

天女来相试，将花欲染衣。

禅心竟不起，还捧旧花归。

相传释迦牟尼在菩提树下静坐七七四十九天，顿悟成佛。打坐之时，曾有天魔女歌舞妖娆，乱其心智，想诱他走火入魔。但是佛祖八风不动，凛然说："咄！尔等不过臭皮囊而已，却来做什么？还不速去！"

这个典故专门用来比喻释门弟子四禅八定，不为美色所诱。"诗僧"皎然用了这样一个佛典故事来回答李季兰，十分恰当。

他将李季兰比作天女，说她是上苍派来试炼自己凡心的，然而自己禅心不动，清净无尘，所以敬谢好意，还是各自修行吧。

这样的回答，可比后世"情僧"仓央嘉措的"不负如来不负卿"来得狠绝多了。

难得的是，李季兰被拒绝了也不生气，见了面也毫不羞恼，依然满面春风地赶着皎然叫"御弟哥哥"，媚眼灵动水汪汪地看着他，似乎说我这样敬重你，你怎么不理我呢？你都"四大皆空"了，难道连一个喜欢过你的小女子都容不下吗？

同在湖州，又都是"热搜榜"上风口浪尖的人物，想避也避不开的，何况李季兰那样的女子，根本也不容得别人避着她。

于是，他们在不同的诗茶会上遇见几次后，便又重新做起朋友来，就好像之前的痴缠与冷情都没发生过一样。

两个人站在一起，男的玉树临风，女的似娇花映水，一僧一道，最是好看。

陆羽作为"吃瓜群众"嗑了半天"皎兰cp"，虽然最终看到二人泾渭分明并无瓜葛，却也渐渐冷静下来，自惭形秽。他是断不能与皎然相比的，又哪里敢走近季兰。

他看着她穿花蝴蝶一般出现在不同的宴席上，周旋于不同的男人中，对每个人都若有情似无情，不甘寂寞地撩拨一下，笑靥里仿佛盛着酒，而眼底却是无情。那许许多多来来往往的男人中，有对她曾经情深却始乱终弃的，也有深深痴迷着她而她不在意的，她都不会得罪，都好好笼络着，甚至还有面子上恭敬其实心里不以为意只拿她做玩意儿的，她也一样看破不说破，只好好逢迎着。一副我知道你知道我在做戏，但我就是要做给你看，你要是不配合就是你不解风情的样子。

都是风月娴熟的人，逢场作戏谁还不会呢？非要拆穿就没意思了。于是那些文人不论是不是真的敬慕她，却也都愿意捧着她，将她的新诗和逸事到处张扬，替她做个免费的宣传。

陆羽不想成为其中的一个，他想她是那么与众不同，若想让她对他也有些不同，最好的方式就是永远不去接近。

好像气球，不触碰，就不会破；像桃花，不绽放，就不会谢。

他念起一句五代词人的句子："记得绿罗裙，处处怜芳草。（贺铸《绿罗裙·东风柳陌长》）"

他对她，没有别的奢想，就只有一个愿望：我想为她烹壶茶。

栖霞山下的皇甫兄弟

一

陆羽的主要生活轨迹在中唐。没有一个关于盛中唐的故事可以绕得开李白。即使他和这个故事毫无关系,他的呼吸也一直搅动着大唐的空气。

所以我们的传主陆羽,虽然同李白没有半分交集,可我还是要介绍几句"诗仙"的归宿。

唐肃宗李亨无诏登基的同时,被"太上皇"的玄宗颁诏各地,玩了招"四王分镇":除了命皇太子李亨任兵马大元帅外,还让另外几个宠信的儿子平分秋色,永王李璘任江淮兵马都督,统率山南东路、黔中、江南西路等节度大使;盛王李琦为广陵郡大都督,统率江南东路、淮南、河南等节度大使;丰王李珙为武威郡都督,领河西、陇石、安西、北庭等节度大使,带兵勤王。

这是在外侵之上又加了内乱。唐玄宗的权力欲超过了使命感,他固然渴望击退安禄山收复长安,但又时时刻刻惦记给儿子掣肘——谁让他夺了自己的皇位呢!

按说肃宗自导自演的灵武即位的确不是那么堂皇正大,然而此时天下动荡,唐玄宗独宠杨贵妃、偏信杨国忠、放纵安禄山等行为早已惹起众怒,失却民心,也的确需要一位新帝出来重新"洗牌"了。

因此如郭子仪、李光弼等大将都毫不为难地投效了肃宗李亨,就连享有盛名的隐士政治家李泌也出山相助。唯有李白这种书生意气的政治"小白"才会盲目热情又看不清形势,居然投靠了永王李璘。

李璘作为江淮兵马都督,兵力仅次于李亨,接到太子哥哥在灵武登基称帝的传讯,不禁想:同样是皇子,你能无诏登基,我为啥不能! 龙椅就在那儿,谁不想坐呢? 于是发兵东下,广派英雄帖,要与新政权一决雌雄,发帖子给在庐山隐居的李白,纯粹是为了给自己造势。

一心想着建功立业的李白,就这样脑子一热便兴冲冲地从庐山下来,加入了永王阵营,还写了十数首赞歌为其摇旗。左一句"为君谈笑净胡沙",右一句"归来倘佩黄金甲",一心搏那从龙之功。

身在江南的陆羽,与其说动荡生活是受"安史之乱"所迫,不如说对"永王之乱"更有切身感受。

好在,李白下山后不到一个月,永王兵败被杀,李白也因谋逆罪锒铛入狱,差点儿丢了脑袋。幸亏有大臣上谏说李白曾为翰林学士,是太上皇钦封的"三绝",杀名士必被千古非议。方改判了流放夜郎。

另一位大诗人王维，遭遇也同样不济。

安禄山攻入京城后，大肆搜捕那些未来得及逃走的官员、宫女、名士，强掳至新都洛阳，充入宫廷，让他们对自己称臣，为新权张目。这些人中，既有李白传说中的女弟子，李适的母妃沈珍珠，也有虽然身在朝廷却一心向佛，故而政治敏感度不高的王维。

不同的是，沈珍珠被拘于洛阳掖庭，而王维则被关押在离禁苑不远的菩提寺。

为了辞拒安禄山的授官，王维试图服毒药弄哑自己的嗓子，又服泻药让自己得上痢疾，指望新朝看不上这样一个污秽不堪的哑巴。但他名气太大，既是高官又是文人，李璘造反都想请李白做旗手，安禄山篡位又怎肯放过王维这样的活招牌，因此强授王维一个给事中的职衔。

一日，安禄山在宫中凝碧池设宴，召梨园弟子奏乐。乐工雷海清掷下琵琶，向西恸哭，安禄山大怒，令人将其绑在试马殿前肢解示众。

王维听说后，赋诗七绝：

> 万户伤心生野烟，百官何日再朝天。
> 秋槐叶落空宫里，凝碧池头奏管弦。

至德二载（757年）十月，肃宗李亨向回纥借兵，击退叛军，唐玄宗也终于"西狩"归来了，重新住进兴庆宫，站在花萼清辉楼上接受百姓的跪拜。

而李亨的头等大事则是清算逆臣，凡是朝臣受安禄山伪官者，分六等治罪，重则刑于市，轻则赐自尽，或杖一百，或流三千。

王维原被定了三等罪，然而因为弟弟王缙求情，愿以官职相救，遂酌情贬官太子中允，仍在五品上，这比起那些与他一起陷敌或死或流的同僚们可是太轻了，一时朝野哗然。

但能怎样呢？谁让人家有个那么争气的好弟弟呢？王缙刚与李光弼在太原抗击史思明打了胜仗，一路升迁至宣慰河北使，眼看就要升作同中书门下平章事，也就是宰相了，却宁愿不做相爷也要救哥哥的命，新帝还能说什么？正在用人之际，不能得罪功臣不是？

于是，场面上的说法就是，肃宗在战乱中听说了王维那首《凝碧池》，感动不已，知道他身在曹营心在汉，一心盼望王师归来，只承认自己这个真命天子，此诗堪为万民心声代言，因此帝心深为感动，不忍加罪。

但是不论怎么说，王维这个曾为降臣的污名算是坐下了。此后，他更加沉默萧然，虽在京为官，却过着僧侣般的生活，孤居一室，屏绝尘累，亦终身无子女。《旧唐书》载："斋中无所有，唯茶铛、药臼、经案、绳床而已。退朝之后，焚香独坐，以禅诵为事。"

上元二年（761年），王维病卒，终年六十一岁。临终忽索笔墨，写信给兄弟王缙与平生亲故绝别，内容也多是敦励朋友奉佛修心，写完搁笔坐化。

他的死，也完全像个得道的高僧。

次年冬，李白逝于当涂。

两位不世出的大才子,于公元 701 年手拉手地来到人间,共同拉开大唐诗坛最盛大的一幕,一起经历了"开元盛世"的繁华与"安史之乱"的沧桑,又赶在六十年劫满后脚跟脚地飞离升仙了。

告别了"诗仙"李白和"诗佛"王维的大唐,忽然枯寂起来,呈现出"无边落木萧萧下,不尽长江滚滚来"的清冷秋色。

二

不过此时,还是乾元元年(758 年)的春天,动乱初平未歇,李白还在狱中,王维也背负着骂名。

陆羽同无锡尉皇甫冉及其弟皇甫曾一边泛舟秋湖,煎水品茗,一边说着皇城逸事,唏嘘着李白、杜甫、王维这些当世名人在动乱中写下的诗作。

尤其皇甫曾,正出自王维门下,念起老师的新诗,无限感慨:"圣人为了向回纥借兵,许诺'克城之日,土地、士庶归唐,金帛、子女皆归回纥',竟开放洛阳城门,任由回纥纵兵劫掠,岂非浇油灭火?百姓深受荼毒,惨烈比叛乱犹甚。天家如此,倒有脸清算朝臣,是何道理?"

皇甫冉惊惧,忙道:"贤弟慎言。"

陆羽却觉得他说得痛快淋漓,喝道:"这话透彻,堪浮一大白!古人只道'窃钩者诛,窃国者为诸侯',岂不知当今却是'降贼者诛,邀贼者为天子'了!"

皇甫曾击掌叹道:"鸿渐言之至矣!"

皇甫冉听他二人说得益发露骨,摇头叹道:"你二人只顾口头痛快，岂不防隔墙有耳，言多必失。"

陆羽笑道："这四周除山水迎人，哪有什么隔墙之耳？皇甫兄莫不是怕清风多舌，将我们的话传送出去，还是怕鱼腹藏书，把兄弟行踪记了下来？"

皇甫曾大笑起来："鸿渐这话有趣，某当以茶代酒，敬你一杯。"

皇甫冉见他二人意气相投，叹道："我知你为王摩诘抱不平，天家自己逃之夭夭，朝臣百姓都丢下了，害得百官被擒，被伪朝强授官职，已经是受了大难，圣人不体恤，倒要治罪，的确不公。摩诘新诗道：'一生几许伤心事，不向空门何处销？'某听了也是感慨落泪。只是，和他同陷洛阳的官员或死或流，王摩诘只是贬官，已是不幸中之大幸了。"

陆羽却摇头道："所以说，在圣人眼中，王摩诘犯了两项大罪，不可不罚。"

皇甫兄弟忙问："是哪两罪？"

陆羽道："一是跑得不及时，二是死得不及时。"

皇甫兄弟听了，都是又笑又叹，连连摇头。

陆羽亦不再继续这话题，且取出今春新茶相赠，笑道："上次与茂政兄别离，正是进山之日。某在山中，时时想起兄之赠诗，只觉字字句句都落到实处，竟是眼见的一般。欲和一首，竟觉言无余意，难附骥尾。"说罢，以竹筴击釜，曼声吟道：

送陆鸿渐栖霞寺采茶
皇甫冉

采茶非采菉，远远上层崖。

布叶春风暖，盈筐白日斜。

旧知山寺路，时宿野人家。

借问王孙草，何时泛碗花？

皇甫冉（约717—771），字茂政，晋代高士皇甫谧之后。才华横溢，诗风清俊，就是运气真说不上是太好还是太不好，他于天宝十五载科举及第，而且还是头名状元，这本是泼天喜事，可惜还没等大展拳脚呢，就天下大乱了。只得避乱东归，如今刚刚得了一个无锡尉的授命。

作为科举状元，他的诗自是格律谨严，绝不会像陆羽、皎然那般随意。这是一首标准的五言律诗仄起式，平仄协律，对仗工整，起承转合，一板一眼。

首联破题。"采葇"是《诗经》中的典型形象，女子因思念丈夫，无心采葇采蓝。然而陆羽进山采茶，远上层崖，却是一片赤诚，全情致志。

短短两句，已经写出陆羽深入山区，攀崖悬壁的身影。领联"布叶""盈筐"实写采茶；颈联"山寺路""野人家"则指陆羽在山中居止情形。

尾联以问句收束，是律诗最常见的手法，问一声碧草青青，何时才能在王孙的盏中开出汤花？

换句话就是：好茶好茶，快到我的碗里来！

陆鸿渐吟罢，舀出两盏茶来，分别奉与皇甫冉与皇甫曾，笑道："碗花已绽，请君品尝。"

皇甫冉接过细赏，只见盏面浮着一层沫饽，如晴天爽朗，浮云鳞然，美不胜收。轻啜一口，甘醇清润，沁人肺腑，不禁脱口赞道："鸿渐制茶，果然馥郁。"

陆羽笑道："全赖兄台携来丹阳观音寺水，方有此嘉味。"又从随身竹筒中将自己新写的采茶笔记取出与皇甫兄弟看。只见上面用工整的楷体写着：

> 凡采茶在二月、三月、四月之间。其日有雨不采，晴有云不采。
>
> 凡炙茶，慎勿于风烬间炙，熛焰如钻，使炎凉不均。
>
> 籯（yíng）：一曰篮，一曰笼，一曰筥（jǔ）。以竹织之，受五升，或一斗、二斗、三斗者，茶人负以采茶也。

皇甫冉笑道："这随身背只竹筒或布囊，有了灵感便赶紧存录，过后再整理成诗，原是京中文人兴起的法子，倒被鸿渐学来做了寻茶记了。"随手翻阅几张，却是关于采茶、制茶乃至茶器选用无一不备，越看越诧异，不禁道，"鸿渐莫不是要写作一部《茶经》出来吗？"

陆羽笑道："正有此意。"

皇甫冉一愣，他本是随口揶揄，以为不过山人杂记而已，哪里便能以"经"自抬起来？但见陆羽并无玩笑之意，倒不由郑重，又翻检几张字条看了，沉吟道："难得你有此志向，若是著录全备，得以传世，也是一件大功德。"又接连低声重复，"茶人负以采茶也。茶人，茶人……"

陆羽道:"古有神农尝百草,今有陆羽试千茶,我志在此,倒不信不能传世,让后人知我大唐气象,茶道风流。"

不待皇甫冉说话,皇甫曾已大声赞叹:"好水,好茶,好志气。茶人陆羽,的确大唐气象。鸿渐一番话,倒勾起我的诗兴来。既然家兄在你行前赋诗相送,那某也奉赠一首且附骥尾吧。"说罢,略一沉吟,口占一律:

送陆鸿渐山人采茶回
皇甫曾

千峰待逋客,香茗复丛生。
采摘知深处,烟霞羡独行。
幽期山寺远,野饭石泉清。
寂寂燃灯夜,相思一磬声。

这同样是一首五言律诗仄起式,但就远没有皇甫冉的规整了,且词句也有多处平仄不谐。但胜在即席赋诗,这份急才,已是难得。

诗中说,大好江山,千峰万壑,都在等待陆羽的踏访。"逋客",指隐士;"香茗",代指茶树。

中间两联的喻意和写法同皇甫冉之诗一般无二,描摹鸿渐穿山攀岩,采茶云深处、夜宿古寺中的绿野仙踪;尾联荡开一笔,描写寂寂长夜,漫漫相思,却不知说的是陆羽还是自己,是今世还是来生,抑或万代千秋,流芳百世。

三人泛舟枫岭之下,品茗赏景,指点湖山,畅议古今,吟诗联句,益发意兴高昂起来,便也忘了京中翻云覆雨的政局了。

三

且说肃宗返回长安后,为了庆祝收复,再次下诏改元,复载为年,发行乾元重宝。

战争虽然持续,民心得以稍安。尤其江南百姓,知道皇上回到了京城,也就仍安心过起自己的日子来。

陆羽便在这时节以茶会友,得与皇甫兄弟结识。并在皇甫冉的帮助和引荐下,深入考察了周边茶园、茶山,品饮无锡惠山泉,写下《惠山寺记》;其后又来到升州(今江苏南京),寄居栖霞寺,深入栖霞山区采制野生茶叶,亲自焙制。

漫山漫谷的茶树林,经过了一冬的孕育,春风一吹,仿佛一滴饱蘸了青绿的墨汁滴入大化,瞬间染绿了整座茶园。那轻银嫩绿的颜色,让陆羽激动得恨不得连呼吸也屏住,但觉这真是世界上最美妙的颜色、最芬芳的气息。

他背着行囊深入茶山,有时就睡在山里,从新芽出毫,一直守到芽叶分明。然后带着采撷的新茶,兴冲冲回到栖霞寺,开始大展拳脚。

茶经·三之造

凡采茶,在二月、三月、四月之间。茶之笋者,生烂石沃土,长四五寸,若薇蕨始抽,凌露采焉。茶之牙者,发于藂薄之上,有三枝、四枝、五枝者,选其中枝颖拔者采焉。其日,有雨不采,晴有云不采。

晴,采之,蒸之,捣之,拍之,焙之,穿之,封之，茶之干矣。

唐朝饮茶多指绿茶，于春天采摘，并根据产地和生长环境不同而有早迟之分。

新芽如笋的茶树，生长于山崖石缝间沃土中，长到四五寸像薇菜蕨菜那么高时，就可以开采了，最好在早晨带着露水采摘；生长于草木丛中的茶树，分枝有三枝、四枝、五枝的，择其挺秀者采之。

这个说法，明代屠隆《考槃余事》亦有详叙："（采茶）不必太细，细则芽初萌而味欠足；不可太青，青则茶已老而味欠嫩。须在谷雨前后，觅成梗带叶微绿色而团且厚者为上。"

谷雨是个大日子，二十四节气的第六节，也是春季的最后一个节气。

谷雨的意思是"雨生百谷""谷得雨而生也"，也就是老天爷下谷子的好日子，比天上掉馅饼还要吉庆得时，因为"授人以鱼，不如授人以渔"嘛。

《淮南子》载："昔者仓颉作书，而天雨粟、鬼夜哭。"

仓颉造字，从此中华有了真正的文明，人间再无秘密，故而天惊鬼哭，粟如雨下。

所以农耕与文明从一开始就是结伴而来的，这是上苍对凡间的赐予，也是神与人签订契约的印记。

从这日开始，雨水增多，滋生万物，最宜插秧播谷。

然而陆羽采茶，讲究下雨天不可采，阴云天亦不可采，自然就须在雨前完成所有的茶青采摘。

"茶青"就是刚采摘下的鲜叶,须得经过"杀青"才能饮用。

唐代茶叶的主流制作是蒸青饼茶,相比散茶更便于贮藏和运输,香气不易发散。

要将茶青放入甑中以蒸汽杀青,再用杵臼趁热捣烂,然后在模规中拍制成形,穿孔烘焙,最后用麻绳穿成串儿,以便计量和运输。饼茶封藏在特殊笼柜"育"中,使保干燥。

为了制成心目中最理想的茶饼,陆羽事必躬亲,捣茶、装模、拍压、出模,概不经他人之手,一连串的工序全都亲力亲为,就连篮、规、承、砧乃至杵碓等工具,都要精心挑选甚至亲自设计。

栖霞山寺是佛教圣地,早在六朝时,便有葛玄、葛洪曾在此采药。天宝年间,鉴真曾专程来此礼佛,祈愿东渡日本成功。全仗皇甫冉求情,栖霞寺住持才会为陆羽特别辟了一处禅院,允他垒灶设釜,蒸制茶叶。

饼茶蒸青讲究"高温短时",所以对灶、釜、甑、箪(dān)的要求都很严格,家什不趁手,茶便不可口,蒸茶不熟则色青易沉,有"桃仁"气,过熟或色黄味淡,有如嚼草。

当陆羽在挥动铁锹奋力做着泥坯的间隙听到悠扬钟声时,一刹时恍惚起来,仿佛回到了竟陵龙盖寺。中间的十几年全不存在了,他一直就在寺院中生活、长大,从没有离开过。没有做过伶师,也没有上过火门山读书,没有入蜀寻茶,也没有入幕李府……

如今再没有人逼他背经书了,他却依然住在禅院,行止如僧伽,清净持戒,过午不食,自觉地跌坐、诵经,甚至天不亮就起来扛着笤帚扫院子。

他开始怀疑,也许,自己当真命中注定是属于禅院的吧?只有走开再回来,才发现寺院是这样熟稔又亲切的存在。

布谷在细雨中催耕,戴胜在桑树上筑巢,柳条飞絮,牡丹吐蕊,农人扶着牛犁在田中纵横,孩童在郊野放起了风筝,"蜀国曾闻子规鸟,宣城还见杜鹃花"(李白《宣城见杜鹃花》),这正是春天最美的时光,也是陆羽最欢喜的生活。

他用自制的锥刀给新成型的饼茶打孔,削竹为贯,将饼茶穿成一串,架在棚上烘焙。茶香袅袅溢出,温暖清新,有如母亲的手抚过脸颊。他对母亲没有记忆,但是在茶香中,一颗流浪的心却无比踏实,仿佛回到母亲怀中。

这种时候,他比任何一刻都更深地感受到茶与禅不可分割的清和之美、侘寂之美。

如今,栖霞山风景区龙山之巅犹有陆羽茶庄,枫丹露白,林深壑碧,相传陆羽当年便在此采茶、试茶,并完成《茶经》部分初稿。

可惜的是,如今山景虽美,却不见茶园,亦不见流泉,唯有白乳泉、试茶亭等遗址,至于陆羽夜宿山家的情形,只能全凭想象了。

《茶经·七之事》中,陆羽转述了一个载于《广陵耆老传》的故事:东晋时,有位老太太每天提一大桶茶往集市售卖,味甘价廉,人们争相购买。奇的是,从早到晚,器中总是茶满,略不稍减。而老太太赚了钱,也不收起,都散与路旁孤贫乞儿。

事情渐渐被人察觉,争相传说,报与官府。便有差役来锁了老妪关在狱中。当晚,月上柳梢,星子满天,老太太手持茶器,竟从窗栏中飞出,自此不见。

这大概是最接地气的"茶神"传说了。

这个故事向我们证明了,早在东晋时,广陵集市已有茶水档,而南京人坚持:这便是最早的"雨花茶"。谁知道呢?

四

虽然现代许多版本的陆羽传中为了捧赞传主,揄扬他的书画功力,多有关于王维请陆羽为自己画作题诗的记载,但此事从未见于任何唐代杂记,亦不见王维或陆羽诗文中有半字交集。

但是陆羽对王维肯定是仰慕的,宋代文人张洎在京师做官时,曾见到过王维的《襄阳孟公马上吟诗图》,上"复观陆文学题记,词翰奇绝"。

也就是说,大诗人王维曾为另一位大诗人孟浩然画过像,题为《襄阳孟公马上吟诗图》,而这幅珍贵的画作不知怎么流传到了陆羽手中,且在图上题记,文采斐然,相得益彰。

南宋词人葛立方《韵语阳秋》亦有记载,详细抄录了陆羽的题记:

> 昔周王得骏马,山谷之人献神马八匹;叶公好假龙,庭下见真龙一头;颜太师好异典,郭山人闶赠金匮文;李洪曹好古篆,莫居士赠玉箸字。此四者,得非气合不召而至焉。中园生旧任杞王府户曹,任广州司马。金陵崔中字子向,家有古今图画一百余轴,其

> 石上蕃僧、岩中二隐、西方无量寿佛,天下第一。余有王右丞画《襄阳孟公马上吟诗图》并其记,此亦谓之一绝。故赠焉,以裨中园生画府之阙。唐贞元年正月二十有一日志之。

有图有真相,这段文字时间地点俱记录清楚,乃是贞元正月二十一日。

贞元为德宗年号,785年开始使用。此时王维早已作古二十多年了,自然不可能请陆羽题字。不过此时陆羽已经在长安转了一圈,有过太子文学的名号,有缘在某处得见王维画作并为之题字倒是非常可能的。

因此,"王维请陆羽题画"云云,不过是后世作传者不肯认真做功课的以讹传讹、人云亦云罢了,事实是王维本人并未请陆羽题鉴,而是陆羽机缘巧合得到了王维的画作并转赠好友崔子向,并在画上题跋为记。后来这幅画又不知怎么辗转落到宰相张洎的手中,又加写了一段题记,偏偏再次遗失,落入一个叫孙润夫的人手中,再被葛立方因缘得见,惊为天作,遂热血澎湃地记下此事:

> 余在毗陵,见孙润夫家有王维画孟浩然像,绢素败烂,丹青已渝……又有太子文学陆羽鸿渐序……后有本朝张洎题识云:"癸未岁,余为尚书郎,在京师,客有好事者,浚仪桥逆旅,见王右丞《襄阳图》……虽缣轴尘古,尚可窥览。观右丞笔迹,穷极神妙。襄阳之状,颀而长,峭而瘦,衣白袍,靴帽重戴,乘款

> 段马,一童总角,提书笈负琴而从,风仪落落,凛然如生。复观陆文学题记,词翰奇绝……"

幸亏葛立方的记叙详细,使这篇题记成为陆羽除了《茶经》与《自传》外,存世不多的文字典藏。而"词翰奇绝"四字,不仅肯定了陆羽的墨宝价值,亦侧面见出他在唐宋两朝的影响。

陆羽和王维虽无交集,但他们共存于同一个时代三十年,一南一北,都是行走于僧俗释儒间的异人,心性风骨十分相契,有此翰墨神交,也堪称一段佳话了。

只是陆羽也和王维一样,身在红尘,心在禅林,性情太过洒脱,因见到金陵崔中嗜画,收藏颇丰,便随手将此画相赠以"补缺",着实大方。

崔中,字子向,排行十一,金陵人,有诗名,好佛道。代宗大历年间曾经游湖州、常州,与皎然、皇甫曾等联诗唱和。德宗建中、贞元年间,历监察御史,终南海节度从事。

陆羽赠以王维画作,实为投其所好。除此题记外,并未查到陆羽与崔中来往文字,但是两人共同的好友颇多,显然是在同一个"朋友圈"中的。尤其是皎然曾与崔中有一首联句,题目为《泛长城东溪,暝宿崇光寺,寄处士陆羽》,不难看出三人交情不俗:

> 箬水青似箬,玉山碧于玉。 ——子向
> 逼霄杳万状,截地分千曲。 ——皎然
> 萍解深可窥,林豁遥在瞩。 ——子向

>　　已高物外赏，稍涤区中欲。——皎然
>　　野鹤翔又飞，世人羁且跼。——子向
>　　沉吟迹所误，放浪心自足。——皎然
>　　缅怀虚舟客，愿寄生刍束。——子向
>　　说诗整颓波，立义激浮俗。——皎然
>　　荆吴备登历，风土随编录。——子向
>　　恨与清景别，拟教长路促。——皎然
>　　溪鸟语鹅嗉，寺花翻蹀躞。——子向
>　　印围水坛净，香护莲衣触。——皎然
>　　捧经启纱灯，收衽礼金粟。——子向
>　　安得扣关子，玄言对吾属。——皎然

联句，与其说是古人集体创作的诗，不如说更像是一种文字游戏，多为即席应景之作，往往有句秀而无篇秀。

例如这首联句十四韵，既来不及推敲平仄"粘对"，对仗也只是"宽对"，仅仅做到双数句末"叶韵"而已。虽称不上精品，然各言其志，不乏佳句，亦可谓"补缺"了。

起句"箬水青似箬，玉山碧于玉"虽起得平平，胜在出语自然，开门见山，接连三联即景之后，皎然以一句"已高物外赏，稍涤区中欲"小结，仍是僧伽最惯常的孤芳自赏。崔子向接一句"野鹤翔又飞，世人羁且跼"，连兜带转，写出送行本事，"缅怀虚舟客，愿寄生刍束"更是充满漂泊梦幻之感，倒是"荆吴备登历，风土随编录"之句颇有豪情；而皎然先以"说诗整颓波，立义激浮俗"相勉励，又以"恨与清景别，拟教长路促"表达不舍之情，只是刚有翻起之意，却又接一句"印围水坛净,香护莲衣触"落回僧人本事,可谓后劲不足,因此草草以"安得扣关子,玄言对吾属"收束。

这结句说二人清谈佛事,正是吾辈中人。既然以此诗寄陆羽,自然因他也在"吾属"之列。

陆鸿渐,到底还是佛道中人。

陆羽，你的自传不完整

一

"安史之乱"从公元755年爆发到763年平叛，一共乱了八年，大唐年号换了四次：至德、乾元、上元、宝应，皇帝也换了三位：唐玄宗李隆基、唐肃宗李亨、唐代宗李豫。

这八年，是政权朝令夕改、流民四处奔逃的八年，也是陆羽挹彼清流，品尽天下水的八年。他先后考察了湖州、苏州、杭州、无锡、绍兴、桐庐、东阳、南京等地茶区，尤其走遍了湖州地区每一个角落，一草一石都成了故交。

湖州地处天目山和太湖之间，群山起伏，林壑幽美，除天目山和干将、莫邪铸剑的莫干山之外，还有杼山、岘山、顾渚山、白鹤山、弁山、西塞山和浮玉山。山多，寺观自然也多，晨钟暮鼓，不绝于耳。

苕溪源于天目山，干支曲折，奔腾不息，遍布府城周边，与若江汇合，涌入太湖。

上元元年（760年），陆羽在此结庐隐居，再次给自己取了

新的别号"桑苎翁",还写下一篇《自传》:

> 陆子名羽,字鸿渐,不知何许人也。或云字羽,名鸿渐,未知孰是。有仲宣、孟阳之貌陋,相如、子云之口吃,而为人才辩笃信,褊噪多自用意。朋友规谏,豁然不惑。凡与人宴处,意有所适,不言而去。人或疑之,谓生多瞋。及与人为信,虽冰雪千里,虎狼当道,而不愆也。
>
> 上元初,结庐于苕溪之滨,闭关对书,不杂非类,名僧高士,谈讌永日。常扁舟往山寺,随身惟纱巾、藤鞋、短褐、犊鼻。往往独行野中,诵佛经,吟古诗,杖击林木,手弄流水,夷犹徘徊,自曙达暮,至日黑兴尽,号泣而归。故楚人相谓:"陆子盖今之接舆也。"

这是一幅陆羽的自画像,几分随性,几分佯狂,几分傲世,几分颓唐,陆羽前所未有地骄傲着,竹杖藤鞋,行走于三教之间;访茗问泉,不入在九流之内。

他小时候一心逃出佛门,如今反而朝夕诵起佛经来了,自称有三国王粲、晋朝张载那样丑陋的相貌,汉代司马相如、扬雄那样的口吃病,多才善辩,气量狭小而性情急躁,又任性自为,但肯听朋友规劝,且千金一诺,若与人有约,虽相距千里、冰雪满路、虎狼当道,也不会失期。

正是因为这样,陆羽虽以楚狂人自居,傲慢不羁,但却从来不缺好朋友。他天生地养,释心道骨,偏以文学立世,且张扬恣意地在《自传》中开列了自己的书单:

> 少好属文，多所讽谕。见人为善，若己有之；见人不善，若己羞之；苦言逆耳，无所回避，由是俗人多忌之。自禄山乱中原，为《四悲诗》；刘展窥江淮，作《天之未明赋》。皆见感激当时，行哭涕泗。著《君臣契》三卷，《源解》三十卷，《江表四姓谱》八卷，《南北人物志》十卷，《吴兴历官记》三卷，《湖州刺史记》一卷，《茶经》三卷，《占梦》上、中、下三卷，并贮于褐布囊。

这些文字，除《茶经》外，惜未流传。但从这份目录可见，陆羽的创作相当勤奋。

当然，彼时他距离太子文学的身份还很远，所以原题只是《自传》，至于《陆文学自传》的题目，则是后世为其整理著作时的恭题。

然而字里行间，不难看出陆羽的自负，俨然已经有了飞鸿在天的高昂。

这一年，陆羽二十九岁。

正是这篇《自传》，让我们拥有了研究陆羽的第一手资料，可是也同样带来许多争议。

比如他自称"始三岁，惸露，育于竟陵大师积公之禅院"。

惸（qióng）露，孤单、羸弱的意思。积公拾到婴儿的时候，陆羽已三岁，这与新旧唐书相关传说所述陆羽从出生即被抛弃显然不同。

究竟哪一种说法更可靠呢？

有人说，当然是陆羽自己说的才是最准确的。

其实未必，因为二十九岁的陆羽还在自怜自艾自抬身价中，既然要给自己找个太守陆纳的远祖，就不能是一出生就被抛弃，必须要记事了，清楚自己的出身，至少也得三岁才行。

彼时的陆羽，可没想过自己有一天会走进宫苑，成为太子文学、皇帝近臣。到那时，他的履历清清楚楚，尤其老朋友周愿后来还做了竟陵太守，对他的过往调查得更是清楚，到了后人修唐史的时候，若依时人说法记为襁褓被弃，说不定倒更接近事实真相。

再如《自传》中说："洎至德初，秦人过江，予亦过江，与吴兴释皎然为缁素忘年之交。"

又道是："自禄山乱中原，为《四悲诗》；刘展窥江淮，作《天之未明赋》。皆见感激当时，行哭涕泗。"

前面又说："上元初，结庐于苕溪之滨，闭关对书。"

陆羽的这几处混插叙述，将自己来到江南的时间与足迹写得非常混乱。因为几件事相隔了四年之久，这四年中，他的具体足迹究竟是怎样的呢？

我们只能大致捋一个框架出来：

"安史之乱"爆发于755年，北方生灵涂炭，江南则相对安稳，因此有很多文人隐士来湖州避难。

"至德"的年号只用过两年，前面说过，756年既是天宝十五载，又谓至德元年，至德二年收复两京，玄宗回銮。所以，陆羽过江，只能是在战争爆发后不久，也就是说，他与皎然结交之始，是在756年。

"上元"的年号，同样只用了两年。上元元年也就是760年，发生了"刘展之乱"，《资治通鉴》云："展刚强自用，故为其上者多恶之。"

　　"刘展之乱"是继"永王之乱"后在江淮发生的又一起大动荡事件。刘展并非预谋叛唐，相反，他还曾在平定"安史之乱"中参与勤王，立下功业，却也因此坐大，招人妒恨，加上算命谣言，传刘展将夺李唐天下，弄得肃宗疑神疑鬼，硬是逼反了刘展。这是肃宗造下的又一笔孽账。

　　虽然不久平卢军南下平叛，杀死刘展，但是平卢军本身又成了劫掠百姓的最大恶魔。司马光评曰："安史之乱，乱兵不及江淮，至是其民始罹荼毒矣。"

　　乱世孤鸿，流离失所，陆羽常常被裹挟在逃难人群中，忽东忽西，行踪不定。然而哪怕是逃难，别人家也都是拖儿挈女，祖孙呼应，一递一声地有来有往，唯有他，如断雁随风，飘萍逐水，世界之大，却没有一个骨肉亲人，亦不知该何去何从。

　　这份孤苦，让他渴望有个家，至少有个安定久居的地方，自己哄自己说这就是家。于是，上元初年，他在苕溪结庐隐居，至少，离皎然和李季兰近一点儿，可以让他心里没那么孤单。

　　而在756年到760年之间，他一直无栖无依，四处寻茶访泉，每每"夷犹徘徊，自曙达暮，至日黑兴尽，号泣而归"。他的心中，有多少愤懑不平，抑郁难抒，才会学阮籍不择路而行，直到无路可走的时候，便停车对着旷野大哭一场，引缰返回？

　　这真是一幅非常生动的自画像，足让我们隔着千年的风沙星辰，望见茶圣从山中踽踽而来，头裹遮阳纱巾，脚踢登山藤鞋，上着褐布衣，下穿犊鼻裤，身上还背着一个巨大的竹篓，不待走近，已是茶香扑鼻。

那真是一个鲜活恣意的形象。

若是没有陆羽，大唐该有多么寂寞。

二

陆羽声称"与吴兴释皎然为缁素忘年之交"，似乎两人年龄差距较大，但是到底差多少，各种史料上竟然从三岁到三十岁不等。可若如此，"三角恋"的发生就不成立了，故而《新唐书》只做"忘言之交"。

不过，相差十岁也足可称"忘年"了。皎然本是世外之人，惊才绝艳，名动江湖，即使比李季兰大个十几岁，也依然是魅力十足。

陆羽一到湖州就去拜访了皎然，而皎然也对他一见如故，十分看重，两人同样爱茶、迷茶，兴趣相投，志同道合，每次见了面，从诗到茶，从佛法到禅理，总有说不完的话。陆羽在湖州结庐隐居，得皎然帮助良多。

有一次，皎然又去苕溪拜访陆羽，主人却不在家，向邻人打听一番，方知是进山采茶去了，于是写了首《寻陆鸿渐不遇》：

> 移家虽带郭，野径入桑麻。
> 近种篱边菊，秋来未著花。
> 扣门无犬吠，欲去问西家。
> 报道山中去，归时每日斜。

这首五言律诗的粘对、押韵都是很标准的，但是对仗却不讲究，只求叙事明了，不问字句工谨。这便是皎然所主张的"不顾辞采而风流自然"。

诗中说，陆羽最近搬了新家，迁到了城郭一带，要穿过一条乡间小路，走进一片桑麻地，便到了。

院子旁边的篱笆边都种上了菊花，但是时候还早，花尚未开。这是暗用陶渊明的"采菊东篱下，悠然见南山"，象征陆羽的隐士身份。

敲了半天门，连狗叫都没一声，看来是不在家，问了邻居才知道，这家主人肯定是又去山里探茶了，每次不到天黑是不会回来的。

这简直就是贾岛《寻隐者不遇》的加长版："松下问童子，言师采药去。只在此山中，云深不知处。"

陆羽，仿佛便是这位隐者，也是进山了，不知何时回来。只不过，把童子换成了西邻，采药换成了采茶。

有趣的是，皎然现存诗中关于寻陆羽不遇的内容不止这一篇，在湖州寻他，在苏州寻他，陆羽去了丹阳，皎然又去寻他，简直一会儿不见都不行。寻不到便写诗，每一首都清新隽永，情意殷殷。

往丹阳寻陆处士不遇

远客殊未归，我来几惆怅。

叩关一日不见人，绕屋寒花笑相向。

寒花寂寂遍荒阡，柳色萧萧愁暮蝉。

> 行人无数不相识，独立云阳古驿边。
> 凤翅山中思本寺，鱼竿村口望归船。
> 归船不见见寒烟，离心远水共悠然。
> 他日相期那可定，闲僧著处即经年。

既称"远客殊未归"，显然是陆羽隐居湖州之后的事。虽然已在苕溪结庐，但陆羽是闲不住的人，仍然时不时来一场或远或近或长或短的出行。这次大概耽搁得有些久，皎然不胜想念，遂往丹阳去寻，却听说陆羽已经离开，又不知往哪里去了，怅然不已，遂写下这首古风。

"叩关一日不见人"，可见皎然寻人不遇有多么不甘心，找不见也不肯走，硬生生呆在屋门前守了整日，绕着屋子赏花听蝉，直到暮色萧萧，犹自不忍离去。独立云阳古驿，心寄秋水，此心悠然。

"他日相期那可定，闲僧著处即经年"，这里充满了一种"缘，可遇不可求"的惆怅与悯然，是皎然诗作中难得写得极淡却寓情极浓的一首诗。

人生得此一知己，夫复何求？

三

陆羽去丹阳是为了探望对自己有知遇之恩的皇甫冉。这是陆羽来江南结交的第一位挚友，对他帮助极大，如今《茶经》初成，恰听闻皇甫冉卧病丹阳的消息，便专程涉江往问。

这大概便是皎然随后前往丹阳的原因，与其说是为了陆羽，更可能的原因是探望皇甫冉。只不过两人前后脚，皎然来的时候，陆羽已经走了。

陆羽离去，是由于皇甫冉的劝勉，因此才与皎然失之交臂。

皇甫冉当真是位古道热肠的兄长，虽在病中，仍然一心替陆羽的前程做打算，劝他往越州谒见尚书鲍防，还题了首诗当介绍信。

诗极浅显，序却颇长，题为《送陆鸿渐赴越并序》：

> 君自数百里访予羁病，牵力迎门，握手心喜。宜涉旬日始至焉。究孔释之名理，穷歌诗之丽则，远墅孤岛，通舟必行。鱼梁钓矶，随意而往。余兴未尽，告去退征。夫越地称山水之乡，辕门当节钺之重。进可以自荐求试，退可以闲居保和。君子所行，盖不在此。尚书郎鲍侯，知子爱子者，将推食解衣以拯其极，讲德游艺以凌其深。岂徒尝镜水之鱼，宿耶溪之月而已。吾是以无间，劝其晨装，同赋送远客一绝。

> 行随新树深，梦隔重江远。
> 迢递风日间，苍茫洲渚晚。

此文未有落款，年代不详。鲍防（722—790），字子慎，天宝十二载进士，官至河东节度使、礼部侍郎、京兆尹、工部尚书等职，763至769年间在越，因此陆羽前往拜谒只能是发生在这期间的事。

这也是陆羽第一次负责督造茶叶事，自此声名更加彰著。

皇甫兄弟与陆羽的友情维系终生，直到贞元二十年（804年）陆羽病逝湖州，皇甫曾还亲往哭吊，吟诗悼念：

哭陆处士

从此无期见，柴门对雪开。
二毛逢世难，万恨掩泉台。
返照空堂夕，孤城吊客回。
汉家偏访道，犹畏鹤书来。

这首诗遣词直白，情感真挚。开篇抒情，说是鸿渐啊，你这一去，我们从此相见无期，我打开柴门，看不到你敲门的身影，只见白雪茫茫。

"二毛"，指头发斑白。这句从"对雪开"直接转入白头，手法极其巧妙，让人不禁想起一句偈语："青山原不老，为雪白头。"

颔联说你我霜迈之年，遭逢乱世，你带着无穷憾恨归于泉台，我怀揣一腔孤愤回到幽宅，还是安居处默、莫问世事的好。

"鹤书"，是古时用于招贤纳士的诏书。皇甫曾这是表达拒绝做官之意。若不是受老师王维的刺激太深，就是贞元二十年时他或是陆羽又发生了些什么大事，可惜，我们不知道了。

关于陆羽著述：

虽然陆羽在二十九岁时已经完成《茶经》三卷，却只是初稿，之后的数十年中，他仍在不断地考察、增补、修订，直到德宗年间才在皎然的资助下付梓印刷，正式发行。

如今我们所看到的《茶经》共分十一章，分别是一之源，二之具，三之造，四之器，五之煮，六之饮，七之事，八之出，九之略，十之图。

因为本书着重点在于陆羽生平，而《茶经》中所述内容与今天饮茶习惯已经大不相同，故只择重点片段解读释析，不必尽录全书。如有对《茶经》感兴趣者，自可另行购买注释专书可也。

另外，据史料记载，陆羽是位相当多产的唐代文人，除了他在《自传》中开列的著述目录外，另有《顾渚山记》二卷、《杼山记》一卷、《武夷山记》一卷，还有《虎丘山记》《惠山记》《穷神记》《灵隐天竺二寺记》，等等，涉猎剧本、戏剧理论、文字学、占卜学、历史、地理、人物传记、游记等多类著作，内容涵盖颇广，可惜除了《茶经》三卷，其他的都佚失了。不过，这些书目却也足够给我们提示，可以揣摩和追随陆羽的足迹了。

李季卿，说不清的南陵水

一

陆羽《茶经》书稿初成，名气渐响，仿佛娇嫩的茶芽经过一冬的孕育收藏，终于冲寒冒雪，顶破枝丫，大口地呼吸着春风与阳光，空气中弥漫着茶与风亲昵的交流，江湖上流传着陆羽的名字，找他品茶鉴茶的人越来越多，高官名士也都愿与他折节相交。

但是也有非常不和谐的声音，李季卿辱鸿渐的故事，便发生在这段时间。

详见唐代封演的《封氏闻见记·饮茶》，说的是御史大夫李季卿宣慰江南，来到临怀县馆时，因听说有常伯熊者善烹茶，遂特地请来一见。

常伯熊对御史之召十分重视，衣冠楚楚，"著黄衫，戴乌纱帽"而来，手执茶器，一边指点说明一边烹茶谈香，各种茶具如数家珍，令满堂之人目眩神迷，聚精会神地连眼都不敢眨一下。待到茶汤煎好，李季卿连饮两杯，极为赞赏。

常伯熊，据《唐中史补》载，本名常鲁，字伯熊，官至监察御史。茶的别名"涤烦子"就是典出于他。

唐建中二年（781年），常伯熊奉诏入蕃商议结盟，一日在帐蓬中煮茶，香气四溢，赞普问："判官煮什么这么香？"

常伯熊答："涤烦疗渴，所谓茶也。"

唐人施肩吾有诗："茶为涤烦子，酒乃忘忧君。"指的就是这个典故了。

但是李季卿刺江南时，还在代宗朝，常伯熊还没有做到御史，但应该也已经得官了，颇有些影响力，所以《封氏闻见记》声称他在看过《茶经》后，"广润色之，于是茶道大行，王公朝士无不饮者"。

听起来，这常伯熊就是《茶经》的推广者。

且说李季卿吃过常伯熊的茶，后来到了扬州，听说陆羽在此，更为好奇。毕竟，这才是《茶经》的正经作者，尽论茶之功效并煎茶炙茶之法，所造茶具二十四事，好茶之人亦无不家藏一副，以都统笼贮之。

于是，李季卿又令人请陆羽来。不料，陆羽做派与常伯熊大相径庭，如平时一样穿着家常粗布衣裳，"藤鞋、短褐、犊鼻"，提着茶篮，宛如刚下山的田农，甩着手大咧咧便走进来了。

李季卿见他这般洒落不拘小节，心下已是不喜，待见到陆羽煎茶时的做法与常伯熊并无二致，便是都篮中瓢碗、筴、札、熟盂、醛（cuō）簋（guǐ）等物事，也平平无奇，并没有胜过常伯熊之处。更是淡然，暗道：倍大声名，不过如此。

一时喝过茶,也不多做交谈,只命奴仆取三十文钱打发陆羽了事。原文作:"茶毕,命奴子取钱三十文酬煎茶博士。"

"博士"一词,在唐宋时相当于近代俗称的"师傅",指专精某项技能的人,比如泥瓦匠、修鞋匠、伐木匠,概可称博士。

唐代《西湖志余》道:"富家宴会,犹有专供茶事之人,谓之茶博士。"

陆羽如今声名鹊起,广交名流,早不是从前那个靠取乐逗趣求打赏的小伶儿,如今竟被人如此轻怠,真真是奇耻大辱。当下拂袖而去,随后写下一篇《毁茶论》,只当好茶喂了狗。

明代《紫桃轩杂缀》有言:

> 天下有好茶,为凡手焙坏。有好山水,为俗子妆点坏。有好子弟,为庸师教坏。真无可奈何耳!

糟蹋好茶,同误人子弟一般罪过,可谓造孽。

陆羽此刻的心情,必定也是如此吧?

可惜,我们没能见到这篇必定很有性格的文章。

有趣的是,都说饮茶有益健康,《闻见记》在这段故事的开尾却特赘一笔,说是"涤烦子"常伯熊"饮茶过度,遂患风气,晚节亦不劝人多饮也",简直是黑色幽默。

常伯熊对《茶经》的润色及推广,说穿了也就是有点儿像今天的茶艺表演,仪式感与解说词都做到了十分。但是论及根本,其对于茶的理解到底还是表面的。《茶经》说:"采不时,造不精,杂以卉莽,饮之成疾。"而常伯熊精于茶艺却并不深谙选茶之法,择饮不当,至于成疾。茶之过耶?人之过耶?

但是不管怎么说,常伯熊见刺史时,黄衫纱帽,滔滔不绝,卖相好,话术佳,样样都打在李季卿的点上,因此大受欣赏。

而陆羽无官无职,"身衣野服",言谈举止都不符合李季卿的审美。李季兰所欣赏的"衣敝缊袍与衣狐貉者立"的美德,在李季卿这里却只是赤裸裸的贫贱,因此他态度轻慢,巴巴地召了陆羽来煮茶,却只打赏三十文,这分明是把陆羽当成跑堂的店小二打发了。

两人之间的钉子,就此深深锲入了。

二

依照《封氏闻见记》所说,陆羽同李季卿之间嫌隙颇深,想必不会有进一步交集的。偏偏,同代人张又新在《煎茶水记》中,却说两人有"倾盖之欢",是同道好友,这让故事真相扑朔迷离起来:

> 李素熟陆名,有倾盖之欢,因之赴郡。泊扬子驿,将食,李曰:"陆君善于茶,盖天下闻名矣,况扬子南零水又殊绝。今日二妙,千载一遇,何旷之乎!"命军士谨信者挈瓶操舟,深诣南零。陆利器以俟之。
>
> 俄水至,陆以勺扬其水曰:"江则江矣,非南零者,似临岸之水。"
>
> 使曰:"某擢舟深入,见者累百,敢虚给乎?"

陆不言，既而倾诸盆，至半，陆遽止之，又以勺扬之曰："自此南零者矣。"

使蹶然大骇，伏罪曰："某自南零赍至岸，舟荡覆半，惧其鲜，挹岸水增之。处士之鉴，神鉴也，其敢隐焉！"

李与宾从数十人皆大骇愕。

李因问陆："既如是，所经历处之水，优劣精可判矣。"

陆曰："楚水第一，晋水最下。"

李因命笔，口授而次第之。

张又新称，元和九年（814年）春，自己借住在长安荐福寺，偶然得到一卷《煮茶记》，记述李季卿刺湖州时与陆羽相遇，一见如故，邀至扬子驿共宴。

席间，李季卿说："陆君善茶，天下闻名。这里的扬子江南零水又是佳泉名品，二妙相遇，千载难逢，怎可缺典？"遂命军士带上银瓶往江中取南零水。

陆羽便一一布下自己发明的各种品茶利器，二十四事，待水到了，只在水面舀了一勺，便道："水是扬子江的水，但不是南零江心水，只是岸边的水！"

军士大惊，分辩说："我乘船深入，取水江心，岸边有上百人见证，哪里敢说谎呢？"

陆羽不答，只一勺勺舀水泼出，直待泼了一半水出来，方盛起一勺说："到这里才是南零水了。"

军士叹服，惊为天人，再也不敢欺瞒，跪下认罪说："我的确是从南零江心取水回来,只是将到岸边时船身晃荡,水洒出一半,只得舀了岸边水加满,不想处士之鉴如此精奇,真乃神人!"

李季卿与众宾客听了,俱是大骇,遂请教说:"既如是,处士所经历之水,优劣可判乎?"

陆羽点头道:"楚水第一,晋水最下。"遂一口气说了天下水二十品,李季卿因命人笔录。

这故事实在传奇得太过,虽说水有"软""硬""轻""重"之分,但兵士一路疾行,瓶身晃荡,江心水与岸边水早已融合,哪里还分得清呢?

宋代欧阳修便对这一说法极加诋疑,认为陆羽同李季卿大相龃龉,安有口授水经之理?况且品水榜单与陆羽《茶经》"山水上,江水次之,井水下"的理论大相径庭,恐为虚撰。

但是质疑归质疑,当欧阳修主修《新唐书》时,在《陆羽传》篇中还是杂三夹四地将各种说法共烩一炉了:

> 御史大夫李季卿宣慰江南,次临淮,知伯熊善煮茶,召之,伯熊执器前,季卿为再举杯。至江南,又有荐羽者,召之,羽衣野服,挈具而入,季卿不为礼,羽愧之,更著《毁茶论》。

《唐才子传·陆羽传》中更加简单粗暴,直接将两个故事合二为一了:

> 御史大夫李季卿宣慰江南,喜茶,知羽,召之。羽野服挈具而入,李曰:"陆君善茶,天下所知。扬子中泠水,又殊绝。今二妙千载一遇,山人不可轻失也。"茶毕,命奴子与钱,羽愧之,更著《毁茶论》。

不过,《新唐书》为宋代人修撰,《唐才子传》更是元代文集,都不足为凭。封演与张又新虽与陆羽是同代人,却从未有过明确记载他们直接交集的确切史料,所记也都是道听途说而已。

怪只怪,陆羽二十九岁写自传,实在太早了。

三

茶经·六之饮

> 茶有九难:一曰造,二曰别,三曰器,四曰火,五曰水,六曰炙,七曰末,八曰煮,九曰饮。
>
> 阴采夜焙,非造也;嚼味嗅香,非别也;膻鼎腥瓯,非器也;膏薪庖炭,非火也;飞湍壅潦,非水也;外熟内生,非炙也;碧粉缥尘,非末也;操艰搅遽,非煮也;夏兴冬废,非饮也。

陆羽声称"茶有九难",初稿却只写了"茶经三卷",也不知道包括哪些内容。

"九"为至阳之数,以九难而喻茶事之维艰,不可不重视也。

采茶要在天晴时，焙制要在白天，"阴采夜焙"都不是造茶之法；茶的鉴别不只是辨味闻香；茶具要专用，清洁无异味；柴与水的选择都要精心；炙烤的火候更要恰到好处，不能外熟内生；茶饼碾成末应是细米粒状的，而不该是粉末状；煮茶要从容稳定，熟练自然；饮茶是四季之事，当成为日常习惯。

传说陆羽曾著《水品》，点评天下水，可惜未传。《茶经》中只说选水之法，却不曾推荐任何泉水，这就使得张又新的榜单虽然真伪难辨，却影响极大，各泉所在地也都在宣传中声明是陆羽所评，所以还是记录于下：

庐山康王谷水帘水第一；

无锡惠山寺石泉水第二；

蕲州兰溪石下水第三；

峡州扇子山下虾蟆口水第四；

苏州虎丘寺石泉水第五；

庐山招贤寺下方桥潭水第六；

扬子江南零水第七；

洪州西山瀑布泉水第八；

唐州桐柏县淮水源第九；

庐州龙池山岭水第十；

丹阳县观音寺水第十一；

扬州大明寺水第十二；

汉江金州上游中零水第十三，水苦；

归州玉虚洞下香溪水第十四；

商州武关西洛水第十五；

吴淞江水第十六；

天台山西南峰千丈瀑布水第十七；

柳州圆泉水第十八；

桐庐严陵滩水第十九；

雪水第二十，用雪不可太冷。

虽然张又新言之凿凿，但这榜单实在与《茶经》品水标准有很大出入。陆羽关于煮茶用水的选择，讲究"清、轻、甘、洌、活"，对于瀑布奔涌之水与壅塞积滞之水，一概蠲弃，而张又新二十品水中竟有两项是瀑布水，怎不令人质疑呢？

茶经·五之煮

其水，用山水上，江水中，井水下。

其山水，拣乳泉、石池慢流者上。其瀑涌湍漱，勿食之，久食，令人有颈疾。又多别流于山谷者，澄浸不泄，自火天至霜郊以前，或潜龙蓄毒于其间，饮者可决之，以流其恶，使新泉涓涓然，酌之。其江水，取去人远者。井，取汲多者。

这里说的是煮茶之水，以山泉最佳，因为这样的水多源出山岩谷壑或潜埋地层深处，经过岩层多次渗透过滤而出，吸收了诸多矿物质元素，水质清洌透明，入口甘甜，为饮茶首选。

而山水中，又以"乳泉、石池慢流者"为上。乳泉，指钟乳石上流出的泉水；石池，指岩缝间渗出的涓涓细流。以此煎茶，可保色、香、叶俱佳。

水要"有源有流",但是急流处的山水不可饮,这种水通常是硬质水,久饮易病;山间谷洼中停滞不留的水不新鲜,自然更不可饮。

江河湖水为次,但也要取无污染的流动活水,越天然越远离人烟越好。比如苏东坡有首《汲江煎茶》,就是描写乘月夜执银瓶去江心取水的情形,风雅清泠:

活水还须活火烹,自临钓石取深清。
大瓢贮月归春瓮,小杓分江入夜瓶。

诸水之中,井水最次,还必须是经常使用的井,这样的井水活,勉强亦可煮茶。

至于雪水、雨水,又被称为"天泉""无根水",属软水,最符合"冽"的标准,极受古人推崇。

《红楼梦》中妙玉扫了梅花上的雪来烹茶,雅致风流,令人惊艳。这并非是她的独家发明,早自唐朝起,白居易就有"融雪煎香茗"之诗,宋代辛弃疾亦有"细读茶经煮香雪",元代谢宗可"夜扫寒英煮绿尘",可见由来已久。

不过对于今天来说,空气污染严重,雪水、雨水早已不可饮,我是试过的,从冬青叶子上扫集雪水后过滤多次,又晾放半晌才得了半壶净水,别说煮茶了,即使净饮也是一股子泥腥味儿,天上地下根本分不清。

想来,玉帝老儿的灵霄殿也是尘土满天了。

同样的,今天的人即使去到山中,直接取水也并不能保证洁净,倒不如直接去超市选购品质放心的矿泉水。特别是白茶和普洱,有些矿泉水可以非常明显地提升茶的香气,无论闻香还是汤香,提升效果都非常明显。用纯净水泡绿茶比用矿泉水更好,口感更清新,汤感纯粹鲜爽。正是:

　　一壶春水明前绿,千载秋江雨后虹。
　　茶煮文章不觉苦,诗从天性自然工。

饮茶小常识：

茶宜常饮，不宜多饮。常伯熊的故事告诉我们，饮茶也要注意健康。

茶性苦寒，并不是所有茶都适合所有人。但是随着茶多酚的氧化，茶的杀青、焙火、干燥、陈化等因素，茶的寒性会有所降低。

根据发酵程度的深化和制作工艺的不同，茶可大致分为六大茶类：绿茶、白茶、黄茶、青茶、红茶、黑茶，发酵程度依次加深，寒性不断弱化，对脾胃的刺激也会减轻。

其中黄茶、黑茶的制作工艺在明代始有记载，红茶诞生于明末清初的桐木村，乌龙茶的制作最早可推算到清初。而唐朝的饮茶，主要是绿茶，以及少量白茶。

胃寒之人，不宜饮绿茶，即便白茶、黄茶、青茶，一两年的新茶也只宜浅尝辄止。即使是历经岁月陈化的老茶，哪怕只余一些木香，其清凉特征依然存在，仍然不可过度饮用。

要注意的是，绿茶放得再久，如果不经加工，也不会自动变成红茶或黑茶。就好像生普放上三十年，也不会变成熟普一样。

虽然在人们普遍意识中，茶是越陈越好，很多宣传甚至过度放大老茶的药理作用，但要注意的是：绿茶是不适合久存的，而古书所云"茶能医百病"，恰恰是说没有经过氧化的绿茶才有一定的解毒作用。这也是古人缺医少药，没有产生抗体的缘故。

对于今天的人来说，绿茶的解毒效用，大致也就相当于一碗绿豆汤。

白茶、青茶、黑茶虽然越陈越香，但是过久则会木质腐化，保存不当也会损伤了茶性。只有存放时间与方式都恰当得宜的老茶，才会香气内敛，气息温和，软糯醇和，不苦不涩，入口顺滑，入腹温暖，茶气充足，通体舒泰。

所以，喝茶消炎是有一定效用的，比如白毫银针就对降烧、清痰、治喉痛有奇效；老寿眉煮饮亦可降烧；同时，茶叶有通气利水、消食去腻的功效，所以对于减肥有一定的辅助作用。

但要说喝茶养胃，则只对吃撑吃腻噎嗝滞气之类的小不适起作用，有病还得找医生。热茶暖胃，说的是热茶汤渗透性高，可以将茶中可溶于水的糖类小分子物质迅速带入循环系统，让人产生温暖体感，所以能迅速地起到安慰作用。但若非要论其药性，也不过是相当于一碗热姜汤罢了。

另外，空腹饮茶、睡前饮茶、运动后饮茶、酒后饮茶都是忌讳。

空腹饮茶会妨碍消化，影响人体对蛋白质的吸收，严重者会产生心悸、头痛、眼花、胃部不适等茶醉现象；饭后也不宜立刻喝茶，要过半小时之后方宜。

运动后水分流失严重，心跳频率高，此时喝茶，茶中的咖啡因会刺激神经，加重心脏负担，而且茶有利尿作用，不宜于刚刚过度发汗的运动员饮用。

很多人误会茶可醒酒，这是个误区，因为酒精和茶中的咖啡因都对心脏有刺激性，会加重心脏负担。

再者，长期喝浓茶、久泡之茶，亦对健康有害。

六岁以下的孩童因为发育不成熟，亦不适合饮茶。但是青少年适度饮茶可以帮助消化吸收，加强小肠运动，增加矿物质，还能预防龋齿，喝茶是很有好处的。

至近至远东西

一

虽然早在十一岁就已经逃离了禅寺，但是陆羽的人生却已经深深打下寺院的印记，他始终保持着一种僧侣式的简洁生活，萧然四壁，身无长物，随时都会背起茶篓去远行的样子。

不知是为了皎然还是李季兰，陆羽虽然为了访茶而行踪不定，却时常在湖州来来去去，或者说以湖州为原点往返江山。这期间，他的足迹遍布荆楚大地，吴越山川，巴峡蜀水，每到一处，便将当地百姓如何种茶、制茶的技艺记录下来，并将不同茶叶制成标本，然后再回到湖州校正笔记，埋首疾书。

湖州就像是一条线，牵系着他，让他离开不久就开始想念，忍不住一次次地回来，后来就干脆在此定居了，结庐于城郊苕溪畔，闭关读书，潜心著述。

然而，李季兰也不是个肯安稳定居一地的人，行踪亦是飘忽不定。

很难说，陆羽和李季兰，究竟是谁先来到越州剡溪的。

越州，是绍兴的古称。传说大禹治水成功，在茅山会集诸侯，论功行赏。大禹死后葬于此山，因此更名茅山为"会稽"。

春秋时，吴越大战，后来越王勾践卧薪尝胆，大败吴国，扩大了越国版图。之后，秦、汉、魏晋，直至隋唐，会稽郡一直都是兵家必争之地。会稽物产丰富，气候宜人，河道密布，湖泊众多，向有"水乡泽国"之誉。

太湖汪洋三万六千顷，有七十二峰隐没其间，秀山丽水，如梦如烟，将越州打造成了人间蓬莱。尤其叛乱八年，烽烟从未到越州，中原人就更将此地视为了渔人避秦的桃花源。

陆羽在皇甫冉的举荐下，来到越州投奔鲍防，负责督制茶叶，终于有了个像样的差事。但是他太习惯寺院生活了，且也不想与僚属多打交道，因此并没有住在署衙里，而是借住天台山国清寺，闲时游览镜湖、耶溪、剡溪，采赤城峰茶，品千丈瀑布，鉴定王羲之曲水流觞的古兰亭石桥柱，似乎生活得挺惬意。可是他的心中，总有一处是空落落的。

风朝月夕，草木萌发，陆羽每每放下捣茶的杵，搁下著书的笔，眺望着院外的风物出神，白鲦出水，露湿青皋，长林远树，出没烟霏，无处春光不可喜，而他却莫名落寞。

他当年逃出寺院跃入红尘，本是为了烟火人生，临走前还与老和尚智积有过一场儒释之辩，大言炎炎地说剃度出家是为不孝，他没有父母，但想要有妻儿，过普通人七情六欲的生活。

但是岁月流转，转眼已到了而立之年，他的生活却好像同从前没什么不同，仍是住在寺院里，孑然一身，与天地山川、钟声磬鼓为伴。

曾经，他悄悄地幻想着，如果这世上有了一个或者几个带着自己血脉的孩子，人间就不会那样孤独了。可是偏偏，他倾心的第一个女子便是李季兰，那个不拘一格佻脱不羁的奇女子，艳如桃李，清若霜雪，似有情，似无情，让他见了她，心里便再放不下别的女子。

他还记得，第一次见到她就是在会稽的乌程县开元寺，他乘小舟沿溪而上，她穿着一袭绿色的袍子，与刘长卿行酒令抖机灵，手挥目送，神采飞扬。

他瞬间就着迷了。眼睛落在她身上，再也转不开来。

当时，他还不知道自己到底陷落得有多深。

直到那年冬天第一次飘雪。

柳絮般的飞雪纷纷扬扬地舞落下来，亭台楼阁、古寺深苑、茅屋街衢，无论贵贱都覆上厚厚的一层，整个世界都跟着清净洁白了起来。他看着雪花，想起咏絮之才的谢道韫，"未若柳絮因风起"，古往今来，真的没有比谢家才女对雪更好的形容了。想到才女，便不由想到了李季兰，想着今生他也算见识过一个真真正正的奇女子了。

谢道韫后来嫁给了书圣王羲之的儿子王凝之，有人将她与另一位嫁入顾家的张氏才女相比较，称道："王夫人神清散朗，故有林下风气；顾家妇清心玉映，自是闺房之秀。"

"神清散朗，林下风气"，这八个字，可不正是对李季兰最好的评价吗？

仿佛有一道闪电劈进胸膛，瞬间将他贯穿。就在那一刻，陆羽深深地意识到，李季兰留给他的震撼竟是如此之深，而她身上那种难以言喻的独特魅力究竟为何？她的洒脱、率性、风雅、诗意，矛盾又和谐的性格特征，种种天真与圆滑，单纯与狡黠，雍容与放犷，组合在一起，可不就是活脱脱的魏晋风度吗？她只是不合时宜地出现在了大唐，所以才显得特立独行，格格不入。

人们追逐她，欣赏她，却没有人真正懂得她，所以她总是热热闹闹地周旋在人群中，其实却是孤独落寞。

他想懂她，却无法接近。于是，只有比她更孤独。

后来，他又认识了许多人，脂浓粉艳衣香鬓影也阅历不少，但是没有一个及得上李季兰，连一个背影都及不上。即使看不到她，他的心中、梦里也都只有她，再也看不见别的脂香粉红。

但是她的眼里，却是没有他的。

她也并不是看不起他，相反，她看谁时都是那样眼波流转，脉脉含情，眼神关注而温柔，宛如春水甘酪，让人情愿醉死其间。

但是同时，他也清醒地知道，她看他的时候，和看皎然不一样，和看朱放也不一样。

朱放，湖北襄阳人，亦是才貌双全的一位风流名士。《千家诗》中，他的五绝《题竹林寺》就排印在皇甫冉和戴叔伦中间，巧的是，这三人和陆羽都是好友。

题竹林寺

岁月人间促，烟霞此地多。

殷勤竹林寺，更得几回过。

诗中通过对竹林寺云烟缭绕美景的描绘，抒发了人世无常、好景难再之叹。同样的竹林、同样的山寺，能得几度重来，而重来之时，情景依旧否？

同时，诗中流露出对隐士生活的向往，应当是朱放的真实心声。正因为抱着这样的心态，战乱来时，他选择了往剡溪避乱隐居。

可惜他到底是红尘中人，说是隐居，却一点儿都不甘寂寞，很快与李季兰相识，恰如天雷勾地火，轰轰烈烈地热恋起来。"漠漠黄花覆水，时时白鹭惊船。（朱放《剡山夜月》）"江湖上到处流传着他们诗酒唱酬的故事。

而陆羽，只能咽下眼泪，不着痕迹地和朱放也做起朋友来。依然褐衣芒鞋，依然谑笑从容，假装潇洒地参加每一次有李季兰出席的宴会，只为了看到她，听到她，捕捉一丝一毫与她有关的消息。

因了她，每一座桥上都有惊鸿照影，每一座亭台都有佳人抚琴，每一道临水的栏杆旁都荡漾着笛声悠扬，纵然每一次遇见都是伤心比惊艳更多，然而却足以在分别的日子里，借着回忆与摩想而岁月悠长。

　　相思百结丁香树，竹笛何须怨夜凉。
　　不是情人不知苦，月华如水绕东墙。

二

上元三年（762年）四月，唐玄宗李隆基孤独地病逝于大明宫神龙殿。

仅仅隔了十三天,肃宗李亨亦薨于长生殿,紧拉着父皇的衣襟去了。

太子李豫即位,改元宝应,史称唐代宗。代宗李豫从登基一直到龙驭宾天,一直在寻找爱妃沈珍珠的下落,至死未果。

宝应二年(763年),安史之乱终于彻底平歇了,代宗再次改元广德。

广德二年(764年),《茶经》二稿完成,人们竞相传抄。陆羽特地在自制的风炉脚上铸字:"圣唐灭胡明年铸"。

叛乱已平,百废待兴,连山川草木都跟着欣欣向荣。朝廷重新起用了一批官员,包括隐居剡溪的朱放也奉诏往江西做官。

临别前,众人于江边折柳亭置酒设宴,为其饯行。此时正是初春,冰河解冻,绿柳才黄,侍酒的女伎将一只笛儿吹得辗转断肠。

李季兰也不同人说笑了,独自凭栏而坐,眼泪大滴大滴地落下来。她扭过脸朝着江面,胳膊撑在栏杆上,久久不语,却是第一次毫不遮掩地当众宣告了自己的痴情。

陆羽看着她的泪水,心中震动莫名,想起清晨碧绿茶芽上的第一滴露珠。他想,这女子怎么能哭得这样美?再也忍不住,走过去递上一盏热茶。

李季兰扭过头看着他,大大方方地拿帕子拭泪,说:"你看对岸的桃花开得多美。看到太美的事物,我总是想哭。"

陆羽呆了,他以为她会砌辞掩饰,或者委婉倾诉,或者对他的示好置若罔闻,却再想不到会是这样的答案,既承认哭了,又不承认难过，让素来善谈的他一时语讷，不知道该安慰还是开个玩笑遮掩过去，竟是愣住了。

皎然侧目一瞥小友那神夺魂授的样子，简直没眼看，只笑对朱放道："居士这番前去，自是鹏图万里，不可限量。今朝远别，岂可无诗？"

亭中早已设下书案，当下便有仆婢铺纸研墨。朱放也不推辞，略为沉吟，蘸墨挥毫，写下一首七律《江上送别》：

> 浦边新见柳摇时，北客相逢只自悲。
> 惆怅空知思后会，艰难不敢料前期。
> 行看汉月愁征战，共折江花怨别离。
> 向夕孤城分首处，寂寥横笛为君吹。

众人围在案旁看他龙飞凤舞，写一行，读一行，赞一行，一时写罢，都争相传阅，哄然叫好。却见朱放并不搁笔，又另铺开一张纸来，复做一首七绝，乃是《别李季兰》：

> 古岸新花开一枝，岸傍花下有分离；
> 莫将罗袖拂花落，便是行人肠断时。

众人一时哗然。自从朱放来到剡溪，他与李季兰的传闻便随风流传，只是这种事向来都是看破不说破，谁也不会当面提起。然而今天席上先是看李季兰失态至此，已是诧异，此时再看到朱放亦是毫不避忌，落墨明心，更是鼓噪，纷纷向二人敬酒，说些早日团聚花好月圆的祝词。

李季兰早已起身走向桌案，亲自斟了酒，双手敬上，一字一顿，哽咽难言："待君归来。"

朱放一饮而尽，又亲自从温炉上提了酒——为众人斟上，团团抱拳："人生一世长如客，何必今朝是别离。诸君来日再见。"

只见江风习习，拂起李季兰的玉色披帛，一道道地缠向朱放。朱放双目含情，唇边含笑，与她对视而饮。

陆羽看两人四目交缠，言笑晏晏，心下忽忽若有失。他自小貌丑，早已熟惯世人嘲弄的眼光，虽然之前也知道李季兰倾慕皎然多半为慕色生情，可是大抵觉得和尚本非红尘中人，不当以色为意；既至如今看朱放青衣纶巾，举止风流，形容俊美，一言一行都透着潇洒磊落，明明再寻常不过的动作，由他做出来便是好看，自己做了便只是滑稽，不禁黯然。

她说，对岸的桃花太美了，我看到美的事物便忍不住想落泪。她自己是那样美丽绝伦的人儿，也只喜欢和她一样美丽的人与事物。而他，不过是上帝的弃儿，一个丑到连亲生父母都嫌弃的怪物，又怎能获得无双佳丽的垂青？

他原本不配被爱。

陆羽低下头，举起杯中酒慢慢地饮了，初春风冷，才这么一会儿工夫，酒已经冷了，一直凉到心里去。

三

朱放这一去，便再没有回来过，亦没有接李季兰去团聚。倒是李季兰赠与朱放的一首诗在江湖上传扬开来：

寄 朱 放

望水试登山，山高湖又阔。
相思无晓夕，相望经年月。
郁郁山木荣，绵绵野花发。
别后无限情，相逢一时说。

陆羽看了诗，心中不辨滋味。他不明白这首从剡溪飞往江西的诗，为什么会飞遍士林，人人都在传说着朱放与李季兰的故事，可是偏偏，故事的两个主人公再也没有见过面。她还在期待重逢，攒了无限的情话要在相见时倾诉。可是那个离山去水相望经年的人，还肯听吗？

陆羽越想越担心，到底忍不住，带着自己亲手焙制的茶饼登门拜访了。

那是一个季春的午后，天气并不好，霜清雾重的。但是陆羽看着李季兰，便觉满眼都是芳草新叶，碧水流泉。

道观后院是一片湖水，一隅种着莲花，此时花未全开，却已经有新红半吐，荷叶田田，衬着对岸杨柳，远山如黛，景致倒是不俗。

两人在湖畔亭榭中摆下矮几，相对跽坐，有小道姑摆下点心，只见碗碟精致，暖香扑鼻，却是一碟贵妃红酥，一盘金令炙，一碟水晶龙凤糕，一碟玉露团，另有一盘子曼陀罗夹饼，陆羽笑道："这茶果不是吃的，竟是看的。"遂自袖中取出自己亲手打磨的一枚贝壳茶则珍重送出。

李季兰接过来，翻覆看着，赞道："好生精致。"她并未特地妆扮，只穿着家常道服，头发也未束冠，松松绾了髻，插着水晶簪子，却依然美得夺魂摄魄。

陆羽不敢多看她，只看她手中的茶则。那贝壳闪着隐约的珠光，美得含蓄而妩媚，像她。那一刻，他真想将世界上所有最美好最精致的事物，都亲手打磨得光润圆洁，献给她。

她握着那枚茶则在手中轻轻摆弄，脸上带着迷茫的笑，半晌轻轻问："鸿渐可听说了我的新诗？"

陆羽点头："写得真好，人人都赞叹女史才情。"

李冶轻轻一笑，似鄙夷似自嘲："人人都赞，那是人人皆知了。鸿渐可想过，这首诗是如何传出去的？"

陆羽一愣，不禁迟疑："是朱兄？可是，为什么？"

"是啊，你说为什么呢？"

陆羽心中一动，想起江边饯别那日两人毫不避嫌的亲热举动，约莫明白过来。朱放从未打算掩饰自己和李季兰的关系，更不在意世人将他们的名字连在一起。自古才子配佳人，季兰风华绝代，才名远扬，她的名字就是行走江湖的活招牌，能得她青睐，无论有没有结果，都是佳话，是风采，是锦上添花。

可是，这样的花絮，对李季兰会怎样呢？无论在人们的传说中，她被塑造成"痴情女子无情弃"的怨妇形象，还是被落实了"放浪女冠野狐禅"的艳名，都算不上是什么好话吧？

她当初肯公开两人的关系，必定是以为他会娶她的。可是如今呢？

陆羽想着那些飞短流长的声音，有些不愿意相信人心的叵测，咽下一口唾沫，酸涩地问："朱兄近日可有信来？可说过何时再来湖州？"

李季兰摇摇头,苦笑说:"他不会再回来了。"

陆羽一滞,只听李季兰平静地又道:"阎伯钧没有回来,朱放也不会再回来,他们都一样。"说着,随手将一张诗笺递给他看,丝毫不觉得分享心事有何不妥。

这样不经意的动作,却随着纸上的"夫妻"两字,宛如一柄利刃刺入陆羽心中——难道在她心里,竟是以朱放妻子的身份自居么?

八 至
李季兰

至近至远东西,至深至浅清溪。

至高至明日月,至亲至疏夫妻。

"轰隆"一声,陆羽只觉脑子被炸裂一般。

他一直以为,虽然她身边总有数不清的来来去去的男人,但那些只是过客。总有一天,她累了,或许会愿意停留在他身边。

却原来,她早已将自己当成了别人的妻子。

陆羽久久地沉默,觉得有雷声在脑海中炸响,阵阵滚过,但是看到泼天的雨水浇注,才知道是真的打雷下雨了。

雨水又急又密,在莲叶上溅起尺高的水珠,陆羽不禁道:"你正在病中,若受了凉更是不好,不如回屋里避避。"

李季兰摇头:"这急雨来得快去得也快,不用避。"说着倚在栏杆上,伸出一只手去接雨。雨水和雾气蒸腾在她身周,如真如幻。

陆羽隔着雾气凝视着那只手,酥白莹润,映在雨中如同透明的一般，与贝壳的珠光浑然一色。他想那只手这会儿一定很凉，他好想把它握在自己手中温暖着，却终究不敢造次。

他低下头，重新将那首诗反反复复读了一遍又一遍，只觉一字一刀，将自己的心来回纵横切得细碎，再碾为齑粉。他知道，无论有没有朱放，有没有皎然，她的眼中、心上，从来都没有他。

她和他们，是"至高至明日月，至亲至疏夫妻"，而他与她，却只能是那个"至近至远东西，至深至浅清溪"。

这清溪，便是剡溪吧？

彼时，陆羽还不知道，这首似诗似偈的六言诗，成了李季兰一生中最著名的诗作。

很多诗家写评时，都不理解为什么一个清净的女冠子能写出如此透彻的烟火情诗。

那是因为，她的生活，从来都不曾清净。

雨水果然来得快去得也快，刚才还是雷行电掣的，青白紫蓝的电光像是要把天空撕裂一般，转瞬雨就停了。

风拂过湖面，带来阵阵荷叶清香，刚才的一场雷雨就像是没有发生过一样。唯有湿漉漉的地面和亭中廊柱散发出的古老木头被浸湿后的微微潮气，证实着这里的确有过一场急雨。

两人喝着茶，从雨说到了茶在雨季里的收藏。陆羽道："上次你说茶饼容易受潮，最是头疼。我特地给你带了这个来，以后就不用担心茶叶受潮了。"

李季兰笑道："可是的，刚才便见你搬来老大一件物事，不知是什么?"

陆羽拆了外层油布,取出一个大小适中的炉架来,解释说:"这是我自己做的炉具,专为烘茶用的,我给它取了个名字,叫作'育'。"

李季兰好奇地打量着,这是用木头做的炉架,以竹篾编织环绕,用纸裱糊,分上下两层。上面有盖,下面有托盘,中间放置茶罐,旁侧开一扇小门。

陆羽一边演示一边说明,竹育不仅可以藏茶,更方便养茶。梅雨之时,倘若茶叶受潮,便可在下层铺上有火无焰的炭灰,烘烤除湿。

李季兰听了,便命侍奉的小女道取旧年存的茶饼来烘烤。陆羽阻止说:"刚下过雨,空气中太过潮润,烘干了又要吸收湿气,不如等天晴再烤。"

季兰却说:"天晴时我又不得闲了,有闲也未必有兴致,便是趁你在这里才要试一试。等下取了茶来先掰一块煎了,等你烘好了再重煎一壶,看看茶味有什么不同。"

陆羽知她任性,也不再劝,亲自叮嘱小女道如何铺炭灰,如何看火候。

两人说说笑笑,李季兰兴致渐渐好起来,又催促小女道取酒菜来。陆羽怜她病中,劝她少饮。季兰只是不听,又同他论起诗来,因说起《从萧叔子听弹琴赋得三峡流泉歌》,兴致越发高盎,主动说:"我弹琴给你听吧。"

她弹的正是《三峡流泉》,吟猱绰注,行云流水,恰如冰泉流澈,飞溅山谷,喷珠碎玉,清越悠扬。

陆羽素闻季兰擅操缦,却是第一次耳闻目见,且是这样亲近私密地聆听，自是喜悦。

"育"中烘焙的茶发出阵阵温香，莫名有种岁月悠长的意味。这是陆羽熟悉的气味。他闻着茶香，听着琴曲，只觉得心里安谧清平，恨不得一生一世就这样相望下去才好。

然而只听"铮"的一声，季兰双手轻压琴弦，余音袅袅，散入空中，已是一曲终了，但那醉心的曲调已经变得有形有质般，嵌入陆羽的脑海，回旋不已。他忍不住轻轻吟诵季兰的诗句："一弹既罢复一弹，愿似流泉镇相续。"

李季兰却推琴笑道："'一曲弹罢复一曲弹'我可做不到，手疼呢，也怕你心疼。你博闻广记，不如给我讲个故事解闷可好？"

陆羽向来是喜谑笑打趣人的，却猝不及防被李季兰这一句打趣得脸都红了。他觉得自己像是坐在梦里，又像是回到了戏台上。他知道季兰是在同自己做戏，他也愿意陪她演，便问："你想听什么故事呢？"

季兰想了一想，忽然说："你信神鬼吗？遇见过吗？"

陆羽摇头："我没见过，倒是信的。"又想了一想，说，"我给你讲个书上看来的故事吧，就发生在咱们剡县这地界儿。说是南朝时候，有户姓陈的人家，丈夫过世了，留下孤儿寡母，皆好饮茶。宅中原有古冢，这寡妇每次喝茶前必先浇一杯祭冢。儿子抱怨说：'一座古冢知道什么？让母亲这样郑而重之地劳神。'便想掘了去。母亲苦苦阻止。当晚，这寡妇忽然得了一梦，梦中有人峨冠袍带，揖礼说：'我在这家里住了三百多年了，多赖你常以佳茗相赐，又阻止你儿掘我朽骨。特来相报。'早起推门，只见庭中端端正正置钱十万，好像刚从地下挖出的样子。母子大惭，从此祷祭得更加虔诚了。如此说，神佛仙鬼，自然都是有的。"

季兰听了，敛眉不语，半晌，轻轻叹道："果真善恶有报，也不知我前世是做过多少错事，才落得今生这般。"

陆羽笑道："我听人说，前世做了错事的人，今生多半落下点儿残疾做标记；那些长得好看的，都是神仙下凡。仙子便有些许过错，也是九天玄女来历劫的，待功德圆满，自然还要回天上去的。倒是我这草根之人，前世不知犯过什么不赦之罪，才让今生长成这般模样。"

季兰听了，忍不住"扑哧"一笑："偏你会说。"

陆羽见她粲然一笑，便如霏霏雪雾中忽然云霁日出一般，透出万般光彩，美得令人炫目，不禁看痴了去，越发要搜肠挖肚地讲些笑话给她听，直逗得李季兰拿帕子捂着嘴边笑边咳，柔弱得整个人好像也化成了一汪水，直要流入湖中去，与湖水漾为一体。

很多年后，陆羽每每回想起这一天，心头都会再次悸动如初，三分温柔，三分缱绻，三分凄然，一分不甘。

那本应是陆羽最幸福的一天。当他离开道观时，已是月上梢头，星子满天。他望着天边的一镰新月，心里满满的都是欢喜。水声潺潺，溪上下色皆重碧，幽邃靖深，有萤火虫出没于幽暗的山林中，仿佛提灯引路。他与月儿同速而行，忽然长啸一声，静听远山回应，自觉终于同季兰近了一步。

然而，就在第二天早晨，他接到了小女道送来的回礼，雕着四季花卉的提梁食盒中摆放着四色点心，夹着张薰香帖子，精致的洒花笺上用隽秀的卫夫人簪花小楷题了一首诗：

湖上卧病喜陆鸿渐至
昔去繁霜月，今来苦雾时。
相逢仍卧病，欲语泪先垂。
强劝陶家酒，还吟谢客诗。
偶然成一醉，此外更何之。

这显然是一首拒情诗。

原来，他以为隐藏得很好的心思，已尽被她看穿了，而她明确地拒绝了他，不留一丝痕迹。

只不过，相比于皎然拒绝她时的凛冽，李季兰对陆羽可要婉转温柔得多了，诗中一味自怜，说自己抱病幽观，凄楚孤单，幸有陆羽来探望，心中不胜感激，自己能够拥有如陶渊明、谢灵运这般的逸士朋友，幸何如之。

文辞看似情意绵绵，一副梨花带雨、弱不胜衣的娇怯状；却技巧地写出两人的关系，是酒友，也是诗友，甚至是陶谢那般淡泊的隐士知己，但仅此而已。除去偶尔相逢图一醉，还能怎样呢？

痴情的陆羽，一生只开一次的桃花，就这样不及开放便华丽丽地凋谢了。

四

如果一心学习孔子之文的陆羽代表"儒"，佛门弟子皎然代表"释",女冠子李季兰代表"道",那么这场发生在儒释道之间单向循环的错位"三角恋",无疑是集中了香艳、清寂、优雅、传奇于一身,成为陆羽一生中唯一的绯闻。

皎然的生卒年月是个谜,李季兰的年龄同样是个谜,大多资料记载她生于713年,这就比陆羽大了足足二十岁;又有专家考据说陆羽幼时曾寄养于李家,称李季兰为姐姐,是青梅竹马的恋人。

两种说法显然矛盾得厉害。尤其旧识之说,未见于任何史料,只出自现代人推测,就更不足信。

而且,关于陆羽曾为李家收养的推证理由之一,竟然是因为李冶字季兰,而陆羽小时以季疵为名,故为姐弟。

如今湖北天门市陆羽公园中还堂而皇之地立着一座"双季亭",来强调两人名字的相关处。这实在是荒谬。

因为古人兄弟排序分别称为伯、仲、叔、季,字中有"季",是因为在家中排行第四,比如贺知章字季真,陈慥字季常,左宗棠字季高,等等。倘若因为字里有"季"便以为陆季疵与李季兰是义姐弟,那么一字之差的李季卿与李季兰岂不成了亲兄妹?

令人头痛的是,朱放的年龄同样是个谜,但他是在剡溪避难时与季兰相识并热恋的,想来也不会太老。其时陆羽已是而立之年,就算朱放、李冶比陆羽大,也决然大不出几十岁去,否则年过半百的人闹起热恋来,可成什么样子。

因此,我的猜测是,皎然大约比陆羽年长一旬之数,亦足可称"忘年"了。而李季兰与陆羽年龄相差不会超过五岁,否则无法想象她在不惑之年还会与朱放轰轰烈烈地闹绯闻，缠缠绵绵地写情诗并传遍江湖。即便她愿意，只怕身为官员的朱放也不愿意。

李季兰传世诗十八首，多为情诗，其中深得少女喜爱的是《相思怨》：

> 人道海水深，不抵相思半；
> 海水尚有涯，相思渺无畔。
> 携琴上高楼，楼虚月华满；
> 弹著相思曲，弦肠一时断。

这首诗直白如话，缠绵如丝，颇得乐府神韵，李季兰不愧为唐朝四大女诗人之一。另外，她还有多首赠与另一位情郎阎伯钧的诗作，足证两人关系之深：

> **送阎二十六赴剡县**
> 流水阊门外，孤舟日复西。
> 离情遍芳草，无处不萋萋。
> 妾梦经吴苑，君行到剡溪。
> 归来重相访，莫学阮郎迷。

又是送别，又是相思，又是有始无终。

从她为数不多的诗作中可以看出，她一生经历了不止一个男人，每个都爱得很用力，也维护得很经意。她为他们流过泪、伤过心，似乎还结过一次婚，至少也是事实夫妻。

可叹的是，她交往过的所有男人，无论是她爱的，还是爱她的，或是曾经相爱的，都无一例外地有始无终，未能长久。

而真正深爱她的陆羽，却从来没有机会。

"风山渐。上九。鸿渐于陆，其羽可用为仪，不可乱也。"

这是陆羽占卜所得，为自己取的名与字。

鸿，就是雁；仪，是仪式。

大雁是一夫一妻且从一而终的灵禽，所以在婚姻六礼中，从第一步"纳采"以雁为聘，到最后一步"亲迎"新郎帽插雁翎，都是必不可少的象征。循序渐进，乃得圆满。

这本是吉卦，然而上九爻动，得变爻"水山蹇"，乃是下艮上坎，异卦相叠。喻山高水深，跋行艰难，见险而止，方得智慧。

他这半生为了问茶而跋山涉水，不知经历了多少险滩峻岭，以为卦辞便应在那里了。如今方知，还是应在姻缘。

他注定无法帽插雁翎，将她迎娶。

大雁一生只认一个伴侣，没有了她，也不会有别人。

关于茶礼：

《藏史》记载：641年，文成公主入藏嫁给松赞干布时带着陶器、纸、酒、茶叶等物品作为嫁妆。这是有据可查的茶与婚嫁大事的第一次结缘，也是茶叶进入藏区的开始，内地和北方少数民族之间茶马互市的历史也在这之后形成。

同时，文成公主带着嫁妆茶入藏这件事，最早奠定了后世茶礼的雏形。自此，王侯贵胄、仕宦公卿之家，纷纷将茶叶列入婚嫁礼单，与金银首饰、丝绸锦绣一起成为送嫁迎娶时的必需品。再后来，凡夫百姓、升斗小民也开始效仿学习，渐渐茶礼与婚礼就密不可分了。

送聘礼称为"下茶""行茶礼"或是"茶礼""茶订"；女子受聘，则称为"吃茶"或"受茶"；结婚洞房，称为"合茶"。

宋代胡纳《见闻录》载："通常订婚，以茶为礼。故称乾宅致送坤宅之聘金曰'茶金'，亦称'茶礼'，又曰'代茶'。女家受聘曰'受茶'。"

宋明礼学兴起后，士大夫们更赋予了"茶礼"与"雁礼"同样的忠贞意义，明代王象晋《茶谱小序》："茶，嘉木也。一植不再移，故婚礼用茶，从一之义也。"

这句话翻译成大白话就是：茶，是最美好坚贞的树，只要种在一个地方，就永远也不会移动，所以婚礼用茶，取的就是从一而终的意思。

茶韵诗心

第三章

阳羡紫与顾渚紫

一

陆羽虽然擅于鉴茶，但是在《茶经》中只论产地，却从未具体提过任何一款茶叶的名字。各种史料上，被他真正推荐过的茶，只有两种：一是顾渚茶，一是阳羡茶。

阳羡与顾渚一岭之隔，然而前者属常州，后者属湖州。即使到了今天，也是一属江苏，一属浙江。

阳羡，又称义兴，也就是今天的宜兴；顾渚，古称长兴——就连地名也有着一种比拼的意味。

陆羽与阳羡茶结缘，是在大历二年（767年）的事，唐《义兴县重新茶舍记》载：

> 义兴贡茶非旧也，前此故御史大夫李栖筠实典是邦，山僧有献佳茗者，会客尝之。野人陆羽以为芬香甘辣冠于他境，可荐于上。栖筠从之，始进万两。此

其滥觞也。

彼时有山僧献茶于常州刺史李栖筠处,恰逢陆羽在彼做客,品尝之后,赞其"芬香甘辣,冠于他境",建议李栖筠可将其作为贡茶进上。

李栖筠对陆羽的品位自是信任的,欣然允之。后来阳羡茶便成了当时的"爆款网红茶",红到什么程度呢?

"茶仙"卢仝有诗形容:"天子未尝阳羡茶,百草不敢先开花。"

后世苏东坡则说:"雪芽我为求阳羡,乳水君应饷惠山。"

不过到了今天,宜兴最出名的是功夫红茶和宜兴紫砂。

宜兴的紫砂土主要有紫泥、绿泥、红泥三种,因为深深蕴藏在岩石和普通陶土的夹层中,故有"岩中泥"之称,锻造成壶后,对着光照可以看到泥料中微闪的荧光,遂有"紫玉金砂"之说。

准备写作陆羽传记前的那次长途自驾中,我特地去了宜兴丁蜀镇,漫步在黄龙山步行街上,经过一家家创意工坊,把玩一件件手作陶壶,想着那些陶土的故事。

只是一捧土,却在经历了水与火的涅槃后,成长为精美的陶器。

美丽,而易碎。且一旦成型,便再也不可能恢复本来面目,哪怕片片碎裂,亦不复柔软。

竟连尘归尘土归土,也只是奢望。

简直是惊心魂魄。

我走过那些街道、工坊、古镇、空屋，不知不觉来到了郊外。

一座摇摇晃晃的木板桥连接着田野与村居，我看着河水哗啦啦地流淌，暮色一层层地降落，觉得千百年的时光就这样被沉埋了。

天光迅速地黑下来，有很好的月光，我走在碎石铺就的小路上，走在青砖瓦房和泥坯土墙之间，在空荡荡的街道上，在千百年的历史间，徜徉、怀想。

空洞的院门内，望进去只见荒草萋萋，那里曾经有过人家，却很久没有人回来了，灯光也不复亮起。

没有人在等。

街边的老邮筒藏满了故事与牵挂，我想寄一封信，不知给谁，只知在远方。

陆羽，也是这般寂寞吗？

宜兴不是家，空负阳羡花。陆羽很快便离开了。后来到了顾渚山，在尝过紫笋之后，竟觉得比阳羡茶更加甘美，遂当即决定住下不走了。

那段时间，正是李季兰与朱放热恋的时期。陆羽的足迹遍及乌瞻山、青岘岭、悬脚岭、啄木岭、凤亭山、伏翼阁及飞云、曲水二寺，与朱放、皎然等纵论全国诸茶，断定"顾渚第一"，不但在此置园隐居，且修订《茶经》说："浙西茶以湖州上，常州次。"

说湖州优于常州，也就等于说顾渚紫笋优于阳羡紫笋了。

他在此起灶设碾，亲自烹制，还寄了两片蒸青的紫笋茶饼给京师国子监祭酒杨绾，附信说：

> 顾渚山中紫笋茶两片，此物但恨帝未得尝，实所叹息。一片上太夫人，一片充昆弟同啜。

说来陆羽也是够小气的，寄了两饼茶，说是分别送给杨太夫人与杨家兄弟品饮，却又偏偏说"恨帝未得尝"，分明暗示杨绾想办法进献给皇帝。

也不知杨绾照做了没有，反正后来顾渚茶当真成了贡茶。

大历五年（770年），代宗命义兴、顾渚分别纳贡，并在顾渚山敕建贡焙院，令湖州刺史负责督造。这是中国最早的官办茶厂，从此开启了顾渚紫笋长达八百七十六年的进贡历史。

顾渚山，位于天目山渐入太湖的尾端，虽然海拔只有五百多米，然而林木葱茏，风景奇佳。相传春秋战国时期，吴王登临此山，回望山下沙洲陆地，以为可做都邑，故名"顾渚"。

贡茶院，就设在长兴虎头崖上，建草舍三十余间，两行置茶碓，焙百余所，工匠千余人，是家规模甚大的"国营"茶厂。

李吉甫《元和郡县图志》更是声称最忙碌时需要"役工三万，累月方毕"，可以想象生产规模之巨。

二

常州、湖州的紫笋都成了贡茶，可是江南大事，每年立春，两州刺史便亲自来到顾渚山督茶，称为"修贡"；还在两州交境处盖了座"境会亭"，每年茶季于此举办茶会。

所谓斗茶，斗的是茶汤滋味，也是茶沫形色。

茶经·五之煮

沫饽，汤之华也。华之薄者曰沫，厚者曰饽，细轻者曰花，如枣花漂漂然于环池之上，又如回潭曲渚青萍之始生，又如晴天爽朗有浮云鳞然。其沫者，若绿钱浮于水渭，又如菊英堕于鐏俎之中。饽者，以滓煮之，及沸，则重华累沫，皤皤然若积雪耳。

这是陆羽对汤花的形容，当真隽美如诗。

《唐国史补》说："羽有文学，多意思，耻一物不尽其妙，茶术尤著。"意思是陆羽擅用比喻句，描摹事物，惟妙惟肖，这段对茶沫的形容，可见一斑。

唐代斗茶，以沫饽为上，谁煎出的茶沫多而细白，谁就赢了。

到了宋代点茶，则又多出了"咬盏""水丹青"等更细致精巧的讲究，此处不论。

史上最早的斗茶记载，是关于唐玄宗与其宠妃江采蘋的。

采蘋出身书香门第，十四岁即善吟能赋，精通琴书。唐玄宗宠眷于她时，曾命人在宫中种下梅林，并令各地州官进献奇种梅花，还亲笔题写院中楼阁为"梅阁"，花间小亭为"梅亭"，并戏称采蘋为"梅精"。梅妃之名，也由此而来。

梅妃擅跳"惊鸿舞"，取自《洛神赋》"翩若惊鸿"之意，自比甄宓。舞动之际，有梅花清香，众人皆醉。玄宗曾夸她

"吹白玉笛,作《惊鸿舞》,一座光辉"。

一日梅妃与玄宗斗茶,玄宗败了,有点儿挫败,便说你能诗善赋,斗茶下棋都胜我,让我情何以堪?朕不要面子的吗?

梅妃敛衽施礼,笑嘻嘻回答:"此为雕虫小技,侥幸小胜,陛下何必萦心?陛下心系四海,力在治国,哪里会把心思放在弈棋斗茶这些闲事上呢!"

玄宗大笑,更喜梅妃,隆宠日盛。

可是美人会老的,杨玉环进宫后,梅妃就被冷落了。巷道驿马得得而来,不再是为了运送新梅,而是给杨贵妃的荔枝"快递"。

不仅如此,从前玄宗与梅妃玩滥了的那些桥段,什么温泉同浴,七夕共誓,吹笛起舞,如今也都搬到了杨妃身上,这让梅妃怎不难过?于是她一行书夹一行泪,骈四骊六地写了篇情辞并茂的《楼东赋》送与皇上,忆昔思今,深情万种。

唐玄宗看了赋,想起与梅妃曾经的柔情蜜意,同时也感于梅妃的出众文采,颇为动容,于是命人送了一斛珍珠给梅妃以示安慰。

这难不成算是润笔?梅妃缺的是珍珠吗?

气得梅妃更加伤心,遂写下了著名的《谢赐珍珠》:

> 桂叶双眉久不描,残妆和泪污红绡。
> 长门尽日无梳洗,何必珍珠慰寂寥。

后来"安史之乱"爆发,玄宗只带走了最信任亲近的几位皇子、权臣、爱妃、近侍,悄无声息地偷偷离宫,像梅妃这种色衰爱弛的冷宫妃子，与沈珍珠那样的皇孙嫔妃，自然就都被抛在了脑后。

叛军攻破长安时，沈珍珠被俘，押送洛阳；而梅妃则为了保全贞节，以白布裹身，自挂梅林而死。

梅妃以擅茶而闻名，也如茶沫一般轻盈脆弱，"若绿钱浮于水渭，又如菊英堕于镈俎"。但是杨玉环，还不是一样输给政治，难逃一死。千金纵买相如赋，玉环梅精都做了土！

湖州、常州的斗茶会上，除了两州刺史率府中官吏各自按品正装外，亦有美貌少女翩然做惊鸿舞，另有数百茶农抬着祭品在钟鼓声中疾走盘旋，先祭神农氏，再祭金沙泉。

然后才是品茶会，两州司茶官各自呈上今春新茶，看闻揉捻，煮水烫盏，低声交流着贡茶经验。

自始至终，一旁少女歌舞不歇，雪白的茵席锦褥上铺设案几，风炉、水瓶、茶具一应俱全，士大夫们坐于其间，在轻歌曼舞中品茶鉴水，吟诗联句。

皎然、陆羽与两州刺史都是好友，这种盛会自然都会参加且坐上席的，他们时而与司茶官一同品茶鉴茶，时而与士大夫们联句雅戏，看着茶农们皱纹堆簇的笑脸，由衷地感受到了一丝中兴的欣慰。

直到白居易做苏州太守时，"境会"欢宴犹方兴未艾，可惜乐天居士没机会参加，于是特地写了首诗寄给两郡太守，表达艳羡之情：

夜闻贾常州崔湖州茶山境会想羡欢宴因寄此诗

遥闻境会茶山夜，珠翠歌钟俱绕身。
盘下中分两州界，灯前合作一家春。
青娥递舞应争妙，紫笋齐尝各斗新。
自叹花时北窗下，蒲黄酒对病眠人。

这首诗的颔联"盘下中分两州界，灯前合作一家春"成为千古名句，至今还常在各种学术联盟研讨会上被提起借用。

诗中说，我在苏州远远听闻你们的茶山境会办得好热闹啊，歌舞升平，珠翠环绕，顾渚紫笋与阳羡紫笋各显芬芳，春意盎然，想想都让人垂涎。可怜我在苏州卧病，托着碗蒲黄酒，想象那顾渚茶，要不你们给我寄点儿来吧。

当然，最后一句没明说，不过两郡太守也不是傻子，应该不会忽略白苏州那殷切的小眼神吧？

三

《茶经·三之造》说："凡采茶，在二月、三月、四月之间。"这当然是农历，基本相当于今天的三、四、五月。

绿茶的采摘贵早贵新，以春茶为上。古时春茶分为"社前茶""火前茶"和"雨前茶"。

古时把供奉、祭祀土地神的地方叫"社"。每到春天播种和秋天收获的季节，农人们都要立社祭祀，祈求和酬谢土地神。所以"社日"便分为春社和秋社。"社前茶"指的是春社，大约在春分节气,阳历三月时分。

"火"指寒食禁火三日,相当于清明时节,所以又叫"明前",如今确定在阳历四月五日。乾隆皇帝总结龙井茶时说:"火前嫩,火后老,惟有骑火品最好。"这里的骑火指的就是寒食节当日。

雨则指谷雨节气,也就是阳历四月下旬。这里要再三强调的是,千万不可将"谷雨"和二十四节气第二位的"雨水"弄混了。

明代许次纾《茶疏》云:"清明太早,立夏太迟,谷雨前后,其时适中。"

各家说法略有出入,是因为江南茶事早,如苏州、杭州、长兴、安吉、湖州等。越往北,采摘期越晚。

若是云南普洱,最早的茶农从农历一月就开始采茶了。不过唐朝时云南属于南诏国,陆羽不曾去过,所以"二月三月四月"之说,只是泛泛之言,不可一概而论。

明前茶的采摘以芽为贵,有单芽茶、一芽一叶或一芽两叶之分,精挑细选,采摘细心。

白居易诗云:"红纸一封书后信,绿芽十片火前春。"

晚唐诗僧齐己有诗:"甘传天下口,贵占火前名。"

都是极言明前茶之尊贵。

德宗也很认明前茶。贞元五年(789年),为了祭祀所需设立"急程茶",德宗限紫笋茶必须在清明前送达京城长安,先荐宗庙,然后分赐近臣。

于是,茶农只能春分开采,然后飞骑驰送,赶往京城。而且不只是茶,就连顾渚山金沙泉的水,也要跟着一起进京。

正如陆羽所言:"烹茶于所产处无不佳,盖水土之宜也。"

就好像民间吃饺子要"原汤化原食"一样,顾渚贡茶院侧金沙泉的水,最宜烹茶,故而也被引入茶厂,以此制茶,并且装进银瓶中与茶一起进贡,银瓶盛金沙,尊贵无比。

诚如晚唐诗人、湖州刺史张文规在《湖州贡焙新茶》诗中所写:

凤辇寻春半醉回,仙娥进水御帘开。
牡丹花笑金钿动,传奏吴兴紫笋来。

而在关于顾渚茶的所有赞美诗中,最热诚详细的,还要属谢皎然。陆羽推重顾渚茶,很可能便是受到皎然的影响。

顾渚行寄裴方舟
皎然

我有云泉邻渚山,山中茶事颇相关。
鹍鸪鸣时芳草死,山家渐欲收茶子。
伯劳飞日芳草滋,山僧又是采茶时。
由来惯采无近远,阴岭长分阳崖浅。
大寒山下叶未生,小寒山中叶初卷。
吴婉携笼上翠微,蒙蒙香刺罥春衣。
迷山乍被落花乱,度水时惊啼鸟飞。
家园不远乘露摘,归时露彩犹滴沥。
初看怕出欺玉英,更取煎来胜金液。

> 昨夜西峰雨色过，朝寻新茗复如何。
> 女宫露涩青芽老，尧市人稀紫笋多。
> 紫笋青芽谁得识，日暮采之长太息。
> 清泠真人待子元，贮此芳香思何极。

皎然真不愧为"茶僧"，这首诗从顾渚紫笋的采摘说到烹煮，充分印证了陆羽《茶经》中所说的"野者上，园者次。阳崖阴林，紫者上，绿者次；笋者上，芽者次；叶卷上，叶舒次"。

真正的野生紫笋茶，在初萌芽时，芽头呈笋状，色微紫。

安溪的红心铁观音，永春的红芽佛手，也都拥有这种特征，堪称佳品。

顾渚茶与阳羡茶，直到宋代都是非常受欢迎的，苏轼分别有诗题咏："顾渚茶芽白于齿，梅溪木瓜红胜颊。""雪芽我为求阳羡，乳水君应饷惠山。"

然而据史学家考证，北宋时，曾有连续几十年的冬天，江南气温陡降，太湖封冻，过了清明茶树还未发芽，于是阳羡茶"始罢贡"，加上籍贯福建的蔡襄等人极力举荐，皇室贡茶基地遂自江南转迁闽北建瓯一带。

明代许次纾《茶疏》云："江南之茶，唐人首称阳羡，宋人最重建州，于今贡茶，两地独多。"

到了清代，康熙南巡赐名"碧螺春"，乾隆微服独爱龙井茶，阳羡茶日渐没落。

如今的阳羡，则以红茶为主打茶类，当年名扬天下的阳羡紫笋，已成广陵绝响，流散在风中。

四

湖州茶历史悠久，湖州市博物馆有一尊东汉出土的青瓷贮茶瓮，器肩上刻有一个隶书的"茶"字，可见早在东汉时，湖州人已有饮茶习惯。

陆羽《茶经·七之事》中引《吴志·韦曜传》云：

> 孙皓每飨宴，坐席无不率以七胜为限，虽不尽入口，皆浇灌取尽。曜饮酒不过二升，皓初礼异，密赐茶荈以代酒。

这是最早的"以茶代酒"缘起，说的是三国时东吴第四代国君孙皓，性嗜酒，每宴必命众人豪饮，且以七升为限，喝不下去也要硬灌，堪称史上最强劝酒。

然而强人也有柔软时，他非常宠信的一位臣子叫韦曜，酒量奇差，二升便醉。孙皓对别人可以灌，却不忍心让韦曜伤身，每次宴集，便提前命仆婢准备茶汤，给别人倒的是酒，给韦曜倒的却是茶，反正古时的酒是要温来喝的，酒与茶汤色一般，谁又能看出分别呢？

可惜，即便是这样的宠信有加，后来因为一些小小不如意，已经年逾古稀的韦曜仍被孙皓下令诛杀，其家人也均被流放零陵郡。

这个故事告诉了我们两件事：一是伴君如伴虎，二是乌程的茶与酒一样历史悠久而闻名遐迩。

湖州的名片实在很多，什么"丝绸之府""鱼米之乡""文化之邦"；名产更多，湖丝、湖笔、乌程酒、顾渚茶，还有"太湖三白"。

湖州，古名菰城，始建于公元前248年，战国四公子之一的春申君黄歇在其封地内筑菰城县，因城西溪泽菰草弥望而得名。早在春秋、战国时，乌金、程林所酿的酒便已盛名远扬。公元前223年，秦始皇灭楚；次年，改"菰城"为"乌程"，褒扬乌、程二氏善酿之实。湖州遂成贡酒之乡。

要不，"酒仙"李白怎么会闻风而至，放话邀战呢？

青莲居士谪仙人，酒肆藏名三十春。
湖州司马何须问，金粟如来是后身。

李白来湖州，为的是酒；陆羽来湖州，为的是茶。

而我来到湖州，则为的是陆羽。看到"菰城遗址"字样，我莫名激动，仿佛走进了一个巨大的藏宝阁，总觉得会发生些什么。（第二天就知道了，先卖个关子，我们后面再说。）

不知道李白诗中的湖州司马指的是哪一位，陆羽交结的湖州刺史倒都是有名有姓的，而且不只一位。

那个拿三十文打发他的李季卿就不必说了，后来的刺史卢幼平、颜真卿等，都与陆羽私交甚好。

大历三年（768年），卢幼平离任返京，皎然、陆羽等组局为其送行，联句数首纪其事，其中《重联句一首》堪称"吴中诗酒"的代言：

相将惜别且迟迟,未到新丰欲醉时。——卢幼平
去郡独携程氏酒,入朝可忘习家池。——陆羽
仍怜故吏依依恋,自有清光处处随。——潘述
晚景南徐何处宿,秋风北固不堪辞。——皎然
吴中诗酒饶佳兴,秦地关山引梦思。——卢藻
对酒已伤嘶马去,衔恩只待扫门期。——□悍

"茶圣"陆羽难得写酒,这句"去郡独携程氏酒"可谓替乌程酒打足了广告。于是后人也都一哄而上,吟咏不绝:

王安石:"渌水乌程地,青山顾渚滨;酒醪犹美好,茶荈正芳新。"

陈舜俞:"茶收顾渚旗犹卷,酒贳乌程蚁半浮。"

赵汝燧:"雨茶烹顾渚,春酒醉乌程。"

徐乾学:"春来醅发乌程酒,雨过香生顾渚茶。"

佳句闻香,莫不将乌程酒与顾渚茶相并论。

可见乌程酒与顾渚茶,缺一不可。我纵不擅饮,也当微醺一番了。

西湖双璧：

相传乾隆下江南时，游览杭州西湖，盛赞龙井茶，遂将狮峰山下胡公庙前十八棵茶树封为"御茶"。

如今，"龙井茶"指的是一种工艺，只有使用龙井村和翁家山村鲜叶原料制作的，具有糙米色、兰花香特征的龙井茶，才可以称作狮峰龙井。

正如同顾渚山茶要瀹以金沙溪的水，上等龙井茶则最好用虎跑泉的水来泡，香清味冽，沁润心脾，称之为"龙虎饮"，又称"西湖双璧"。

湖州联诗团

一

陆羽从"弃儿"到"茶圣"的翔空之翼,每一片羽毛的长成都修之不易,除了他本身坚定不移的志向与执行力之外,很大程度得益于他一生命交华盖,常得贵人相助。

抛开德宗李适不算,陆羽"朋友圈"中最大的咖,当属一代"书圣"颜真卿。

颜真卿(709—784),字清臣,小名羡门子,别号应方,琅琊临沂人(今山东临沂),名儒颜师古五世孙。因封鲁郡公,故而世称"颜鲁公"。擅长行、楷二书,与柳公权并称"颜筋柳骨",凡学楷书者莫不习"颜体"。

但是,人人皆知他是大书法家,却极少有人知道他同时也是饱学之士,忠烈之臣。"安史之乱"中,出现了很多叛将罪臣,也崛起了无数英雄名将,颜真卿便是其中之一。

他的风骨,岂止于书法!

颜真卿虽出身名门，却身世凄楚，三岁丧父，由母亲抚养长大，家贫如洗，只能用笔蘸水在黄泥墙上练字。

他最著名的诗，是一首《劝学》，形容的正是自己的苦读青春：

> 三更灯火五更鸡，正是男儿读书时。
> 黑发不知勤学早，白首方悔读书迟。

诗如其人，颜真卿不负《颜氏家训》的基因，克己复礼，发奋苦读，二十五岁中进士，历任监察御史、殿中侍御史，后因得罪杨国忠而受排挤，被贬到平原（今属山东）任太守，因此世人多称其为"颜平原"。

平原郡在安禄山辖区内。颜真卿和张九龄一样，早早看出了胡儿的狼子野心，在众人都无作为的时候，他便不断加高城墙，疏通护城河，并且暗中招募壮丁，储备粮草，为大战做好一切准备，真个是"众人皆醉我独醒"。

755年，安禄山在范阳起兵，一路势如破竹，河北各郡纷纷陷落，只有平原城严防死守。颜真卿一边派人快马加鞭往长安报告玄宗，一边联络从兄颜杲卿起兵抵抗。附近十七郡纷起响应，并推颜真卿为盟主，合兵二十万，纵横燕赵，阻击安禄山。

金庸小说中称赞"侠之大者，为国为民"，颜真卿这位河北联军盟主，可比小说里的武林盟主威风豪气得多了，不但远见卓识，而且指挥得法，屡立军功，堪称英雄盖世，义薄云天。

玄宗起初不信干儿子会反叛，从对颜真卿密报的置之不理到率近臣、爱妃逃出宫城,相隔不过数月。面对诸郡守纷纷降敌的邸报,痛呼叹息:"河北二十四郡,岂无一忠臣乎!"这时候,他已经忘了忠臣颜真卿飞马报信被他冷落的事了。

颜真卿虽被冷落,并未松弛,他可不是李白这种空有抱负没有经验的理想家,听闻李亨在灵武登基的消息后,毫无迟疑,一边继续守城抗敌,一边派使者带着蜡丸封的信报前往汇报军政事务,因此很快被任命为工部尚书兼御史大夫,复任河北招讨史。如此,这河北联军盟主的身份也算是过了明路了。

战斗中,常山太守颜杲卿与其子颜季明被叛军包围,史思明俘了颜季明作为人质,胁迫颜杲卿投降。颜杲卿大骂安禄山,眼睁睁看着儿子被斩首阵前,苦战三日,弹尽粮绝,城破而死,另有颜氏亲族三十余人亦被枭首示众,"死于刀锯之下,惨绝人寰"。

正值战事激烈,颜真卿连为堂兄和侄子收尸也顾不上,只能带兵继续平叛。直到两年后,战事稍缓,颜真卿方派人寻得侄子颜季明的头骨,捧颅恸哭,写下痛彻心肺的《祭侄文稿》。

> 惟尔挺生,夙标幼德,宗庙瑚琏,阶庭兰玉……
> 贼臣不救,孤城围逼。父陷子死,巢倾卵覆,天不悔祸,谁为荼毒?

天不悔祸,这个"天",究竟指的是什么呢?

颜真卿不能不怨!

原来,肃宗李亨回返长安后,论功行赏,他虽然欣赏颜真卿的正义忠勇，加封鲁郡公，却忌惮他的功高盖主。彼时河北盟军中一百多位战争骨干都成了朝廷重臣，俱以颜真卿马首是瞻，颜真卿的声望与地位如日中天。

这不能不让李亨如芒在背。他是天之骄子，名正言顺的天下兵马大元帅；而颜真卿不过一个贬官，小小郡守，却凭一己之力成为河北联军总盟主。这样的人，怎能让帝心安稳？

偏偏李亨祭祀宗庙祝词中因署名"嗣皇帝"，颜真卿反对说："太上皇还在川蜀，这样称呼合适吗？"礼仪使崔器报与肃宗。李亨虽假意赞赏颜真卿谨严，心下却不胜烦忌，对于颜真卿接下来的一连串建议也都置若罔闻。

随后，宰相崔圆与礼仪使崔器联名起草了一份弹劾颜真卿书上呈，要求贬其为外任。肃宗正中下怀，顺水推舟，玩了一招权衡术：任命颜真卿二哥颜允南为吏部郎中，弟弟颜允臧为殿中侍御史，留为京官，调颜真卿出守河东郡，还假模假样地写了一纸《答颜真卿谢冯翊太守批》：

> 卿夙负名器，列在朝廷，委弄印之传，兼曳履之宠，而乃事乖执法，情未灭私。朕念以旧勋，遂从宽宥；今左辅之郡，凋敝之余，宜加抚存，以申来效；所谢知。

当真是道貌岸然，指黑为白，欲加之罪，何患无辞？

从"事乖执法，情未灭私"八字，不难看出颜真卿被贬纯粹因为性情刚直，遭小人嫉恨。

然而颜氏满门忠烈，抗敌有功，若不升赏实难服众，因此李亨玩了这手有升有降,让颜真卿为了家族总体利益,再不满也只能俯首谢恩了。

颜家兄弟殿上谢恩,广宴亲朋,貌似风光荣耀,实则伤亡惨烈,暗潮汹涌。

酒阑人散,颜真卿咽下满腹辛酸,独自出京,先任蒲城太守,后贬饶州太守。于此之际,派去寻访侄子尸骸的属下终于来报,已经寻得了颜季明头骨。颜真卿捧颅大哭,痛彻心扉,所有积压的愤懑不平终于爆发出来,汇注笔下,凝成一篇千古奇文。

《祭侄文稿》全文二百三十四字,字迹凌乱,而气势如虹,笔法雄健,行文每多涂抹圈改,却并非深思熟虑,反复推敲,而是出锋狂放,点画错综,墨枯笔秃,力透纸背。怨愤、不平、痛惜、伤心,每个字都像是一团火,仿佛可以从纸面跳出,有着毁天灭地一般的劲道。不难想象书圣切齿瞋目,含泪奋笔的情态。一字一泪,一字一血,字字都是疼痛的痕迹。

虽然满纸狼藉,却被世人将此书与前贤王羲之《兰亭序》相媲美,推为天下第二行书。

而且,由于《兰亭序》真迹已失,《祭侄文稿》却是原稿留传,上面还有乾隆和嘉庆皇帝的玺印,遂成为事实上存世价值最高的书法真迹。

二

陆羽命中多贵人,颜真卿却天生犯小人,这两人的相遇简直是注定的,天道有数,相辅相成!

颜真卿从二十五岁及第出仕，整个宦途就是不断被贬、立功、起复、再被贬的周而复始。

他一生中四次被任命为监察御史，身历玄宗、肃宗、代宗、德宗四朝，而每一朝的头号大奸臣都和他犯冲。

杨国忠死了，来了个李辅国，李辅国走了，又有个元载。

元载结党营私，因为怕自己的独断专行被群臣奏报皇上，遂令群臣进言必须经过自己审查才能上奏。颜真卿上书劝谏，于是和元载结了死仇，被贬为峡州别驾，后改吉州司马。大历三年（768年）四月，改任抚州刺史，后任湖州刺史。

而颜真卿每去一地，都能在短期内做出一番政绩来。在抚州任期内，他关心民众疾苦，注重农业生产，率领民众有效地治理了河道淤塞、支港横溢、淹没农田的现状，在抚河中心小岛扁担洲南建起一条石砌长坝，解除了水患。抚州百姓为了纪念颜真卿，将石坝命名"千金陂"，迄今犹存。

对于本书而言，或者说，对于中唐诗坛而言，颜真卿最大的功业在湖州。

大历八年（773年）春，颜真卿来到湖州任刺史。

湖州本就是人杰地灵之所，颜真卿到来前的几任太守都堪称能吏，将此治理得井井有条，仓廪充盈，家有余粮，简直就是乱世中的人间蓬莱。

此前颜真卿历任德州、同州、蒲州、饶州、蓬州、吉州、抚州等郡，无不是穷山僻水，满目疮痍，如今来到湖州，再不必像从前那般为了民生饥馁忙得披星戴月，宵衣旰食，而有了些闲暇与闲情，不禁大为畅意。

这时他已经年逾花甲，沉浮官场大半生，如今垂垂老矣，便想按照自己的兴趣潇洒走一回，因此大力发展文学事业，干了两件大事：一是编纂韵书，二是发展联句活动。

这两件事，都是需要组团的。

以颜真卿为首的"湖州联诗团"，几乎集合了方圆百里的所有才俊，并由此掀起了唐人联句的风潮，对中唐诗风的形成起到了至关重要的作用。这其中自然少不了江南第一诗僧皎然，以及皎然的好友陆羽，还有闻风而来的大才子顾况、张志和，客居苏州的大理司直杨昱，嘉兴县尉陆士修，江宁县丞韦宁，庐山僧人韦柏尼，茅山道士吴筠等大批高人雅士。

《全唐诗》共收入联句一百三十六首，湖州创作的就占了五十三首。而这五十三首湖州联句中，以颜真卿为首的便有二十一首，其中皎然参与了二十首，可见皎然也是"吴中诗派"的主倡者与组织者，是湖州文人集团的二号人物。

湖州诗会规模极大的一次集会，参与者多达二十九人，震惊朝野。

原来，湖州南郊岘山之巅有石兀立，明洁如玉，中间凹进如樽，湖州别驾李适之曾偕僚属登岘山，偶然见了，大笑赞曰："岂非天生石樽乎？"便命人清理干净，倒入美酒，可贮五斗。众人围石畅饮，吟诗寄兴，传为佳话。

杜甫《饮中八仙歌》中云："左相日兴费万钱，饮如长鲸吸百川，衔杯乐圣称世贤。"说的就是李适之，鲸吸百川，可见海量。

李适之做了左丞相，岘山石樽之名也跟着不胫而走。

如今颜真卿来了湖州，便邀集江浙名士二十九人，携酒登山，再现盛况。

此番集会人数比李适之更多，影响也更大，堪与东晋王谢子弟兰亭雅集曲水流觞相媲美。众人对樽而坐，把酒联诗，得五百九十八句，诗名《登岘山观李左相石尊联句》，成为湖州史上阵仗最大的一次文人雅集。

首句自是颜真卿吟出，切入主题："李公登饮处，因石为洼尊。"

刘全白接联："人事岁年改，岘山今古存。"

其实，只此四句，已将此番盛会写完了。余下，不过铺排而已。

比如皎然句："览事古兴属，送人归思繁。"

陆羽句："松深引闲步，葛弱供险扪。"

这样的句子，只是凑数，说了和没说一样，说一百句等于一句。

这便是联句的缺陷所在，因是集体创作，往往有句秀而无篇秀，只是古代文人雅集时的一种文字游戏而已。

最早的联句，相传始于汉武帝时，帝于柏梁台设宴，令群臣联诗，每人一句，句句用韵。后来，人们便把这种每句用韵的七言长诗称作"柏梁体"。

魏晋时，陶渊明、鲍照等都曾有过联句，改为每人一联，也就是两句，只在双数句叶韵，联成一首完整的诗。

唐代时联句更为盛行，形式多为每人两句或四句。颜真卿为首的湖州联句，形式有三言、五言、七言。五言每人两句或四句，七言每人一句或四句，三言每人四句或六句。内容主要为送别、咏物、调侃三种。参与者两人到十数人不等，最盛大的一次便是这番岘山石樽会了。

这些联句成果被颜真卿编为《吴兴集》十卷，也帮助我们捡拾了陆羽的几句诗海遗珠。比如《与耿湋水亭咏风联句》中，陆羽句"动树蝉争噪，开帘客罢愁"，非常清雅。

陆羽烹茶吟诗，可惜流传文字不多，幸有湖州联诗团的记载，倒留下了些许茶圣断句，诚为大幸。

三

太上立德，其次立功，其次立言。

颜真卿一直有个愿望，就是想编修一部集文字与音韵于大成的《韵海镜源》。早在当年任平原太守时，他就已经着手这项工作了，中间断断续续，几经烽火，草拟目录五百卷，直到来了湖州，天时地利人和，才终于正式编修。

他本想将这件事交由皎然牵头，皎然却自认诗才虽佳，文章平平，而且寺中住持工作颇繁，不宜再担重任，遂推荐陆羽为主修。颜真卿与陆羽是初见，通过一段时间相处后，对其才思敏捷为人清爽颇为欣赏，遂暂不表态，只以联句为名召集江浙雅士前往长兴县西南竹山寺读书堂雅集。

正值新春三月，花绽新蕊，柳吐鹅黄。席分宾主，依次坐定，共得十八人，颜真卿便道出今日联句诗题：即兴风物，七阳韵。

因是文人雅集，一人一句，自然都要使足力气，不似平日两人对句那么散漫，平仄对仗都要严谨，不然可就落了下乘，因此都屏息静听。

颜真卿举杯行酒，率先起句：

竹山招隐处，潘子读书堂。

开宗明旨，正是排律的起法，众人自是凑趣地叠声叫好。

赞美声未停，陆羽已经率先接上：

万卷皆成帙，千竿不作行。

颜真卿当即心下一动，不禁向皎然看了一眼，疑心他是不是早早向陆羽露了风声，这才有此一句投其所好。却见皎然也是目露诧然，向自己微微摇头，双手合十无声念了句佛号，又轻轻点头，似乎在说：这就是天意了。

要知道，这一联上句说万卷成帙，显然指编书；下句说千竿成行，则指竹林，岂非暗示竹林贤士，雅集流芳？这上下联合起来，既应了眼前景，又预言了鲁公接下来要做的大事：聚集竹林雅士编汇韵书。若说陆羽不知情，却能一语道破，岂非天意？

颜真卿只觉仿佛有一阵风袭来，又似一道光罩下，恍恍惚惚，如坐云中。接下来李萼、裴休、康造、汤清河等人联句便都未听清，直到皎然出声方如梦初醒，只听他道：

水田聊学稼，野圃试条桑。

这是寄兴田园之志了,无非老调重弹,却激起在座不少人的一番心事来,陆士修当下联道:

> 巾折定因雨,履穿宁为霜。

房蘷微微一笑,接着道:

> 解衣垂蕙带,拂席坐藜床。

这两联俱是叹息世事艰难,官场莫测,如履薄冰,未免有牢骚抱怨之嫌。

坐在下首的颜氏三杰互视一眼,心道颜鲁公因盛名而遭忌,雅集原为遣兴,若有怨诗,传出未免招人非议。遂同声同气,接连三联即景状物:

> 檐字驯轻翼,簪裾染众芳。——颜粲

> 草生还迁砌,藤长稍依墙。——颜颛

> 鱼乐怜清浅,禽闲憙颉颃。——颜须

韦介听了连着三句中规中矩的套语,心知颜家子侄这是存了小心谨慎,怕惹是非的意思,便也心照不宣,举杯道:

> 空园种桃李,远墅下牛羊。

李观亦暗暗点头，一语抹过：

谈易三时罢，围棋百事忘。

房益却叹道："百事皆忘，谈何容易？"遂吟一联：

境幽神自王，道在器犹藏。

柳澹本不擅诗，便落在了最后，此时见众人俱已联完，忙笑道："房兄这句意在高远，我却无以为继，只好狗尾续貂，勉强收拾罢。"遂吟道：

昼歠（chuò）山僧茗，宵传野客觞。

颜真卿笑道："这句虽不工，倒也合得上，果然收拾得好。"

律诗要求，单数句最后一字必须是仄声，"茗"字却是阳平，因此颜真卿说"不工"。

陆羽笑道："欲工何难，周公《尔雅》云：'槚，苦荼。'晋扬子云《方言》道：'蜀西南人谓茶曰蔎。'杜育更有《荈赋》之文。此三字岂非都为仄声？"

众人大为佩服，都道："到底是鸿渐，现成一部活《茶经》。正是改作'昼饮山僧槚'最妥。"

皎然亦笑道："贫僧虽好茶，不及鸿渐，倒是'昼饮山人槚'更恰。"

笑谈中，颜鲁公已将全诗抄录完毕："竹山连句，题潘书。

光禄大夫、行湖州刺史、鲁郡公颜真卿叙并书。"录罢，认认真真落了款："会大历九年春三月"。

此时正值黄昏，云蒸霞蔚，如火如荼。颜真卿停匀齐整的墨帖映着轰隆隆滚下山去的圆胖夕阳，仿佛熠熠闪光，有种形容不出的和谐圆满。

这幅《竹山堂连句》帖原为整幅，后被裁装成册，册后有宋高宗跋尾两行。虽然真伪一直有争议，但存世至今，已成国宝。王世贞为其题跋：

> 鲁公在吴兴日，宴客于竹潘氏堂，联句而手书之。凡十九人，如处士陆羽、僧皎然、李观、房夔，皆知名士。而所谓粲、颛、须者，于公为子姓，皆有文行，官爵家庙碑中。公此书遒劲雄逸，而时时吐姿媚，真蚕头鼠尾得意笔，大较与家庙颉颃。而此乃手迹，又当远胜。

颜真卿书罢，命人重整席面，这才郑重宣告了此次集会的真意所在，并举杯向陆羽郑重相邀："久闻处士大才，最擅文墨，不知可愿为此书编修？"

陆羽大吃一惊，怎么也没想到高朋满座中，鲁公竟会拜托自己这个无官无职的山野之人主持编修，不禁道："某一介布衣，何敢望蜀？若能附骥尾，为编修尽一份力已足心愿。某所能者，不过采茶煎茗，洒扫庭除，若论文学，最多识得几个僻字，以'茗'作'槚'而已。"

众人听得都笑起来，因为鲁公郑重邀请一位未有功名的山人主持编书而起的惊诧也都淡了，纷纷举杯相劝："鲁公有此心愿，自是功在千古。陆处士大才，不可推拒。"

一阵风过，送来花香。在夕阳的点染下，山林亭台都显露出一种温柔喜悦的情致来，仿佛酝酿着一个天大的秘密，忍不住就要吐露出口一般。在筛落夕阳的竹林里烹茶，茶水仿佛也带了竹叶的清香。

陆羽忽然心血翻涌，觉得这是一个特别的时刻，这些人转瞬就会石化，和这山风花香一起刻进历史，与岁月永恒。他为人磊落，心性洒脱，当下不再推托，慨然道："既蒙鲁公错爱，自当尽力效之。昔有鲁公二十四友金谷园会，今日亦有鲁公，岂可无潘江陆海，纸贵洛阳，闻鸡起舞，击楫中流者乎？"

众人哄然叫好，当下又商定以皎然住持的杼山妙喜寺为聚集之地，分定章节细则，各自忙碌。一部旷世巨著，由此诞生。

联句小游戏：

联句游戏在明朝以前都是每人说完整一联，明清后提高难度，改为排律形式，前一个人说上联，后一个人对下联，然后再给一句上联，第三个人对下联，同时再起一句上联……以此反复，所有的出句和对句必须符合平仄粘对的要求，并且对仗押韵，还要按照严格的平水韵一韵到底。《红楼梦》中群钗于芦雪广联句，黛玉和湘云中秋联句，都属此列。

作此书期间，我因一心沉迷于茶圣陆羽的故事，便在西周私塾学员群中以"茶"为题发起一次联句，限平水韵十三覃，得十三韵，赘录于下：

西岭雪：嘉木经风雪，

刘叶：蛰眠一梦酣。

李宏：和风吹峻岭，

刘淑英：云雾绕峰岚。腊尽芽初绿，

刘海香：春来遍岭南。

李立：嫩芽值万两，

刘海香：纤手采双篮。

李宏：屏息晨曦里，

刘叶：寻香云水函。钟清人迹远，

李宏：日上火岩参。揉捻团菁索，

刘叶：炒翻晒草甘。清芳飘四海，

李宏：仙客聚芦庵。宝鼎烹活水，

刘惠敏：珍香溢雅坛。情深茶胜酒，
老班长：味至苦回甘。饮尽杏花雨，
刘惠敏：归迟杨柳烟。随风邀月舞，
刘叶：礼佛对僧谈。更尽一杯露，
西岭雪：共吟七碗禅。

韵海不是海，镜源何为源

一

陆羽坐在书堆中，简直要乐疯了。

那一堆断简残编与古旧绢帛堆放在茶室中，散发着幽静墨香和陈败腐朽的味道，让陆羽如醉如痴，生平从没有觉得自己像现在这样富有过。

三十多年来，陆羽虽然著述数十篇，但是编书，这还是第一次。此前从寺庙到书院，从幕府到禅堂，他四处求书，闭门苦读。然而书籍是非常珍贵的藏品，非普通人可以享有，尤其稀有的历史文献，就更是难得。编撰《韵海镜源》，让他得以接触到了大量的文史档案，无异于天降异珍。

他如饥似渴地苦读，夜以继日地修撰，一边编写韵书，一边抄录笔记。在这些史书中看到的每一则茶事逸闻都让他欣喜欲狂。

《韵海镜源》三百六十卷，赋予陆羽的滋养难以形容，《茶经·七之事》中列举茶史四十八则，主要就是出于这次编书的收获了。但这还仅仅是表象，养移体，居移气，真正的改变，在他的心里，如一粒茶籽悄悄发芽，绿满春山。

书室设在皎然住持的杼山妙喜寺。陆羽有《杼山记》，一一细述山中台殿廊庑、人文故事。

杼山，从前又名稽留山，位于湖州西南；东晋时吴兴太守张元之曾撰《吴兴山墟名》，声称"杼山，昔夏后杼狩之所，今山上有古城避地"。

后杼为夏帝少康之子，夏朝第七代王，曾南巡至此，故而杼山以其为名。

后人多有质疑，然而我自绍兴驱车来此，车程两小时，搁在古代骑马坐轿也就两天，既然大禹葬于会稽，那么夏禹的后代会来到杼山也就合理了。

山上妙喜寺，为南朝梁武帝所建。大同七年（541年）五月，梁武帝萧衍临寿光阁，所司奏请题额，帝因东方有妙喜佛国，故命名妙喜寺，距皎然一代已有二百年，到我来时，则接近一千五百年了。

行走在山间路上，峰峦秀绝，山色殊胜，行云流水，游者忘归，山景人心，映照古今。

妙喜寺前二十步有黄浦桥跨涧悬立，桥南有黄浦亭，是鲍照题诗处，有句为：

风起洲渚寒，云上日无辉。
连山眇烟雾，长波迥难依。

烹茶之水，取自黄浦，此水源自西南五里黄蘖（niè）山，亦名黄蘖涧，江淹贬吴兴时，于此赋诗，其中有句为：

阳岫照鸾采，阴溪喷龙泉。
残杌千代木，廧（qiáng）崒（zú）万古烟。

妙喜寺东有招隐院，前堂西厦谓之温阁。草堂东南，屈曲有悬岩，径行百步，为吴兴太守何楷钓台。

当真是一步一景，人杰地灵，山不在高，有仙则名。

陆羽修书闲暇，便时常徘徊鲍照亭，行吟江淹泉，"行到水穷处，坐看云起时"（王维《终南制业》），日子过得平稳而充实。想来就如我今天这般，亦步亦趋地追着先贤的脚踪，奔波在江南四十摄氏度高温的大暑天里，每天校对一章书稿，便觉得满心欢喜。

开卷有益，提笔成章，每隔一段时间，陆羽便会将最新的修书成果撮要寄与鲁公。

不觉夏尽秋来，桂花盛开，芳林茂树，有丹、青、紫三色杂披，缤纷各异。陆羽坐于桂树林中，烹茶读书，闻香坐禅，只觉一生中从没有一个时刻如现在这样踏实安稳，只愿岁月静好，永无尽头。

于是，颜真卿这天随信收到的，还有一枝打着苞儿的桂花，不禁莞尔："陆子好雅趣！"当即题得《谢陆处士杼山折青桂花见寄之什》一首回赠：

> 群子游杼山，山寒桂花白。
> 绿荑含素萼，采折自逋客。
> 忽枉岩中诗，芳香润金石。
> 全高南越蠹，岂谢东堂策。
> 会惬名山期，从君恣幽觌。

诗中想象陆羽同众编修游览杼山的情形，感谢处士折桂相赠。

接着以花喻人，说桂花生长于山岩间，不为人知，幽芳自赏，可比那些尸位素餐、浪得虚名的蠹虫官员强多了，只要陆羽愿意，又何愁不能玉堂金马登高第，鱼跃龙门作鲲鹏？

"南越蠹"即"桂蠹"，原指寄生在桂花上的蠹虫，借喻无所作为的官员；"东堂策"则用了晋朝郤诜"东堂折桂"的典故，赞美陆羽高才；最后说"会惬名山期，从君恣幽觌"，表达自己好想放下无聊公务，与陆羽一道乐游山水、恣意赏花的心情。

颜真卿大了陆羽整整两轮，在年纪、地位、声名、学问上，都比陆羽高出太多太多，说是云泥之别也不为过。然而他惜才敬贤，平易近人，全没有半点儿官场上的浮夸态色与颐指气使，也不见从前在平原战场上的霸气张扬。字如其人，端庄挺逸，气势浑然，古调雅趣，颇尚格气。

诚如高棅《唐诗品汇》所评：

> （颜鲁公）守吴兴时，与皎僧、陆处士之流，结思岩林，相忘外道者也。然旷世之情，优入三昧，殊非守平原时色相。

二

陆羽收到诗文，感慨难言。想想颜真卿，想想皎然，想想过往结识的诸多师友：李齐物、崔国辅、皇甫冉……这一刻，他忽然觉得，自己再不是上苍的弃儿，而是老天爷最偏爱的宠儿才对。

天地人为三才，金木水火土为五行，他身为茶人，行吟天地，五行匀和，得道多助，还有什么可抱怨不足的呢？

同时，颜真卿为人虽洒脱，却极重礼仪，认为越是乱世越要重规矩。他直言敢谏，无论是侍郎醉酒上朝，还是大夫朝会不肃，他都会奏章弹劾，就是皇上言行略有不妥，他也会一板一眼地郑重劝谏，不然也不会累建奇功却一贬至斯。

这对于不修边幅以楚狂人自居的陆羽来说，无疑具有着强烈的刺激，让他从当世大儒身上，真正懂得了什么是士人的操守与风仪。

向来，他都以子路的"衣敝缊袍与衣狐貉者立而不耻者"自矜，以为不俗，但直到见了颜鲁公，方真正懂得什么是"君子死而冠不免"，也才理解了子路为什么会在斧钺加身前放下武器，从容淡然地选择了"结缨而死"。

此时再想起多年前与李季卿的龃龉，忽然就心平了。

记得当时他气到怒发冲冠，回来写了篇《毁茶论》，还特地拿给皎然看。皎然却只是摇头，淡淡说："名色而矣。"

陆羽十分不服气，面上不敢顶撞，心里却忍不住想：什么是名？什么是色？什么是儒？什么是释？和尚不重名色，可世人谁又会忽略你那乌衣门第王谢世家的显赫出身呢？

说到底，皎然的闻名于世多少受益于"谢灵运十世孙"的身世血统。这使他在江湖上有一种天然的领袖地位，也因此才有资格著《诗式》，开诗会，点评当代诗风。否则，身在佛门，仅凭念经作诗，哪里能获得如今的名声？若无这名声，又怎会有如今的地位人望？

其实谢安也好，谢灵运也好，不管祖辈有过多少财富声名，又能传给十代以后的谢清昼多少呢？更何况他如今已经遁入空门，应该叫释皎然才对。

大唐终究是重视血统的国度，不然李唐皇室也不会硬请出圣人老子来做先祖。陆羽尽管也拉了陆通和陆纳为远祖，但他在世上，到底是孤零零一个人。

终究是，一个人。

陆羽精谙释道，却终是推崇儒家，尊奉周孔之道，因此才会执著于追本溯源，"必也正名乎"。他在《茶经》中追述茶本事四十八则，认为"茶之为饮，发乎神农氏，闻于鲁周公"，将茶之源起归功于礼乐之祖周公旦，那么茶事自然也就是儒家本事了。

苏东坡茶诗中说"灵品独标奇""名从姬旦始"，理论根据便是源此了。

身世之苦是横在陆羽心上的一根刺，他曾为此自怨自艾了很久。但是此时，想到从前给予自己帮助的众多师友，尤其是皎然与颜真卿，一僧一儒，各在其位，各有其成，他忽然觉得智珠洞开，好像从前在火门山上等溪水，看到一缕晨光照进林间，豁然开朗。

什么是名色？什么是执念？

世上万事万物无非名色。颜真卿的官位，释皎然的血统，都是他们所拥有的名色而已，若能看穿，自不必患得患失；既然在意，那就好好对待便是了。

如同对待一盏茶，重重拿起，如托金鼎；轻轻放下，如对婴儿。这才是庄重谦逊的处世态度。

为什么又要在意名色又要故作清高，又要看淡名利又要区分得失呢？

千金酬知己是酬，三十文打赏茶博士也是酬，自己不是茶博士，又是谁？

有人以断发裸奔为个性，有人以冠冕堂皇为己任，而陆羽游走在儒释道之间，向来都为的是本心。所谓过犹不及，他可以不在乎锦衣玉食，不谄媚高官权贵，却不必刻意佯狂，褐衣散发，格格不入，自视清高。

如果追求本真，那就寄迹山野，与茶为伴；如果行走红尘，那就尊重礼法，斯文守拙。这才是孔夫子的中庸之道。

中，是中正，恰当；庸，是平常，合适。"中庸"合起来，就是无过无不及，恰恰好。

若他当真冲淡自然，抱朴存真，做人做事只本着一颗平常心，又为什么不能随遇而安，既然赴了太守之约，那就该尊重李季卿的法则，在见官时衣冠整齐；若不能低眉俯就，又何必怨怼李季卿以三十文充茶资，将他当作侍儿打发？

这岂非是自己先存了傲慢心，又生了区别心，再起了嗔怒心？

这是既失了佛道的空淡，也失了儒道的宽和，自取其辱，反生怨怼，是错上加错啊。

那一刻，陆羽大汗淋漓，却又像是被茶汤浇透了一般。他想，他是真的懂得什么是醍醐灌顶了。

这天的茶经笔记里，陆羽谦恭地写下茶之妙用：

> 茶之为用，味至寒，为饮，最宜精行俭德之人。若热渴、凝闷、脑疼、目涩、四支烦、百节不舒，聊四五啜，与醍醐、甘露抗衡也。

三

颜真卿立志编著《韵海镜源》，从二十五岁进士及第起便开始着手搜集资料，中间不断增删修补，更在战乱中因为遗失书稿而扼腕痛心，倾注了不知多少心血。如今历时近四十年，终于书成，能不慨叹，更对陆羽尽心竭力帮自己完成这一心愿感激不已。

为了纪此盛事，他特地命人在妙喜寺旁盖了座亭子，青瓦朱檐，四柱圆顶。落成之日，众人聚宴欢祝，铺下纸墨，商议亭子何名。有人说："此亭为颜鲁公所建，自当叫作'鲁公亭'。"也有人说："此亭为编书而建，鸿渐居功至伟，古有鸿雁传书之典，或可名为'鸿书亭'，岂不双关。"又有人说："此亭在妙喜寺左近，缘起于皎然上人，便称作'喜然亭'倒也恰当。"

然而颜真卿、皎然、陆羽连连摇头，都不敢以己命名，专美人前。最后还是陆羽提议："今年是癸丑年，今月是癸卯月，今朝是癸亥日，孔子云：'三人行，必有我师。'不如就叫作

'三癸亭'吧。"

一锤定音。颜真卿亲题翰墨,立碑纪事:

"大历七年,真卿蒙刺是邦,时浙江西观察判官殿中侍御史袁君高巡部至州,会于此土。真卿遂立亭于东南,陆处士以癸丑岁冬十月癸卯朔二十一日癸亥建,因名之曰"三癸"。

碑文题为《湖州乌程县杼山妙喜寺碑》,列出了编书小组的六十一位不同贡献者,包括临川秀才姜如璧、左辅元、江东文士萧存、陆士修、裴澄、陆羽、颜祭、朱弁、李萼、清河寺僧智海等,以及专门负责抄录的吴士、杨涉等十余人。真正工程浩大。

《韵海镜源》三百六十卷,既是类书,也是一部字书、韵书,遍考五代祖隋外史府君与法言所定切韵,"引《说文》《苍雅》诸字书,穷其训解,次以经史子集中两字已上成句者,广而编之,故曰《韵海》。以其镜照原本,无所不见,故曰《镜源》"。

同时,它首创了类书按韵编排的体例,为后世韵府类书之鼻祖。

也就是说,茶圣陆羽,对于中国字典编纂体例的创新与传承,也是功不可没的。

可惜,此书在宋代湮没佚失。不过按韵编排的传统,一直延续到了今天。

除《韵海镜源》外,颜真卿一生著有《礼乐集》《吴兴集》

《庐陵集》《临川集》等，均佚失，唯宋人辑有《颜鲁公集》传世。颜真卿堪称文武双全，万古流芳。

且说颜真卿管理湖州五年，百姓安乐，万民爱戴，"政尚清净，长孤养耆，彻备浚隍，式廉明，进吏事，特责大旨而已。郡人悦之，立碑颂德"（《令狐峘《光禄大夫太子太师上柱国鲁郡开国公颜真卿墓志铭》），是一位政声清明的好官。

然而他在湖州闹出这么大动静，元载可就又坐不住了，他想着颜真卿这个人实在要不得，在军中时可以振臂一呼集结十七郡二十万兵力自任盟主，如今做个地方刺史，竟然也能召集江南名士，俨然成了文坛盟主。这样的人，除非杀了，否则真是怎样也压不住他的锋芒啊！

于是再次罗织罪名，上书弹劾，说颜真卿在湖州招揽朝野儒士，借唱和之名，非议朝庭，褒贬时政，发泄怨恨，且著书立说，私撰国史，论罪当诛。

代宗李豫不知真伪，遂下诏浙江西道观察使李涵，命他往湖州暗中调查，如实上报。结果，代宗却因此对湖州人物熟悉了起来。

传说中的召陆羽为智积禅师烹茶，也就发生在这期间。虽然事未必真，但是陆羽的名字，总算上达天听，如颜真卿所赞，"全高南越蠹，岂谢东堂策"了。

鸿渐，注定是要飞的！正是：

韵海本非海，镜源何处源？
茶经传万世，陆羽在人间。

茶旗·茶枪：

在茶文中，经常会出现"旗枪分明""旗枪舒展""一旗一枪"等词语。

唐代陆龟蒙曾在诗中小注：茶萼未展者曰枪，已展者为旗。

也就是说，茶旗就是茶芽初展而成的嫩叶；茶枪则是未及舒展的茶的嫩芽。

赵佶《大观茶论》云："茶枪乃条之始萌者，木性酸，枪过长，则初甘重而终微涩。茶旗乃叶之方敷者，叶味苦，旗过老，则初虽留舌而饮彻反甘矣。"

赵皇这段话要稍微解释一下：

茶叶的叶子，也就是茶旗的味道会有一点儿苦。如果叶子稍微老一点儿，苦味会比较重。刚开始喝的时候，苦味会留在舌头上，但一直喝下去，等到这壶茶彻底泡透了，回甘也会很明显，且久久不散。

茶芽，也就是茶枪，刚刚萌芽的时候，会带有木质天然的微酸感。但如果茶芽长得比较大、比较细长之后，刚开始泡时口感就像有的山泉水那样有点儿甜，但口中余味会有轻微的苦涩感。所以太过细嫩的芽，或太老的已经马上要舒展成为叶子的芽，都不是最好喝的茶。

茶是南方嘉木。南方天气暖湿，每年春节前后，茶树上已经"爬"出了"一层"嫩芽，但这时候的嫩芽却并不能当茶喝，泡水喝会有明显的酸涩感，必须要再等一段时间，等"爬"在枝桠上的嫩芽站起来，变成一杆"茶枪"的时候，才能采而制茶。赵皇所说的"茶枪始萌时，木性酸"就是这个意思。

但如果这杆"茶枪"已经长得很长了，马上就要分层舒展开来，变成茶叶，也就是"茶旗"的时候，这样的"长枪"其实中看不中喝，前一两水还有一点点甜香，但很快就会泡尽，没有茶味了。

大多时候，茶枪与茶旗，也就是芽叶，都是并存的，一芽一叶的状态比较常见，特别是在绿茶中，这种一旗一枪、旗枪分明的状态更为常见。

皮日休云：茶旗经雨展，石笋带云尖。

苏东坡诗：茶枪烧后有，麦浪水前空。

苕溪的竹与茶

一

喜义兴权明府自君山至集陆处士羽青塘别业（节选）
皎然
身关白云多，门占春山尽。
最赏无事心，篱边钓溪近。

颜真卿为了庆贺《韵海镜源》编成，不但修筑了三癸亭，还特地在陆羽原先的苕溪草堂附近另盖了一座青塘别业，这首诗，便是皎然为陆羽新居落成而写。

这可是陆羽最像样的一个家了。

有了这样好的环境，陆羽的《茶经》撰写得更加顺畅。书成，先交皎然审阅。这位亦师亦友的老朋友，在他心目中一直是世间最重要的存在，若是皎然不认可，他是不会让书正式面世的。

因此，这天收到皎然的帖子约他往三癸亭一聚时，陆羽心下颇为惴惴，不知道老友会怎样评价。

已是深秋，山路上落叶簌簌，丹枫如火。

上山时，听到遥遥有钟声响起，陆羽的心底忍不住激动起来，不禁加快脚步。远远地，还未看清三癸亭的尖儿，倒先见了空中飞扬的许多白色幔帐，陆羽不禁一愣。

走近了，才见亭子四周张起罗幔，上面有字有画，就像是四面屏风。风起处，露出亭中情形，皎然已经布下茶席，中有数人分席而坐，旁边有童子在烧火。

陆羽急趋几步，走进亭子，才看清与皎然共坐的或僧或俗，多为编书同道，不禁一边团团作礼一边笑问："《韵海》已成，今日相议，却是何题目？"

皎然笑道："今日茶宴，不为《韵海》，刚是庆你《茶经》大作将成，遂有此会。"

陆羽这方看清，席上设着茶器二十四事，而亭周四幅绢素上有字有画，竟然分别写着《茶之源》《茶之具》《茶之造》《茶之器》《茶之煮》《茶之饮》《茶之事》《茶之略》，竟是将《茶经》誊抄一遍，不禁喉头哽起，一时之间，竟然无话。

皎然微笑："陆子《茶经》完稿，必成传世大作。老衲图写于此，以纪今日盛事，让后世得知，茶道之事，自我辈而传，世世代代，不可断绝。"说着，又轻喟一声，"终究还是图名。"

座中耿湋却抢先道："上人怎可如此说？佛家虽说看破名色，然而世上万物何事无名？无名即无我，有我即有名，我等在此烹茶论经，有名抑或无名？有实抑或无实？若为有，即为名；若无名，何须破？"

陆羽这些日子来将"名"之一题反复参详,颇有体悟,正欲与皎然讨论,当下笑道:"圣人无名,至道无用。自从上人戒我'名色而矣',小子每每细想,何为名色?天地山川俱有情有色,茶自然也是有情有色的。温度、火候、时间,还有烹茶人的心情,都会影响茶的香气。愁眉苦脸做的茶,再愁眉苦脸地喝下去,怎么行呢?"

众人都笑了,僧人智海托起漉水囊来道:"一念愚则般若绝,一念智则般若生。此物本是佛门用具,在寺院中,取水时,要先以漉水囊过滤,以免误杀水中生物。居士饮茶原本无需如此,鸿渐却将此设为缺之不可的茶器之一,可谓功德。"说罢口称佛号,合十一礼。

陆羽忙忙站起还礼,笑道:"羽虽愚钝俗人,自幼长于佛门,又得皎然上人耳提面命,自然要有些进益的。"

他走到最末一幅书写着《九之略》的幔帐前,指着念道:"'但城邑之中,王公之门,二十四器阙一,则茶废矣!'小子写至此处,只怕上人责骂,心中惶怵得紧,不想竟得上人亲笔墨宝题写于此,想来也是认可的。某从前每每说此二十四茶器缺一不可,或有人问:究竟何用?某竟无话可答,唯有借庄子之语对曰:'知无用而始可与言用矣。'"

耿㵦抢着接道:"然则无用之为用也亦明矣。"

众人更是抚掌大笑。

一时柴薪已燃,陆羽接过童子手中火夹木杓,拨火烹茶。

清风徐来,花香隐隐,竹叶瑟瑟,他只觉得,这亭子、这帐幔、这书法、这山水,还有这风、这花、这僧、这道、这诗文，俱是世间至美，可以与日月同辉刻尽永恒的。

釜中水沸的样子似鱼儿接喋，火烧木柴的声音像风过松林，茶香渐渐溢开，与花香一同起舞，一切是那么和谐，完美，自然天成。

而最美的，就是烹茶是一件无用的事，似乎做了很多，又似乎什么都没有做；正如同这天下午他们说了很多，又像是什么都不用说。

如果人只立足于有用之地，那便成了画地为牢；若只纠结于有用之事，同样是作茧自缚。唯有能容于无用，活着才有意义。

这便是人与天地的关系。

那天，他们品茶，论经，说道，一直喝到黄昏方散。

回到青塘别业，陆羽想着日间的论茶说道，还有三癸亭中四面张起的素绢，久久不能入眠。卧听秋蛩噪耳，一阵叠一阵不知休歇，到底还是披衣坐起，徘徊中庭，只见明月在天，乌鹊南飞，只觉思如潮涌，喜悦莫名，直欲狂歌高呼一般。

他铺开纸张，研墨挥毫，几乎是战栗着写下了第十章：

茶经·十之图

以绢素或四幅或六幅，分布写之，陈诸座隅，则茶之源、之具、之造、之器、之煮、之饮、之事、之出、之略，目击而存，于是《茶经》之始终备焉。

二

我和先生在八月十五号抵达苕溪，这正是湖州入暑以来最热的一天，车上仪表盘显示，车外温度四十九摄氏度，需要用纱巾裹着手开车门。手机朋友圈里，满屏都在刷着一句口语：今年盛夏步入"史诗级"高温。

我不禁笑了：在"史诗级"高温天气里寻找历史，不正是相宜吗？

依着导航来到"陆羽青塘别业"，我下了车，四周看看，并没见到什么标志，便只管往绿树最浓处走去，果然穿过一带草陂林径，远远看到半坡上的一座小亭，心下莫名兴奋起来，快步走过去一看，亭楣上正正写着三个字："桑苎亭"。

那一刻，顿觉一天辛苦都值得了，一字一句地念着亭柱上的楹联，心中充满感动：

> 凤髻山前原本小径桑麻通别业
> 西苕溪畔如今大道松竹仰圣贤

这上联引的正是皎然诗"野径入桑麻"，而下联说的可不就是我今天千里拜圣贤吗？

青塘别业自然是不见了，坡下有座陆羽展馆，也关着门。唯有茶圣雕像傲立在烈日下，白石如玉，睥睨红尘。

我对着茶圣拜了又拜，又沿着苕溪欣赏了一回湖光山色。

苕溪依山蜿蜒曲折，时而遍布青萍，时而荷叶田田，映着青山浮黛，如梦如幻。让我忍不住感慨：茶圣的家还真是美呢！

只可惜，天气实在太热太热了，让我不能步行寻访下一站，只能重新上了车，再设了新导航：苕溪草堂。

车子行驶了大约三公里，停在一座美术馆前，却哪里有什么草堂呢？

先生热得跳脚，忍不住要放弃了，我却不甘心，执意要进到林区里再找找。

这片林荫叫作"山水清音公园"。我在大太阳下穿行，看到一片荷塘，塘上有桥，便走了上去，只见对岸一带建筑，茅草覆顶，心疑这便是草堂。

于是绕了半个湖径寻过去，果然堂前立着石碑，上写"苕溪草堂"，旁边更有熟悉的茶圣雕像告诉我没有找错。

虽然这里既非遗址也非展馆，不过是座同名茶馆而已，但是那块竹林掩映下的黑色石碑已经足以安慰到我了，且将碑上文字抄录于下：

苕溪草堂始建于唐代宗大历三年（768年）夏，大历四年春竣工，由唐代著名诗僧皎然营造。苕溪是湖州境内著名的河流，以其两岸多生芦苇故名。沧海桑田遗迹早已湮灭，现为易地重建。

皎然在苕溪草堂居住的时间很长。唐德宗贞元初，即公元785—789年间，皎然住在苕溪草堂编订其著作《诗式》。苕溪草堂也是茶圣陆羽曾经居住并撰写过《茶经》的一处场所……

这里说苕溪草堂乃是皎然所建,也是皎然的住处。然而陆羽自传中声称"上元初,结庐于苕溪之滨,闭关对书"。这话中的意思分明是自己盖了草堂,而非借住皎然之所。

至于皎然,作为妙喜寺住持,不是应该好好住在寺里的吗?

然而,正如碑上所说,"沧海桑田遗迹早已湮灭",草堂旧址固然已不可考,"易地重建",房东究竟是谁也无伤大雅,只要确定陆羽和皎然都曾经在这一带行吟著述就是了。

塘里的荷花,溪边的竹子,虽然必定不是陆羽和皎然欣赏过的那一季,但是说不定便是那些莲竹的后代呢。

三

竹与瓷,都是茶具的重要元素。

陆羽爱竹,凡住处必种竹,无论是天门的西塔寺,上饶一中的陆羽泉,还是湖州的青塘、苕溪,处处可见竹林。

茶具二十四事中,采茶,要用竹篓;炙茶,要用竹夹;装茶末,也要竹合。还有拨茶的竹筴,取盐的竹揭,盛碗的竹筥,扫茶的竹札,扫雪的竹帚,百列诸器的"具列",盛放茶器的"都篮"以及陆羽独家发明的贮茶道具"育",都是用竹子做的。

茶叶制作最重要的工艺——"杀青"这个词,就是从竹子来的。

《后汉书·吴祐传》李贤注："杀青者，以火炙简令汗，取其青易书，复不蠹，谓之杀青，亦谓汗简。"

古人在竹简上刻字，但竹皮有油，不易书写。于是就用火烤，让竹沥渗出，便易于书写了，且不招虫蠹，这就是竹简，又叫汗简。文天祥"留取丹心照汗青"，"汗青"就是经过杀青的汗简，代指史书。

我太喜爱竹子了，先后去过湖南的蔡伦竹海，安徽的木坑竹海，江西的梅岭竹海，四川的蜀南竹海、青神竹里，还在竹海中住过多日，虽不至像晋人王徽之那般"不可一日无此君"，却也是见到竹子就发痴，徘徊不忍离去。

而说到烤竹简，就忍不住要说说我的独家订制"竹影摇红"了。

正所谓"茶者，南方之嘉木也"。我们通常所见的茶园多为灌木型，高不过两米，越往南越粗壮高大。

古书中常见到大茶树的记载，但是到了今天，除云南外便极少见到大茶树了。气候变化是一个原因，更重要的原因是乱砍滥伐。所以，想看古茶树，只能去云南。镇沅哀牢山千家寨一号古茶树，树龄两千七百多年，简直就是植物考证的标本树。

2016年10月，我带领西周私塾的学员往西双版纳游学，勐海茶山的老茶树动辄数百上千年，堪称古茶树的天堂。它们遗世独立，从容而内敛，仿佛抱藏着一个唯有天地知晓的古老秘密，虽苦犹香。抚摸着那些斑驳的树干，我感觉心都要颤了，那不是树，是历史的活化石。

白天，我们攀山越岭，去布朗山膜拜老班章古树，在南糯山茶树王旁边的亭子中听雨喝茶，游历茶马古道与古镇，深入哈尼人家，晚上则品茶、鉴茶，还要间插两堂诗词课学习填词。

那时候我刚刚开始学琴不久，正是狂热期，去游学也没忘了带上古琴。夜里，人们都歇下了，我还独自在"昱生源"茶厂的茶室里练琴。人迹罕至的古老茶山里，方圆数十里就只有这孤零零的一家茶厂，巨大的院落里除了厂房外就是几座特色吊脚楼，便是学员休息的地方。

而我练琴处，在厂房后面最尽头的小茶室里，远离人群，能清楚地听见风声穿过古老山林瑟瑟敲窗的声音，带着原始森林特有的幽深气息。

我在林声中抚弦而歌："秋风清，秋月明，落叶聚还散，寒鸦起复惊……"琴声清朗，似乎可以渗透秋夜，传得很远很远，远到童年时我牵着母亲的手，似懂非懂地听她念"相思相见知何日，此时此地难为情"；远到寂寥的热带雨林中百千万年的花妖树精都慢慢聚拢来，听我拨琴低语。

不觉便痴了。我想，真可惜陆羽没有来过云南，如果他见过深山中那些高大的古茶树，该有多么欣喜。

我们在山里住了一星期，那几天真是奢侈，品足了各种动辄几万甚至十几万一饼的古树茶，简直把舌头都养刁了。不过这些茶有价无市，可真不是我等寻常百姓享用得起的。

厂长李浩源先生特地取出了珍藏的各种老普洱让我品尝，我按照自己的口味做出排列，发现非常精确地按照年代排行——越老的我越喜欢，倒并不苛求树种。

如果是同一种茶让我尝，我则会精确区分坡地茶和台地茶。这时候，才真正理解了陆羽的"野者上，园者次"。

在厂长指定的范围内，我们十几个人撸起袖子，攀山爬树地上窜下跳，亲自采了半日茶，乐呵呵地回到茶厂。一集中，才发现加起来也不足以制成一饼最小的团茶。须得厂长替我们"作弊"，又加了些茶青进去，才好杀青揉制，让我们在临走前得到一饼小得可怜的西周纪念茶。

这时候，真正体会到了茶农的不容易。

在这次考察中，我亲自挑选茶青，设计了一款工艺独特的竹筒订制茶，命名为"竹影摇红"。

这是将半发酵的西双版纳大树种滇红谷花料，在半湿时塞入新砍下来的竹筒中，放在火上慢慢烤，使其进一步发酵，让竹沥渗进茶中，茶香与竹香完美结合，有如梦幻般清香甜美。

正如陆羽《茶经·四之器》中所云：

　　彼竹之筱，津润于火，假其香洁以益茶味，恐非林谷间莫之致。

一般的红茶通常不耐久泡久存，但是用普洱的制作工艺来制作红茶，使这款红茶具有了普洱耐泡、耐存放的特点，而且它既有红茶的亮艳香甜，又有普洱的幽微沉静，绿竹与红茶相彰映，像不像《红楼梦》中的"怡红快绿"？

最让我愉悦的是，这茶在干茶时闻香有明显的竹子清香，烫茶后则介于花香与蜜香之间，汤色澄黄明亮，回甘清甜悠久，多道冲泡后仍然甘醇出色，幽香怡人，仿佛清秀佳人腹有诗书气自华，飘然有林下风致。

茶叶与竹子，真是佳偶天成，仿佛深山里的仙子思凡落到人间，投入了竹筒的怀抱，然后如干将与莫邪一般，相拥历劫，经过了水与火的考验，涅槃重生，飞升上神，成为世间独一无二的"竹影摇红"。

"烛影摇红"其实本是宋代词牌名，被我取谐音改了个字作"竹影摇红"，以切合竹子与红茶的概念，还特地为它填了两首词，方不辜负了好名好姓儿。

其　一

明月天涯，斑斑谁洒潇湘泪？轻红心事无人解，刻遍琅玕翠。

只愿多情无悔，拚此生、东风沉醉。浮花浪蕊，苦尽甘回，茶禅一味。

其　二

仙殿无人，碧窗谁将红颜锁？绛云飞落三山外，碾碎芳心可。

休羡长生不老，却留连、人间烟火。临风邀月，把盏闻香，愿君惜我。

关于茶具：

《茶经·二之具》中，记述了茶的采制工具，包括采摘、蒸青、成型、干燥、记数和封藏工具，共十八种样式，七道工序：采、蒸、捣、拍、焙、穿、封。

《茶经·四之器》中，则将炙茶、碾茶、煮茶、饮茶、贮茶等对茶的品鉴有育化、改善作用，甚至带有精神属性的茶具，全部定义为茶器。包括：风炉、筥、炭挝（zhuā）、火策、鍑、交床、纸囊、碾、拂末、罗合、则、筅、水方、漉水囊、瓢、竹筅、鹾簋、揭、熟盂、碗、畚（běn）、扎、涤方、渣方、巾、具列、都篮。如果加上柯和育，这里有将近三十种茶具。

然而《茶经·九之略》中却提出了"二十四器阙"的说法，并说在深山野寺或是寒食节禁火等特殊环境下造茶，可以省略一些程序和器具，故称为"略"；但同时也强调，在正式场合里，尤其是"城邑之中，王公之门"，茶事二十四样缺一不可，"阙一则茶废矣"。

可见，陆羽还是非常讲究仪式感的。

由于各章关于茶具的叙述略有出入，故而"二十四事"究竟是指哪几样，各家说法有所不同，但不管怎样，上述诸器如今饮茶已经多半用不到了，所以这里便不做细述，亦不必纠结了。

《九之略》当真非常简略，只有一段，全文录于下：

其造具：若方春禁火之时，于野寺山园丛手而掇，乃蒸，乃舂，乃炀以火干之，则棨（qǐ）、扑、焙、贯、棚、穿、育等七事皆废。

其煮器：若松间石上可坐，则具列废。用槁薪、鼎𬭚之属，则风炉、灰承、炭挝、火䇲、交床等废。

若瞰泉临涧，则水方、涤方、漉水囊废。

若五人已下，茶可末而精者，则罗废。

若援藟（lěi）跻岩，引絙入洞，于山口炙而末之，或纸包合贮，则碾、拂末等废。

既瓢、碗、䇲、札、熟盂、醝簋悉以一筥盛之，则都篮废。

但城邑之中，王公之门，二十四器阙一，则茶废矣。

人间清醒张志和

一

陆羽行走于儒释道之间,如果说他的"朋友圈"中,儒家名号最响的是"书圣"颜真卿,释家影响最大的是"诗僧"谢皎然,那么道家朋友中,最著名的则要属"渔父"张志和。

张志和(732—774),字子同,初名龟龄,号玄真子,祖籍婺州金华(今浙江金华),上过中学的人都会记得他的一首词《渔歌子》:

> 西塞山前白鹭飞,桃花流水鳜鱼肥。
> 青箬笠,绿蓑衣,斜风细雨不须归。

西塞山,位于湖州吴兴区妙西镇。这首词首句便写山景:"西塞山前白鹭飞。"上来就是动静结合,青山白鹭,宛如仙境。

二句写水景:"桃花流水鳜鱼肥。"不仅风景优美,春光怡人,而且一个"肥"字惹人垂涎,立刻就将渔家的逍遥生活勾勒出来了。

三句写自身:"青箬笠,绿蓑衣。"这是渔夫打扮,也是仙人姿容,仿佛一幅青绿山水画中的人物。

最后写心情:"斜风细雨不须归。"山色苍翠,水光潋滟,白鹭翔空,桃花夹岸,肥美的鳜鱼在水底游戏,正是垂钓的好时机。一点儿微风小雨,正是清凉宜人,况有蓑衣斗笠,何必急于还家?

斜风细雨之后,渔人头戴青竹笠,身披绿蓑衣,迎风垂钓,对雨吟诗,小舟叶叶,纵横进退,摘翠者菱,挽红者莲,举白者鱼,满载而归,何其逍遥自在!

正如王维诗中写禅意空蒙而不着一字,张志和这首《渔歌子》写道心潇洒,亦是自然流露,水到渠成。

伯牙之后,樵夫便成了知音;屈原之后,渔父便成了高人。

中国古代诗词音乐绘画艺术中,渔父和樵夫的形象从来都不是单纯的山野村民,而代表了遗世独立的隐士形象。

张志和的《渔歌子》,为渔父的标签更加浓墨重彩地添抹了一笔云间色彩。从此,《渔歌子》不但是一首流传极广的词牌,"渔歌"也成了词的别称,是迄今出现最早的词牌之一,变齐言诗而为长短句,堪称词祖宗。

"修道成仙"的吕洞宾,五代的和凝、欧阳炯、李珣、李煜,至后世的宋高宗赵构,都曾作过《渔父词》,内容大同小异,均受张志和《渔歌子》影响,主题为表现情怀澹泊归隐渔樵之念。

张志和的人生与陆羽截然相反,他出身官宦世家,书香门第，是根红苗正的"官二代"。

他的故事从开头就自动开启了所有"大牛"的标准模式：母亲妊娠前，曾梦见有神仙献灵龟，吞而服之，遂有孕，生下儿子来，便取名龟龄。

小龟不仅出生祥瑞，日子也好，是在开元二十年（732年）大年初一。也就是比陆羽传说中的年龄刚好大一岁，他三岁读书，六岁属文，天资聪颖，过目成诵，是典型的"别人家的孩子"。

七岁那年，小龟跟随翰林老爹张游朝去单位领工资。翰林院学士听说他记忆超群，便拿锦林文集来考他，小龟全能背得下来，众人皆以为奇。

这神话传到了好奇心重的唐玄宗耳里，于是唐玄宗亲自诏见，当面考他。小龟落落大方，对答如流，唐玄宗甚感奇异，特命他可以随意出入翰林院，如同学士相待。

于是，翰林院就成了小龟的托儿所，大内禁苑、太子东宫，都是他经常玩耍的地方，就连"张志和"这个名字，都是李亨给改的。

那是在小龟龄十六岁时，凭借自己惊人的记忆力明经及第，遂由太子李亨亲自赐名，供奉东宫，享八品待遇。

十六岁的进士啊，货真价实的天之骄子，真让那些白首为功名的老举子们羡慕得红了眼珠。

而张志和也绝不辜负这份天才之资，丝毫没有"伤仲永"的烦恼，虽然年少，得官后却渐渐展露出超强的管理才干，二十岁即协助地方官剿灭强盗，被百姓誉为"神张"；任杭州刺史时除去当地恶霸李保，为民除害；"安史之乱"中又与世人恭送名号"白衣宰相"的神仙舅舅李泌一起，为肃宗献策献力，屡立奇功，一路擢为右金吾卫大将军，享正三品待遇。

至德二年（757年），肃宗李亨因急于收复京师，答应了回纥苛刻的谈判条件，拆东墙补西墙，许诺"克城之日，土地、士庶归唐，金帛、子女皆归回纥"。待到收复两京，终不舍得长安被屠，改为开放洛阳大门，任由回纥纵兵劫掠，为所欲为，造成了比叛军更大的破坏。

这显然是求薪救火之举。

借兵回纥的主意本是张志和与舅舅李泌一起出的，虽然立竿见影，然而暗藏凶机，后患无穷，眼见肃宗急于求成而乱开支票，便力谏肃宗收回成命。但肃宗不愿听，而且因为不想听张志和啰唆，干脆找个小错将他贬官南浦尉了。

三十五岁之前一直顺风顺水的张志和，于此遭受了人生的第一个打击。

按说这贬官之罚比起几起几落的颜真卿真不算什么，但对张志和来说，却是当头一棒，让他看清了君恩无情、政坛险恶的事实，仕宦之心渐淡，归隐之心顿起。

张志和辞官的理由非常充分，乃是为奔父丧，守制三年。

就在守丧期间，他的母亲又随即去世了。张志和于双亲墓侧结庐守丧，植柏成林，朝夕拜哭，恪尽孝道。

李亨贬张志和出京后，也知道他其实无辜，听说张志和新逢母丧，遂赦其罪，加赠张母为秦国贤德夫人，赐资荣葬，嘱咐张志和于孝期满后再回朝廷效力。

然而孝期未满，张志和的妻子程氏又病卒了。

按照"夫不祭妻"的古制，妻丧无需守制，但是张志和在几年里接连失去了生命中最重要的三位亲人，万念皆灰，无复宦意，写了一首《自叙》明志：

> 世事艰难如意少，功名荣耀误人多。
> 浮云富贵非吾愿，且买扁舟理钓蓑。

这首诗明确地写出了他未来的人生计划，乃是"且买扁舟理钓蓑"。但是唐肃宗没当作一回事，以为他只是像大多文人那样说说而已，不过是做个姿态，还一心想着要召他回朝做官，并且为了笼络他，特地赏赐一奴一婢，以视厚遇。

张志和照单全收，还为这对奴婢分别取名渔童、樵青，真是很有诗意的两个名字，简直像个预言。

有人问他这名字的含义，张志和答："渔童使捧钓收纶，芦中鼓枻；樵青使苏兰薪桂，竹里煎茶。"

张志和说到做到，亲自主持婚礼，让渔童和樵青结成了夫妇，然后带着二人穿山越岭，开始了垂纶采茶的云游生涯。

元人乔吉有词："樵青拍手渔童笑，回首金焦。"便用此典。

而"渔"与"樵"，也从此结下了不解之缘。

二

正如同王维是个不穿袈裟的和尚一样，张志和虽然一生不曾真正戴冠出家，然而清华绝俗，遗世独立，骨子里早已是个不着冠袍的道士。

两人一个是"一生几许伤心事，不向空门何处销"，一个是"浮云富贵非吾愿，且买扁舟理钓蓑"。

但是王维至死也未能真正脱离官场，张志和却付诸行动，"视轩裳如草芥，屏嗜欲若泥沙"（颜真卿《浪迹先生玄真子张志和碑铭》），真正寄迹江湖，垂钓烟水了。当真是人间清醒，坐立起行。

而且，为了逃避肃宗的寻访，张志和一直行踪不定，在游遍吴楚山水后，又来到湖州西塞山归隐，自称"烟波钓徒"，并写下了"西塞山前白鹭飞"的千古名唱。

由于湖北黄石亦有一座山名为西塞山，两地遂为张志和词中所写的山头究竟在何处而打了无数口水仗，其实这有什么可争的？虽然张志和没说过自己究竟在湖北还是在浙江隐居，但是颜真卿和陆羽可是在湖州与他相识的啊，那么白鹭到底飞在哪里还用问吗？

陆羽是主动来西塞山寻访张志和的，访茶亦访道，却不得其门而入，打听了许多人，才在江边穿梭的渔舟中看到张志和远远归来，果然是青箬笠，绿蓑衣，再看他所驾小舟柳叶般窄窄一条，便是想同舟共济亦不可得，不禁笑道："舴艋舟小，桃花江渺，逸士萍踪云影，却有何人往来？"

张志和脱口答："太虚作室而共居，夜月为灯以同照。与四海诸公未尝离别，有何往来？"

陆羽大笑，他向以言语诙谐辩捷著称，闻此睿智之语，豁达圆融，隐含机锋，更在自己之上，自是叹服。

当时，陆羽在著《茶经》，皎然在写《诗式》，在他们的触动下，张志和也开始闭门撰写《玄真子》十二卷。三年写成，遂改号"烟波钓徒"为"玄真子"。

之后，又撰《大易》十五卷三百六十五卦，并作《太寥歌》。可惜这两部书均亡佚。

也正是因为张志和超然物外，行踪无定，鲜少与人往还，因此虽与颜真卿在京中旧识，却直到鲁公刺湖第二年才听闻信息，驾舟来访。

有趣的是，颜真卿也在初见之后，嫌他的舴艋舟又小又破，主动提出要为他换一艘。张志和也不推辞，爽朗笑道："傥惠渔舟，愿以为浮家泛宅，沿溯江湖之上，往来苕霅（zhà）之间，野夫之幸矣！"

意思是如果您愿意赠送游轮，那我可就幸福了，可以在湖上安家，以船为屋，游溯江流，常相往来于苕溪和霅溪之间了。

后来，张志和果然驾了颜真卿相赠的小船时常往返于西塞山和杼山之间，成为联诗团的新成员。

张志和喜好丹青，"善图山水，酒酣或击鼓吹笛，舐笔辄成"，与"书圣"颜真卿、"诗僧"皎然、"茶圣"陆羽在一起，正是有茶有酒，有书有画，有僧有道，志同道合，相得益彰。

一次颜真卿召集盛会，与会者多达六十余人，那也是湖州联诗团人数最多的一次。席间，张志和当众表演了一手"斫脍"，也就是切生鱼片，真令所有人叹为观止。

华人食鲙的传统早自春秋时代就有，孔夫子就说过"食不厌精，鲙不厌细"。到了精益求精的大唐，食鲙已经成了一种文化，很多文人墨客都专题吟咏过。

鲈鱼、鲫鱼、鲂鱼、鳜鱼，都可以切脍。张志和率先拎出来的，是一条自己今早刚刚捕捞的大鳜鱼，抢在案上，犹自鼓腮动鳍。他一手按鱼身，一手执柳叶刀，去鳞剔骨，露出细嫩洁白的鱼身，先切片，后缕丝，冰刃似水，上下翻飞，薄如蝉翼的鱼片便纷纷自刀尖飞落下来，如流花飘雪，冰绸相叠。

众人哄然叫好，不知是谁带头，竟齐声唱起张志和的《渔歌子》来：

霅溪湾里钓鱼翁，舴艋为家西复东。
江上雪，浦边风，反著荷衣不叹穷。

颜真卿心中一动：这句"霅溪湾里钓鱼翁，舴艋为家西复东"，不正是"浮家泛宅，沿溯江湖之上，往来苕霅之间"吗？当下倡议众人各和一首《渔歌子》。

众人一边品尝鲜嫩肥美的鱼脍，一边苦思冥想，每得佳句便高声呼出，自有侍墨童子在旁誊录，顷刻集了二十多首。

张志和亦兴致高昂，切好脍，洗过手，一边唤人铺纸研墨，丹青剪素，一边拎过一只酒坛，拍开封来，也不用碗，竟自捧着坛子"咕嘟嘟"一气喝完，大喝一声，挥毫泼墨，作起画来。

只见他醉酒佯狂，举杯高呼，正如同醉书狂草的张颠一般，"手援毫，足蹈节，披缣洒墨称丽绝。石文乱点急管催，云态徐挥慢歌发。乐纵酒酣狂正好，攒峰若雨纵横扫（皎然《奉应颜尚书真卿观玄真子置酒张乐舞破阵画洞庭三山歌》)"。

张志和用画记录了那次湖州盛会的旷世风采,而皎然则用诗记录了玄真子的放浪形骸。

时隔千年,画已无存,诗犹在耳,与这首《奉应颜尚书真卿观玄真子置酒张乐舞破阵画洞庭三山歌》同时流传的,还有皎然的另一首《奉和颜鲁公真卿落玄真子舴艋舟歌》,其中有"刳木新成舴艋舟"之句,显然说的是颜真卿允诺张志和的那艘小船,鲁公说到做到,的确是送出了。

可惜终究不是游轮,而且安全性不高,从前张志和的小船虽破,然肌肤相亲,操纵娴熟;而一旦换了新船,却是百般不趁手,就在这次盛会后不久,张志和在湖州东平望驿莺脰湖因酒醉而溺水,时维大历九年(774年)冬,终年四十二岁。

三

张志和的碑文,由颜真卿撰写,这也是我们做关于张志和的研究最重要的第一手资料。

浪迹先生玄真子张志和碑铭

玄真子姓张氏,本名龟龄,东阳金华人……既而亲丧,无复宦情,遂扁舟垂纶,浮三江,泛五湖,自谓烟波钓徒。……鸣榔挈杖,随意取适,垂钓去饵,不在得鱼……性好画山水,皆因酒酣乘兴,击鼓吹笛,或闭目,或背面,舞笔飞墨,应节而成。

大历九年秋八月,讯真卿于湖州……然立性孤峻,不可得而亲疏；率诚澹然，人莫窥其喜愠。视轩裳如草芥，屏嗜欲若泥沙。希迹乎大丈夫，同符乎古作者，莫可测也。忽焉去我，思德兹深，曷以寄怀？寄诸他山之石，铭曰：

邈元真，超隐沦。齐得丧，甘贱贫。泛湖海，同光尘。宅渔舟，垂钓纶。辅明主，斯若人。岂烟波，终此身？

此碑情辞恳切，但是关于张志和落水的真实原因，颜碑中着实语焉不详，只道"忽焉去我，思德兹深"，这就使得张志和之死显得扑朔迷离。

有人说他是应颜真卿之约赶赴湖州诗会，于途中溺水而亡。

也有人说他根本没死，不过是为了躲避朝廷诏还而在颜鲁公的遮掩下借"水遁"避世归隐。

南唐驸马沈汾所撰《续仙传》中，更是将其列为神仙：

其后真卿东游平望驿，志和酒酣，为水戏，铺席于水上独坐，饮酌啸咏。其席来去迟速，如刺舟声。复有云鹤随覆其上。真卿亲宾参佐观者，莫不惊异。寻于水上挥手，以谢真卿，上升而去。

这种白日飞升的神化，应当是后代升华的结果。不过，张志和本是神龟托生，应该是不会淹死的，只能是完成天命，和李白一样投水捉月亮去了吧？

如今湖州乌程县东泊宅村，犹存张志和系舟处。

泊宅，暗含"浮家泛宅"之意，岂非人生如寄乎？

要强调的是，由于湖北黄石西塞山风景区比湖州更为著名，也一样有"桃花流水鳜鱼肥"，因此以讹传讹，竟自窃占风月了。

然而明万历《湖州府志》有载："西塞山在湖州城西二十五里，有桃花坞，下有凡常湖，唐张志和游钓于此。"

清雍正《浙江通志》亦云："吴兴南门二十余里，下菰青山之间一带远山为西塞山。山明水秀，真是绝境。其谓之西塞者，下菰城为屯兵之处，坐西向东故也。"

史实确凿，本无可争议。这次我为校书稿而长途自驾，第一站去了陆羽的出生地天门山，之后途经黄石时特地住了一晚，因为天气实在热，也就没心情去爬西塞山，原想湖州的西塞山总要勉力爬一下的，不料来了才知道，景区竟是关闭，倒也省得我纠结了。

桃花坞是看不到了，烧鳜鱼还是可以吃吃的。

梦断长安

第四章

大历清风皆朋友

一

古时以三十年为一世,《春秋》有"三世"之说,分别为"衰世""治世"与"盛世"。

如果三十年间战乱频仍,国势动荡,民生维艰,哀鸿遍野,即为衰世、乱世;若是由衰转安,接连三十年没有大的战争,轻税薄赋,休养生息,民无饥馁,则谓治世、升平之世;而最高境界,便是"太平盛世",接连三十年中天下无战,百姓富足,政治清平,国泰民安,是真正的理想国。

以大唐纪元来看,隋末唐初的朝代更迭,烽烟四起,自然是不折不扣的乱世;而自从唐太宗李世民登基后,吏治清明,经济复苏,文化繁荣,堪称治世,因此史称"贞观之治"。

贞观的年号使用了二十二年(627—649),此后若是皇帝圣明,大唐理当进入盛世。偏偏,李治是个挺无能的皇上,又生了一堆拎不清的皇子,弄得纷争再起,女帝登基。

好在武则天登基后，明察善断，知人善任，奖励农桑，改革吏治，开创殿试、武举及试官制度，极大地推进了大唐繁荣。

从武则天称帝的天授元年（690年），到李隆基即位的开元元年（713年），是乱中有治，虽然君权几易，但是动荡只发生在朝廷贵族间，无关百姓生息。这使得李隆基即位后，国势迅速转强，方有了"开元盛世"。

好好的开元年号，持续使用了二十八年（713—741），"脑抽"的李隆基无端地想要改天换地，不但改元天宝，还改年为载。

大唐的繁华鼎盛于此达到了极致，开始由盛转衰，渐露颓象。

一切终止于天宝十五载（756年），"安史之乱"宣告了乱世的到来。

这个乱世，如果从756年算起，当止于唐德宗平定泾阳之乱后的贞元年间；而若从天宝改元算起，则止于代宗大历年间（766—779）。

所以，大历时期，也是一个治中有乱、乱中有治的过渡期。

同时，也是大唐诗坛青黄不接的沉默期。

"诗佛"王维逝于761年；"诗仙"李白逝于762年；"诗圣"杜甫逝于770年。

也就是说，大历年间的诗坛，颇让人有些"时无刘、项"的感慨。这个时期活跃在诗坛上的，是"大历十才子"。

十才子的说法最早见于姚合的《极玄集》：

> 李端，字正己，赵郡人，大历五年进士。与卢纶、

> 吉中孚、韩翃、钱起、司空曙、苗发、崔峒、耿湋、夏侯审唱和，号十才子。

"大历十才子"并不是一个组织或诗社，但交往密切，彼此唱和，是大历年间非常活跃的一个诗歌群体，其共同特点是偏重形式技巧，主题多为吟咏山水、称道隐逸，以谢朓、王维为宗，秉承山水田园派风格，善写自然景物及乡情旅思。诗多五言近体，格律规整、字句精工，虽往往失于雕琢，但不乏警句名联。

对于大历诗风最精确的评价，正是来自皎然的《诗式》：

> 大历中，词人多在江外，皇甫冉、严维、张继、刘长卿、李嘉祐、朱放，窃占青山白云、春风芳草以为己有。吾知诗道初丧，正在于此，何得推过齐梁作者？迄今余波尚寝。后生相效，没溺者多。大历末年，诸公改辙，盖知前非也。

皎然对于大历诗人，另开了一份名单，竟与十才子全无交集，也是异数。

这是因为"十才子"集中在京都，而皎然的名单则重在江南文士或是往江南避乱的诗人们，比如皇甫冉、朱放、刘长卿等。他们集聚江南，以诗会友，但作品多为风花雪月，少歌民间疾苦，故称"诗道初衰"。

之所以如此，并非乱世中的诗人们没有生活阅历，而是朝局紧张，政治动荡，以至于文人们心生忌惮，不敢妄言，故而寄情山水，吟风咏月以自适。

也正为此，后来者韩愈、白居易、元稹等人才会大声疾呼，关注现实，发起"古文运动""新乐府运动"等一系列文学改革。

韩愈出生于768年，白居易与刘禹锡于772年相约降世，柳宗元晚来一步，生于773年。也就是说，大唐诗人第二拨骨干一窝蜂跑到警幻仙姑处销号，纷纷下凡历劫却还没成年的空当儿，潦落的中唐诗坛最出风头的就是"大历十才子"与"湖州诗派"了。

而这些人中，与陆羽关系密切者当真不少，皇甫冉、刘长卿、朱放、耿湋，都是常相往来、诸多唱和的。

其中，赠诗形容陆羽最经典的警句，由耿湋写出："一生为墨客，几世作茶仙。"这句诗后来成了陆羽最重要的标签。

连句多暇赠陆三山人

一生为墨客，几世作茶仙。　——耿湋

喜是攀阑者，惭非负鼎贤。　——陆羽

禁门闻曙漏，顾渚入晨烟。　——耿湋

拜井孤城里，携笼万壑前。　——陆羽

闲喧悲异趣，语默取同年。　——耿湋

历落惊相偶，衰羸猥见怜。　——陆羽

诗书闻讲诵，文雅接兰荃。　——耿湋

未敢重芳席，焉能弄彩笺。　——陆羽

黑池流研水，径石涩苔钱。　——耿湋

何事亲香案，无端狎钓船。　——陆羽

> 野中求逸礼，江上访遗编。 ——耿沣
> 莫发搜歌意，予心或不然。 ——陆羽

这是陆羽同耿沣两个人的私下联句，可见情感紧密，但是耿沣为什么要称陆羽为"陆三"，这个排行从哪来的？难道是拜把子兄弟？

内情不得而知，简直让人挠心。

陆羽虽然无官无衔，但是"窃占青山白云、春风芳草以为己有"的，非他莫属，为何皎然开列的诗人名单里却没有他呢？

这绝非轻视的意思，而大概是在皎然心中，山水芳草本来就是陆羽的，谈不上什么"窃占"吧？所以陆羽不需要为"诗道初衰"负责任，还是推过于齐梁好了。

二

由颜真卿一手推进的吴中诗派中，有一位"大牛"不得不提，那就是"红叶传诗"的顾况。

"安史之乱"是大唐由盛转衰的一曲哀歌，然而战争中往往会有着浪漫的邂逅，顾况的故事，便是这众多艳遇中最浪漫的一曲。

时间回溯到天宝年间，那时顾况进京赶考，还没考中呢，有一天从洛阳宫外经过，看到从宫中流出的小溪中一片红叶载浮载沉，随手拾起，竟发现背后有字，乃是一首诗：

>　　一入深宫里，年年不见春。
>　　聊题一片叶，寄与有情人。

这显然是一个寂寞的宫女写下的，虽然经了风沉水漂，上面依稀还有脂粉香。顾况正值怜香惜玉、情感泛滥的年纪，看到美女的诗岂有不和之理？遂蹿进小树林选了一片最红最大的枫叶，在上面写下一首诗：

>　　愁见莺啼柳絮飞，上阳宫女断肠时。
>　　帝城不禁东流水，叶上题诗欲寄谁？

写完，特地沿溪而上，来到宫外流水的上游将红叶投入。然后就早早晚晚地坐在下游等待。没想到这漂流瓶还真有了回音，他再次收到了宫女的诗：

>　　一叶题诗出禁城，谁人酬和独含情？
>　　自嗟不及波中叶，荡漾乘春取次行。

好诗啊好诗！顾况兴奋得手舞足蹈。既然是宫女，想来相貌不会太差，年龄不会太大，还有如此才思，简直梦中佳人啊！

从此之后，这红叶传情的两个人就有了独属于他们二人的"爱情密码"，水上传音，"网恋"得一塌糊涂。

不久，"安史之乱"爆发，洛阳兵败，宫门大开，顾况早早守在宫外，果然从逃亡人群中找到了那位红叶女。

真个是几家欢喜几家愁,同人不同命,不知制造了多少家破人亡的战乱,竟成就了顾况的一段佳话。

这故事被记述在了《本事诗》里,不过毕竟只是传说,即使顾况真娶了这位宫女,究竟是否为原配夫人也未可知。

只知道,顾况乃是湖州女婿,老泰山是湖州司议丘悌,因此经常往来湖州,并加盟了湖州诗会。

他与陆羽过从甚密,时相唱和,并受其影响而写下《茶赋》一文:

> 稽天地之不平兮,兰何为兮早秀?菊何为兮迟荣?皇天既孕此灵物兮,厚地复糅之而萌。惜下国之偏多,嗟上林之不生。
>
> 至如罗玳筵,展瑶席,凝藻思,开灵液,赐名臣,留上客,谷莺啭,宫女嚬,泛浓华,漱芳津,出恒品,先众珍。君门九重,圣寿万春。此茶上达于天子也。滋饭蔬之精素,攻肉食之膻腻,发当暑之清吟,涤通宵之昏寐。杏树桃花之深洞,竹林草堂之古寺,乘槎海上来,飞锡云中至。此茶下被于幽人也。《雅》曰:"不知我者,谓我何求?"可怜翠涧阴,中有碧泉流。舒铁如金之鼎,越泥似玉之瓯,轻烟细沫霭然浮,爽气淡烟风雨秋。梦里还钱,怀中赠橘,虽神秘而焉求?

短短二百余字,字字珠玑,沁人肺腑。从赋中可见,顾况与陆羽一般推崇越窑青瓷，聊起天来肯定十分投机。

赋中说茶可"上达于天子""下被于幽人"，也见出此时茶汤还未能成为大众普及饮料，乃是皇家贵戚、达官士绅、名僧高士的雅趣之饮。

难怪皎然会说："俗人多泛酒，谁解助茶香。"

顾况后期诗歌与早期不同，直面现实，颇具讽世意义，实开白居易《新乐府》"首句标其目"的先河。而他对白居易的提携，也成为中唐文坛脍炙人口的一段佳话。

白居易刚进京时，人生地不熟，自然先要"干谒"拜码头。于是托门求路，把自己的诗写在名片背面递到了京城名流顾况的府上。

顾况看到"白居易"三个字，不认识，知道又来了一个不知死活的"北漂"，哈哈一笑说："长安米贵，恐怕白居不易！"

但是翻到背面一看，"离离原上草，一岁一枯荣。野火烧不尽，春风吹又生……"，不禁拍案大奇，连连叹赏："好诗啊好诗！能写出如此诗句，长安可居矣！"

后来，白居易果然在京城站稳了脚跟，声名鹊起，并于唐德宗贞元十六年（800年）一举及第，赐宴曲江池，在慈恩寺大雁塔下题名留念，记住这人生的高光时刻。那一年，共有十七人中举，而二十七岁的白居易，是最年轻的一个，因此乐颠颠地写下："慈恩塔下题名处，十七人中最少年。"

这个故事告诉我们，虽说京城机会多，但是房租贵物价高，要是没有"一岁一枯荣"的才气和"春风吹又生"的活力，还是不要问津，早早逃离的好。

同时，我们也可以从这个故事中，看出顾况的地位之高、德望之重，且显然是位惜才重才、提携后进的好官员。

有了颜真卿、顾况这么多"大牛"的举荐携引，陆羽后来的进京也就顺理成章了。

三

写到这一章的时候，正是2022年的大年初一。早晨起床，隔窗看到日出，相思豆般殷红的一抹。我坐在窗前看了许久，打开电脑开始一天的工作。

守着长安写大唐，时不时就会有一种恍惚感，如真如幻，似梦非梦，仿佛在时空隧道中悬浮。尤其是在非常专注飞快地打着字，间中偶尔抬头望向窗外，看到楼下鳞次栉比的仿唐建筑，看到大唐西市的飞檐斗拱、雕梁画栋，总会有种今昔何昔我在何地的错愕。

西市，唐朝最繁华热闹的街区，又称"金市"，也是最早的茶阁集散地，不知道陆羽可曾来过这里，在我眼下这片街坊中徘徊来去。

尽管是大年初一，我的生活也和往常并没什么不同，仍是上午写作，午餐后小睡片刻。小睡醒来原该是喝茶的时间，然后弹琴、画画。今天却忽然想出门走走了，去接触一下大唐的气息。

于是去了白居易"雁塔题名"的大慈恩寺。因为这可不是仿唐建筑，而实实在在是从唐朝一直遗留下来的古建真迹，想想真是奢侈。

寺院始建于唐贞观二十二年（648年），名为"慈恩"，是为高宗李治纪念慈母文德皇后抚育之恩。既是皇家敕建的寺院，自是特别豪华壮丽。

大慈恩寺的第一任方丈，便是名声赫赫的唐僧玄奘，大雁塔的建成，也是由他亲自督造。"雁塔"的典故，源于印度的佛教传说。

最初的佛教徒是不戒荤的。一天，一位烧火僧到了斋饭时间没有弄到膳食给方丈吃，不由望天仰叹，正巧天上有大雁飞过，小和尚念念有词："大雁啊大雁，我师父好饿啊，需要营养，你要是能掉下来一只给我师傅吃就好了。"话未说完，居然真有一只雁"扑"地落下，正掉在他脚前。

小和尚吃了一惊，连忙拾起雁去回报方丈，方丈感悟："这不是雁，是菩萨显圣舍身布施，为了别人而牺牲自己啊。"从此，众僧感念佛恩，再不食荤，并为了纪念这只菩萨化身的大雁，在雁落处建了一座五层塔，名为"雁塔"。

玄奘西行取经归来，为了保存从印度带回的佛经，特意依照印度的建筑形式修建寺塔，也叫"雁塔"。由于后来又在荐福寺内修了一座较小的雁塔，所以荐福寺塔便称为"小雁塔"，而慈恩寺塔则称"大雁塔"。

大雁塔原有五层，在唐玄宗天宝年间修至七层。唐末以后，寺院屡遭兵火，殿宇焚毁，而大雁塔巍然独存，是西安现存最著名的古塔，素有"皇印"之称，被视为是古城的象征。

也就是说，当年陆羽看到的大雁塔，和我今天看到的一般无二，只不过略新一点儿而已。

是的，大慈恩寺的来头如此煊赫，在佛教中占有极高的地位，所以江南第一诗僧皎然也罢，在寺院长大的陆羽也罢，他们来到长安，是一定会来到大雁塔瞻拜随喜的。

于是，我今天走过的路，也必是他们从前曾经走过的，我们的目光隔着一千三百年的岁月星辰，在七级浮屠的上空相遇。

据说塔下的地宫里，珍藏着玄奘的舍利。而玄奘的雕塑，就立在寺门前的广场中央，手持禅杖，目视前方。那是一个有热忱有理想的人。

所谓理想，就是你只要走在为它奋斗的路上就会感到幸福的那种信念。

玄奘有，陆羽有，我，也有。

茶墨之辩：

"一生为墨客，几世作茶仙。"

茶与墨本不相关，却从陆羽这里结了缘。或许正因如此，后世才有了苏轼与司马光的茶墨之辩吧？

司马光与苏轼斗茶输了，有些不服，想到东坡喜欢收集名墨，便故意抬杠："茶欲白而墨欲黑，茶欲重而墨欲轻，茶欲新而墨欲陈，君何以茶墨两爱？"

苏东坡淡定回答："奇茶妙墨皆香，是其德同也；皆坚，是其操同也；譬如贤人君子，黔晰美恶不同，其德操一也。公以为然否？"

茶欲新，指的是春茶以明前为贵；茶欲重，指的是口感，茶氨酸含量越高，鲜爽度越高，也就越耐煮耐泡；茶欲白，指的是茶汤上的沫饽，细白密集如乳者为上，也就是杜育《荈赋》中所说的"焕如积雪，烨若春敷"了。

长安的一天

一

大历十四年（779年），唐代宗李豫驾崩，太子李适即位，改号建中，史称唐德宗。

建中元年（780年），在皎然的资助下，陆羽《茶经》付梓，一举成名天下知。次年，奉诏进京，于是有了我们全书开篇的那一章。

《新唐书·陆羽传》称："诏拜羽太子文学，徙太常寺太祝，不就职。"

虽然辞官不就，但后世仍然执着地称他为"陆文学"，毕竟，这是皇上金口玉牙诏封的头衔，也就将陆羽的"墨客"身份过了明路了。

所以，做没做过高官、考没考过博士不重要，重要的是最高权力承认了你。

太子文学，就是东宫太子的文学侍从之臣，掌分知经文典籍、侍从文章。品级虽低，意头却好。

从这个任职来看，陆羽得封显然是因为《韵海镜源》主编的光环；而且毕竟有了官身，将来太子登基，也算是一份从龙之功。

太常寺太祝，也只是九品官，分管郊社太乐之事。这可是将周孔之教落入实处的直接差使，正实现了鸿渐少时立下的志向"将学孔氏之文"。

而陆羽牛就牛在，不稀罕！

"不就职"，就是不上任，不接受赏赐。正如他借诗明志的《六羡歌》：

> 不羡白玉盏，不羡黄金罍。
> 不羡朝入省，不羡暮入台。
> 千羡万羡西江水，曾向竟陵城下来。

他少年好学，立志向儒，在火门山上拜师苦读时，或许也是有过出仕为官的念头的，但此时早已淡了，正如他爱茶成痴，立志将一生奉献茶事，却不愿以此换取功名利禄，做个茶待诏，侍奉君王。

茶是属于山林的，陆羽也是。

不过，既然后世将陆羽的身份定格在了"陆文学"的名头上，所以我们也只能从俗地认定：这一年，便是陆羽人生的高光点。

就让我们跟随陆羽，游历大唐长安，感受这唐都的一天吧。

长安的早晨是被钟鼓声叫醒的。

钟声来自太极宫正门承天门的城楼上，随着第一声钟撞响，长安各条南北向主街道的鼓楼也都跟着依次敲响，更有城内一百多所寺庙的钟声随即响应，一波接一波地传遍城中三十六坊，相当壮观。

随着钟鼓齐鸣，一道道城门、坊门、市门依次开启，沉睡的长安城醒来了，顿时活色生香起来。作为一个长安人，想睡懒觉还真是难啊。

最先闹出动静的，往往是各坊门里的小吃店家，一边手脚勤快地拆卸门板，一边看着呵欠连天的朝臣骑在马上摇摇晃晃地向宫门而去，非常通达地叹一声："唉，做官也不容易啊。还不是跟我们一样要起五更爬半夜。"

炉灶升起来了，明亮的灶火比晨曦更早地宣告着东方即明。而当热腾腾的芝麻胡饼香气四溢、大碗的软面片泡在羊肉汤里晃荡着油光时，天边便透亮起来。长安的十二条主街道上渐渐布满了行人。

这也是西安最让人感动的地方：如今整个城市的格局依然保留着唐朝建制。皇城内横平竖直四条大街，连接着全城一百零八坊，四通八达。

从正南门朱雀门出来，平直向东经过三个坊，叫作"东市"，主营国内品牌；往西经三个坊，叫作"西市"，又叫"金市"，主打外贸交易，商贾云集，应有尽有。这两市是大唐乃至当时全世界最大的商贸中心，把购物说成是"买东西"，便由此而来。

我家，就住在大唐西市，窗口正对着八坊。作为唐朝最大的茶叶交易市场"茶阁"所在地，陆羽肯定是要来我家楼下转悠一圈的。

不过，他只能在日中午后来，不然店肆不开张。

那上午做什么呢？

自然是参拜大慈恩寺啊！当然，也可以去荐福寺或者青龙寺转转。

这几座寺院都与唐高宗李治相关。

荐福寺首建于684年，是高宗皇帝死后百日，皇室为其超度亡灵而建，原名"献福寺"。寺中亦有一座雁塔，典型的密檐式砖构佛塔，原十五层，高五十米，因塔规模较小，外形秀丽玲珑，故称"小雁塔"。

这座小雁塔也是从唐朝一直保留到今天的原址真迹，只是在明代大地震中震坍了两层，经过一番修葺。塔南院内有一金代大铁钟，钟声清脆悦耳，可传十里之处，"雁塔晨钟"，为长安八景之一。

青龙寺在乐游原上，就是李商隐"向晚意不适，驱车登古原。夕阳无限好，只是近黄昏"的那个乐游原。

青龙寺原由隋文帝下诏敕建，原名"灵感寺"。唐高祖武德四年一度被废，但是后来因为高宗最宠爱的女儿城阳公主患病，请医无数，皆不见效，最终还是请和尚诵"观音经"祈佛保佑，方得病愈。公主感念佛恩，于是奏请父皇，重立观音寺。唐睿宗景云二年改名"青龙寺"，香火日隆。

不过陆羽入京的时候，还不是青龙寺的鼎盛时期。直到他病逝那年，也就是804年，日本高僧空海随日本第十七次遣唐使入唐留学，才揭开了青龙寺最辉煌的一幕。

彼时佛教空前兴盛，传播之广波及国外，尤其对当时日本宗教的发展影响很大。日本平安朝时期，大批"学问僧""请益僧"入唐求法，最著名的有八位，日本称为"入唐八家"，而包括空海在内的其中八位都曾在青龙寺受法。

空海到青龙寺东塔院拜访住持惠果大师时，一见面，惠果便说："我先知汝来，相待久矣。今日相见，大好大好。报命欲竭，无人付法，必须速办香华入灌顶坛。"

意思是我早就知道你要来，已经等了很久了。今天见到你很高兴。时间不多，却没有人可以传我衣钵，你既然来了，就赶紧受礼，举行拜师仪式吧。

空海拜惠果为师后，惠果以两部大法及诸尊瑜伽等全部传授，犹如泻瓶，毫不藏私；还命画工李真等十余人图绘胎藏金刚界大曼荼罗十铺、铸工杨忠信新造道具十五具，并有图像写经赠与空海，叮嘱他："早归本乡，以奉国家，流布天下，增苍山福。然则四海泰，万民安，是则报佛恩，报师德也，为国忠也，于家孝也，传之东国，努力、努力。(弘法大师御传》)"

空海在唐期间，除学佛教外，对中国经论史书、诗韵等也都有精深研究，尤其擅长书法。据说，空海被召入宫，书写真、草、隶、篆、行五体字，轰动朝野，公卿学士无不赞赏，人称"五笔和尚"。

两年后，空海学成归国，在高野山建造金刚寺，创立日本真言宗，成为开创"东密"的宗师。而与本书息息相关的是，他还与同时期回国的最澄、永忠和尚一起，带回了大唐的饮茶文化。

在三位高僧和嵯峨天皇的推动下，日本上流社会以饮茶为时尚，史称"弘仁茶风"。

顺便说一下，嵯峨天皇（786—842）是张志和与白居易的"铁杆粉丝"，比张志和晚生五十年，和白居易同一时期，曾手抄白居易诗歌藏之宫廷，常常拿来考试臣子，如果人家接不上来，就鄙视地说："没文化，真可怕。"嵯峨天皇还曾连填五首《渔歌子》，开创了日本人填词之风。且录一首为例：

> 寒江春晓片云晴，两岸花飞夜更明。
> 鲈鱼脍，莼菜羹，餐罢酣歌带月行。

且说青龙寺可谓日本佛教真言宗的祖庭，在武宗灭佛后一度焚毁——这无可避免的灭顶之灾可能早被老和尚惠果预见，所以才将衣钵传给空海，曲线保存。

果然，日本真言宗饮水思源，于1982年同西安市协议，在青龙寺遗址上共同修建空海纪念碑，1984年建成"惠果、空海纪念堂"，果然完成了空海"报佛恩、报师德"的师命。这座纪念堂采用早期旧殿遗址，体积高大，气魄雄伟，具有唐代建筑风格，是西安第一座复原建筑。

其后，青龙寺又从日本引进近千株樱花树，每到春来，花开似锦，绚烂芬芳，吸引了大批游客前往。一阵风过，落英满地，红的，白的，绿的，如胭脂，如细雪，如翠屑，仿佛展开一幅大唐画卷，盛放过，凋零过，余香永久。

二

念经礼佛，总是要赶早的。上午拜寺，下午逛市，现在，陆羽终于来到大唐西市了。

商业繁荣是一个城市发展的名片，而西市正起着商业导向作用，它是丝绸之路的起点，国际贸易的中心，故有"金市"之称。

西市外观就像一座四方城，四条大街成"井"字形将市场划分成规整的九宫格，大大小小的千万家商铺，按类型整整齐齐排列在这些格子里，大商铺叫作"行"，小店面叫作"肆"，什么绸缎庄、珠宝行、药材铺、书画坊，甚至刀枪库、骡马店，胭脂水粉、熟肉鱼生、柴米盐酱、干果饴糖，应有尽有，汇集四方。

当然也少不了杂技百戏、吹拉弹唱、青楼粉黛、胡姬娇娘。

每天中午，两市击鼓三百下，各家店铺就开始营业了。熙熙攘攘的街道中，青衫红裙，摩肩接踵，还穿梭着不少胡僧胡人，甚至还有昆仑奴。

"波斯邸"就是胡人开在西市的店铺，而朝廷接待外宾的"鸿胪寺"也设在这里，所以西市同时也是外国人集居地。如果要找翻译，来西市一找一个准儿。

长安城的翻译多由中亚粟特人担任，他们真是语言的天才，随便拎出一个都是"通六蕃语"甚至"九蕃语"的。安禄山未发际时，也曾做过营州汉蕃互市上能解九蕃语的牙郎，不然也不会成了杨贵妃的干儿子。学外语真是太重要了！

很多中原男女也喜穿胡服、吃胡饼，甚至跳胡旋舞。至少，也会在胡人开的酒肆中找胡姬佐酒。胡人混血儿李白也是喜欢流连西市的，有《少年行》为证：

> 五陵年少金市东，银鞍白马度春风。
> 落花踏尽游何处，笑入胡姬酒肆中。

《少年行》只是曲牌名，其实李白进京时已经老大不小了，绝对谈不上什么少年。但是长安城就是有这种魔力，让你一走入烟柳繁华的西市，就忍不住血脉偾张，"老夫聊发少年狂"起来。

就连和尚皎然，来了长安也返老还童，真真男人至死是少年：

> 长安少年行
> 翠楼春酒虾蟆陵，长安少年皆共矜。
> 纷纷半醉绿槐道，蹀躞花骢骄不胜。

蹀（dié）躞（xiè），小步走路、往来徘徊的样子。一个得道高僧，居然徘徊于翠楼春酒，五花马，千金裘，终宵半醉槐杨道，长日留连虾蟆陵，即便是走马观花，也着实让人大跌眼镜。

皎然是这样，陆羽肯定也会这样，可惜没有诗作传下来。

虾蟆陵，就在城墙根儿下，是歌楼楚馆集中之处。那位与白居易"同是天涯沦落人"的琵琶女，便曾"自言本是京城女，家在虾蟆陵下住"。

皎然作为一个"隐心不隐迹"的和尚,不知应了哪位高官的请,来到燕姬越女笑春风的翠楼绮阁尽情豪饮,然后喝得醉醺醺地扶腰而出,骑着花骢马徘徊于绿槐道上,这就是明明白白的"酒驾"啊。

所以说,唐朝和尚还真是任性。

这也难怪,就说那些身材雍裕的大唐仕女吧,一个个珠翠琳琅,高腰低胸,衣衫轻薄,软玉温香,身前两团肉腻冰酥雪,颤巍巍招摇过市,谁能受得了?

不过,身份高贵的夫人小姐们出行时,身边多伴有男性家属陪同,或者拥奴围婢的一大群人,有的甚至还带着个威猛高大的昆仑奴。坊丁武侯见了都要退避三舍,遑论地痞闲汉了。

当然,以陆羽的心性,未必会在意那些脂粉香浓,更不会寻什么翠楼春酒,倒是可能去瓦舍看一场"百戏",缅怀一下自己的"脱口秀"时光。

钵头戏,参军戏,弄猢狲,变魔术……京城里的百戏自然比地方上来得精湛,但是底子里也还是百变不离其宗的。陆羽看了一回,打过赏,便离了戏台,寻了一家食肆大快朵颐。

唐朝西市有家著名食店叫作"张家楼",还有一家皇帝题字的"魏家菜",都是众口相传的好去处。

那时还没有铁锅,因此也没有"炒菜"这项手艺,惯例是蒸煮炙烤。蔬菜要么吃新鲜的,要么做成腌菜,比如秋葵就是唐人最爱,井水拔凉,粗盐一拌,就可以端上桌了;如果不耐生冷,也可以做成汤,还是井水煮,撒点儿粗盐,只不过是多加了一把火而已。

至于肉食么，禽牲俱有，但是一定要注意，唐朝餐馆里是不能公开卖牛肉的，因为牛马要用来耕种，主人擅自杀卖是要判刑的，徒一年。

唐朝有钱人最常吃的肉类是羊肉，甚至皇亲国戚宠臣高官，每个月还会按品级发放整羊。所以唐人请客喝大酒，常会在厅中设一庖案，让庖人牵头活羊出来，当众宰杀，剥皮放血，烧烤蒸煮，啃羊骨，喝羊汤。

西安最著名的吃食是水盆羊肉，羊骨熬的老汤底，将剔骨鲜羊肉炖煮多时，加上桂皮、花椒、小茴香、草果、精盐入味，端上桌时再配以糖蒜和辣子，肉烂汤清，肥而不腻，香气冲出半条街去，由不得鸿渐不停下脚步。

正吃得大汗淋漓，忽然听得一阵鼓响，这便要抓紧了。

唐代韦述的《西都杂记》称："西都禁城街衢，有执金吾晓暝传呼，以禁夜行，惟正月十五夜敕许弛禁前后各一日，谓之放夜。"

也就是说，除了正月十五假日三天乐，其余三百六十多天，长安城中所有城门及坊市之门都要实行"宵禁"：一更三点敲响暮鼓，设于六条主干道上的诸门皆闭，禁止出行；直到五更三点敲响晨钟后才开禁通行。其间，只有疾病、请药、生育、死丧可以通行，为官府送急信之类的公事也可以从权，但也只能坊中行走，不得出城。

关于宵禁的鼓声，有的书上说是三百下，也有说是六百下、八百下，总之声声催促，动人心魄，不由得你不紧张。宵禁时还在街上夜游不归的,是要被金吾卫抓起来打板子的,皎然的好朋友韦应物少年时就是干这活儿的,打完人板子还要写诗纪念。

唐时行使天色纪时法,一昼夜划分为十二时辰,分别是:夜半、鸡鸣、平旦、日出、食时、隅中、日中、日昳、晡时、日入、黄昏、人定。

对应十二地支:子、丑、寅、卯、辰、巳、午、未、申、酉、戌、亥。

黄昏指戌时,也就是晚上七点到九点;九点到十一点是亥时,叫作"人定",就是大家上床睡觉的时间了,也就是《孔雀东南飞》里所说的"奄奄黄昏后,寂寂人定初"。

所以有个口令:"一更鼓闭城门,二更鼓上床眠,三更鼓到子时,四更鼓睡正沉,五更鼓城门开。"

陆鸿渐听着鼓声,起身会过钞,便径自回驿馆了。水盆羊肉吃得太饱,他正急着回去烹一壶茶解腻呢。

四

陆羽在京城待的时间并不久,大半精力都耗费在宫宴上,偶尔还要参加京官们的私宴。比如,京兆尹吴凑的就职宴,就可能正好赶上。

《唐国史补》中说:吴凑得了京兆尹的官职,前脚从宫中回来,后脚贺喜的宾客就已经济济满堂了。有客上门,自然要设席款待,可是客人太多,府中厨子就是变出四只手来,也应付不了百余张口啊。便有得力的老吏往西市跑了一趟，径直叫了几十桌席面。

一时列筵就席，有客问："何速？"吏对曰："西市日有礼席，举铛釜而取之。故三五百人馔，常可立办也。"

意思是说，西市有承办宴席的，中西合璧，菜式齐全，什么时候叫什么时候有，别说百人，就是三五百人，也可以立刻办妥。

陆羽参加这些宴会时，总是叨陪末坐。因为品阶低嘛。

唐代官员服饰色彩与品级紧密关联，三品以上服紫，四品服深绯，五品服浅绯，六品服深绿，七品服浅绿，八品服深青，九品服浅青。

也就是说，只有高官才能穿朱服紫，这就是"满朝朱紫贵"的来历。

按惯例，三品以上佩金鱼袋和金玉带十三銙，五品以上佩银鱼袋，四品佩金带十一銙，五品佩金带十銙，七品以上佩银带九銙，九品以上佩鍮石八銙。

陆羽并不排斥自己的服色，浅青如茶。可是他厌倦官员们看自己的眼神，那种似笑非笑的不屑和嘲讽，每一道眼风似乎都在说：除了烹茶，你还会什么？

简直就是满堂李季卿，似乎随时随地都会取出三十大钱来打赏。

他不怯于在官场打交道，官员朋友多不胜数，却最恨这种傲慢的"官场油条"。看着那些怀香握兰的黄门郎，口含鸡舌香，步行小碎步，趋走丹墀，陆羽只觉看着都累。

还有京城的礼节也忒多，时时刻刻都在寒暄应酬，正如柳宗元所道："入郡腰恒折，逢人手尽叉。"这也令楚狂人陆羽感到窒息。

他尤其不喜欢那些宫廷茶具：金银丝编织的提梁茶笼，鎏金纹银的槽子、碾子、罗合，银火箸、银勺、银则，就连茶筴都是银的，皇帝这是怕有人在茶水里下毒吗？

陆羽更喜欢竹具，竹与茶才是最般配的组合，同样带着春风湖水的气息，自然天成，幽香诗意。能用青竹做的茶具，就尽量用青竹作，金银茶器再贵重，也总带着一种冰冷的金属气息，而且大多数金属有害茶的清香。

他在《茶经·四之器》中写道："用银为之，至洁，但涉于侈丽。"偶尔几件银茶具还是洁净清雅的，可是满目金银，贵气逼人，可怎么受得了。

还有茶盏，也不是瓷的，竟然是琉璃，简直用得人心碎。

白玉盏，黄金罍，皆非所爱。

这里的每一寸土地、每一缕气息他都不喜欢，他想回到林泉，回到茶乡，回到山寺，回到初心，回到最自由本真的自己。

他这样想，也这样做了。潇洒地挥一挥衣袖，不带走一片云彩。

这是真正的扬眉吐气。

陆鸿渐，继续飞翔！

五

最后，作为一个在西安住了近三十年，又以教授诗词格律为主业的唐朝粉,让我简单地为您导游一番吧。

如果您来到西安,最值得游访的自然是秦兵马俑、明城墙、大雁塔、小雁塔——这些都是真迹,万金不换的;至于原址重建的仿古建筑群,如曲江芙蓉园、大明宫公园、兴庆宫公园,也都是可以走走的。

兴庆宫就位于城中心和平门外咸宁路北,四面红墙环绕,园内林木葱郁,百花争妍,曲廊亭阁,景色宜人,有兴庆殿、大同殿、花萼相辉楼、沉香亭等建筑,还有李白醉酒、阿倍仲麻吕纪念碑等,可供发思古之幽情。

还有,从钟楼发散出去的东西南北四条大街总是要选择其一略逛逛的,感受一下时空穿越的唐朝氛围。我建议您选南大街。

唐代时,南大街位于长安皇城安上门大街,两侧分布太庙、少府监、太常寺、少府寺等中央政府机构。陆羽来长安时,应当就在这里办公。

虽然这些府庙现在都没有了,但是从唐五代以来,南大街便是长安最主要的传统商业街道,现今仍是西安城区非常宽阔的商业大街。尤其因为它得天独厚的建筑特色——北有钟楼,南有永宁门城楼,两座明代建筑金碧辉煌,南北辉映,更使南大街成为外地游客来西安旅游购物的首选之地。

最主要的是,南大街与城墙邻接处有条巷子,叫作"书院门",是西安著名的字画一条街。您一定要去转一转,不只是为了仿古建筑与旅游商品,更重要的是去拜访一下藏在三学街深处的碑林。

碑林，指的是集"碑"成"林"，它最早源于唐代石经的保存，包括745年唐玄宗李隆基书写的《石台孝经》和837年刻成的《开成石经》。

李隆基这个花花太岁，自己抢了儿子的老婆，还要义正词严地指导国人以孝为先，亲自书写孝经刻于石板。全文开篇是李隆基的序，表示自己要以"孝"治天下；后面是由孔子学生曾参编纂的原文，附有玄宗作的小字注释。石碑底座由三层石台组成，有蔓草、狮子花等线刻画，上面则浮雕卷云瑞兽，艺术价值颇高。此碑由四块大石组成，底下有石台，因称"石台孝经"，至今仍是碑林中最大的石碑，第一陈列室专门修亭陈放。

看了这座孝经碑，也就更能感受到小小的鸿渐为什么会执着地与智积和尚争论要向儒家孝道致敬，学习孔子之书了。

《开成石经》包括《周易》《尚书》《诗经》《孟子》等十二部经，是古代文士必读之书，因为当时印刷术不发达，为了避免文人学士们在传抄经书时出现错误，并能长久保存，就把这十二部经书刻在石碑上，作为范本，立于长安城国子监内，供人们校对。

我国自东汉开始，曾先后七次刻经。《开成石经》是目前仅存的一套完整的石刻经书，由一百一十四块方石刻成，两面刻字，计二百二十八面，六十五万余字，被称为"世界最重的丛书"。

另外，馆内还珍藏了欧阳洵、颜真卿、柳公权、怀素、张旭的原刻碑石，以及用王羲之的字"一金易一字"凑成的《大唐三藏圣教序碑》，俗称"千金碑"，都是艺术价值极高的文化瑰宝。

整个碑林，宋代奠基，历经金、元、明各代收集，清初始称"碑林"，现藏自汉至清历代碑碣两千三百多件，是我国古代石碑时间较早、数量最多、规模最大的一座艺术宝库。

走在碑林之间，无法不感慨浩叹：想一想，在当年那个交通极不发达的时代，将这许多大石头自千里之外移到此处，工程之巨无异于愚公移山，而我们伟大的老祖宗竟做到了，堪称一项奇迹。看着那些林立的碑石，念及它们已有一千多年历史而仍然永恒，谁敢不肃然起敬？

所以，就算再不懂得书法，到了西安，也是应该到碑林瞻仰一番，附庸风雅，熏陶点儿书香墨气的。

至于小吃，大唐西市美食城、北院门回民街、永兴坊，都可以沿着一条小吃街尽兴吃过去，还可以边逛边吃边怀古。

大唐西市是丝绸之路的起点，而洒金桥是唐代贡品的必经之路，鼓楼旁的回民一条街，更是历史悠久，沿路两旁是仿明清建筑与大小不一的清真寺，中国传统建筑与穆斯林建筑比邻而居，各种糕饼、干果、蜜饯、小吃以及八宝稀饭、灌汤包、羊肉泡馍、烤羊腿，真个香飘十里。

如果你不喜欢清真食品，也可以来小东门的永兴坊，那里曾经是唐朝著名谏臣魏徵的府邸，以关中牌坊和明清建筑群组合，形成古里坊式布局，颇具古长安的街坊式形态和历史生活气息。什么凉皮、米皮、肉夹馍、胡辣汤、岐山臊子面、贾三灌汤包、乾县锅盔，只要您吃得下，绝对是惠而不费，面食管饱！

是的，陕西小吃以面食为主，花样繁多，数不胜数。比如有一种名字好听、卖相好看的冷面，叫作"槐叶冷淘"，就连杜甫也专门作诗吟咏："青青高槐叶，采掇付中厨……碧鲜俱照箸，香饭兼苞芦。"

冷淘的做法是采摘青槐嫩叶捣汁，和入面粉做成细面条，煮熟后放入冰水中浸漂，捞起后盛入碗中，其色鲜碧，其味清爽，浇以熟油，拌入作料，畅美不可言。就连宫中燕飨，也是常备膳食。

所以，水盆羊肉也罢，槐面冷淘也罢，您吃的可不只是美食，还有大唐的回忆啊。

好了，陆羽如何度过长安的一天，我们只能畅想；我为您安排的长安一日，还满意吗？

对了，如果您来大唐西市，可以逛一逛丝路风情街，在游览过观音堂、戏台、太平公主放生池后，可以带上这本书找我喝茶，暗号：陆鸿渐粉丝团！

颜真卿的遗书

一

陆羽离京前,特别向李季兰道了别。

李季兰比陆羽更早进京,赐住终南山玉真观中。

原来,德宗李适登基后,苦苦寻找在战乱中失踪的生母沈珍珠而不得,郁郁难安,不仅追封母亲为睿贞皇太后,且对母族吴兴沈氏大加封赏。

颜真卿的姐姐嫁的便是吴兴沈氏,次女颜兰也于天宝末年嫁与吴兴进士沈成之,颜沈两代联姻,如今沈家子弟一朝得势,颜真卿也无端成了皇亲国戚。

也就是在李适与沈家子弟说起吴兴逸事时,听到了皎然、陆羽、李季兰等人的名字,大感兴趣,遂先后发旨诏见。

李季兰收到皇命是开心的,她向来都不是一个甘于平庸的女子,自视颇高,目无下尘,终于有机会朝见权力最高峰,自是得意。离开湖州时,还特地举行了一次告别宴,吟诗以志:

> 恩命追入，留别广陵故人
> 无才多病分龙钟，不料虚名达九重。
> 仰愧弹冠上华发，多惭拂镜理衰容。
> 驰心北阙随芳草，极目南山望旧峰。
> 桂树不能留野客，沙鸥出浦谩相逢。

这是一首标准的首句入韵七言律诗平起式。广陵，就是扬州。

首联说明缘起：我本无才，身又多病，潦倒衰老，空有几分虚名，不料竟然上达天听，因此恩诏入京，真是惭愧啊。

颔联承上句继续自谦，说我羞愧地掸一掸莲花冠的尘土，露出满头白华；擦一擦菱花镜的雾气，映出一脸衰容。

颈联一转，说我就是我，不一样的花火，面对征召，也没什么好怯懦的。便踏过千里芳草，北上京城宫阙去也。想来到了那里，我是会思乡的，到时候站在九重云阙极目远眺，南望太湖，孤清萧逸，你们可不要太想我啊！这一联言若有憾，心实喜之，非常地"凡尔赛"。

尾联明志，说父老乡亲们不要留恋姐，姐本是天地间自由自在一沙鸥，富贵荣华留不住高逸之士，我纵然远翔，也还是会江湖再见的。

李季兰很明白，自己年老色衰，入宫也不可能做什么才人嫔妃，但说不定会成为上官婉儿那样的女官，执掌宫闱，圈点文墨，也举办一场名垂青史的彩楼会。

因此，她满怀期待地入京了，行前举行了盛大的告别会，比当年为朱放举办的饯行宴更加盛大。

陆羽也来了。眼望着李季兰神彩飞扬的笑靥，只道这一别，不知何年再见，心情很是复杂。

但是不久之后，诏陆羽进京的圣旨便到了。陆羽性情散澹，不慕权贵，自知貌寝不堪为官，原本不想入京的，可是想一想去了京城的李季兰，便还是允了。

谁知到了京城，兴冲冲前往终南山拜会，却吃了闭门羹。因此入京数月，直到辞行的时候，才终于重逢了李季兰。

她坐在紫藤花架下。阳光透过藤萝筛落在她身上，在微风中闪动着烁烁光晕，让她仿佛浮坐云端，优雅、美丽、张扬、如诗如梦，可是满脸写着郁郁。

听了陆羽的来意，她也不觉意外，只悻悻说："京城人最是势利，本来也没什么好留恋的，回去也好。"

陆羽倒是欢喜，忙说："不如我们一起走。"

李季兰垂首略想了想，终是摇头："我还有事未了。"

陆羽没有问她什么事，她说不走就是不走，即使说了理由也只是做戏。他又何必逼她说谎？

两人在花架下烹茶聊天，空气中弥漫着花香与茶香交织缠绵的气味，莫名便有些暧昧。

李季兰仍是摆下四色点心。陆羽见有一味透花糍，半透明的糍糕隐隐透出里面的豆沙来，不禁诧异："这里居然也吃得到吴兴点心？"

李季兰淡淡道："京城哪里少得了投其所好的人？"

陆羽一顿，倒笑了，遂取出德宗赐的牡丹花纹描金琉璃盏相赠，笑道："我原也想着投其所好，却不知投不投得中——这盏儿是圣人所赐，虽然精致，却不实用。且我一个山野之人，哪里用得了这个，便借花献佛了。"

李季兰不屑地一瞥："他也只懂得这些奇技淫巧之物罢了。"

陆羽听这话中满满的怨气，倒是一愣，不便多说。毕竟是京中，隔墙有耳，哪里好轻易谈论皇家是非的？便假作不察，只同往常一样，絮絮地品评着茶事，不时插科打诨说一两句笑话。

但是这回，他却没能如往常一样逗得李季兰展颜。她闷闷的，仿佛揣着什么心事，脸上总有一种悻悻的神色，似乎在同谁赌气。任他出尽百宝，终不能博她一笑。

他有些颓然，她却忽然说："每次都是你为我烹茶，今天换我来煮吧。"也不待陆羽答应，便回头命小女道重新洗釜烫盏。

一时置办停当，李季兰跪坐案前，端正了颜色，静静地守至釜中微有声，水泡呈鱼目状，便加入一勺盐去，再一板一眼地除去浮在水面的云雾状烟膜。

她的神情无比认真，仿佛在做着一件了不得的大事，又仿佛小女孩儿学大人，竟带着丝稚气，全然没有了往日烟视媚行的韵味。

一时水泡涌泉连珠，嗖嗖作松鸣之声。李季兰应时舀出一瓢水置于一旁，然后一边投入茶末，一边用竹筴在沸水中轻轻打着旋儿。水汽蒸腾起来，她坐在浮漾的茶雾中，宛如一幅水墨山水画，眉是翠山横，眼如春波绿。

陆羽不觉看得痴了去，尤其见她的手势步骤，竟然用的是"陆羽烹茶法"，更觉心荡神驰，简直有种惊心动魄之感。

有微风从花树间飘拂而过，带着花香茶香，她端起盏来，双手举至齐额，袍袖半遮了酥手，只露出葱白的指尖，端着青瓷盏，颔首礼敬。

他不明白她为何行此大礼，也本能地端正了坐姿，接过茶来，轻啜一口。

他发誓，那是他这辈子喝过的最好的一杯茶。

时光在茶汤的浮沫上轻轻碎裂，她偏过头，望着院墙下的一株老梨树。观里的树都年深岁茂，树干粗大，枝叶舒展，开满了一树如云如雪的梨花，累累垂垂，如兜不住的重重心事。

她似自言自语，又似在背诵典籍，轻轻呢喃："两个残缺孤独的人在一起，并不能凑成一个完整。相呴以湿，相濡以沫，我不想过得那样局促。"

仿佛天雷滚滚，他的脑海中轰隆隆响成一片，如被冰水浇头，又似烛照幽井，洞明一切。

原来，她知道，她明白，她什么都清楚，什么都通透，早已看穿他的心意，思忖过，掂量过，犹疑过，终是拒绝。

他是弃儿，她也是，他们两个都是特立独行的人，从不曾真正融入这个世界，被这世上的人所接纳，他们注定孤独。所以，他想紧紧握住她的手，一起抵御这世间的冰冷；而她，并不想一条鱼伴着另一条鱼，一只雁衔着另一只雁，她总是向往着更大的江湖和更高的天空，喜欢追求自己得不到的东西。

那天，陆羽离开玉真观时，李季兰亲自送出门去，沿着山路送了好远，似乎有些舍不得，却终究什么都没说。

陆羽忍不住站下来，带一点儿赌气地说："相濡以沫，不若相忘于江湖。但我知道，终不会忘记你。"

李季兰点点头，并不同他争辩，反而带着一丝纵容地轻笑说："那，回了湖州，给我捎信儿。"

陆羽心里一恸，转身便走。走了几步回头，看到李季兰还站在那里，看到他回头，便随意地挥了挥手。她的披帛在风中高高扬起，飘飘欲仙，有种弱不禁风随时会飞走的样子。

道路两旁是金灿灿的油菜花田，热闹艳丽得灼人的眼睛。两人不过百来步远，却仿佛隔着天堑深谷，在双峰之巅相望。

陆羽只觉得心上被割了一刀般，很想转身回去，却终究没敢，只苦笑一笑，便又扭头继续走了。

他怎么都不会想到，那竟是他与李季兰的最后一面。

二

接下来几日，陆羽与京中好友一一告别，颜真卿又特地为他办了场饯别宴，席间偶然有人提起李季兰来，秘书省校书郎权德舆说起一件事来，陆羽这才模糊猜到了一点儿端倪，想明白那天李季兰郁郁的神情究竟为何。

原来德宗因为母亲沈珍珠当年是著名的吴兴才女，深以为傲，故而听说如今吴兴第一才女李季兰之名，便有心诏见，以此略慰孺慕之情。在德宗心中，大约想着名噪江南的才女，自然是青春少艾，芳华正好的，及至见到李冶风韵虽佳，却已是年近半百，倒吃了一惊，大失所望，随口道："原来是一俊媪。"

换成大白话就是：不过是个漂亮的老太太。

这可把李季兰气了个倒仰,顿时脸上煞白,竟然不顾君臣之仪,也不等皇上说"平身"便自顾起了身子,只说:"老妪年迈,不堪久立。"李适连问她数事,李季兰都淡淡道:"龙钟之人,哪里记得清楚?"

李适见她左性,倒也不生气,赏赐后便打发去了。自那以后,李季兰便再也不肯见客。

权德舆说着笑道:"你去拜访,她肯见你已是极好,京中多少人慕名前往,可都是吃了闭门羹呢,下帖子请她也都被回绝。到底你们交情不同。"

陆羽忙笑道:"既然你们都说她为自惭年衰才闭门谢客,那必定愿意见我。对着我这张丑脸,任谁都觉得自己挺美,再大的不痛快也散了。"

众人也都笑了。

陆羽绝对不会理解,一个"媪"字对于女人的杀伤力有多大,尤其是一个嗜美如命的骄傲的美女。"从来佳茗似佳人"(苏轼《次韵曹辅寄壑源试焙新茶》),吴兴美女就和顾渚紫笋一样,都追求一个"嫩"字,春分采下,明前送到,过了谷雨就弃如敝屣了。

李季兰自负貌美可敌岁月,尽管她辞别湖州时还自称"无才多病分龙钟",但自己说可以,人家说不行,就是皇帝也不行。说一个美女老了,和用刀子在她身上乱刺是一样的残酷。

这种专属于美人的烦恼,陆羽不会懂。

众人转了话头,聊起时局来,自从至德二年史思明缢死洛阳,"安史之乱"终于平定。然而二十年来,大唐军政一直处于风雨飘摇中,藩镇割据的阴影始终笼罩在朝廷上空,中央命令下达,往往不出长安就已经失效了。

各藩镇财政独立,自成一统,不缴税,不报户口,堪称国中之国,一言不和就举兵造反,数不清的大小叛乱此起彼伏,进入建中年间后更是战火不熄,生灵涂炭。

就在这年春上,平卢、淄博节度使李怀玉在黄河下游占领淄、齐、青、登等十五州,拥兵自重,称霸一方。建中二年(781年)十月,李怀玉病卒,其子李纳不经朝廷授命擅自接管兵权,增兵徐州,扼制江淮,引起朝野不安。

众人议论起来,便又不禁痛骂宰相卢杞无德,昏招迭出,纷纷向颜真卿举杯道:"鲁公四朝元老,中流砥柱,不该隐退才是。"

说起来,自从张九龄罢相之后,大唐朝廷就盛产奸臣,而颜真卿命中犯小人,几乎跟每一任奸相犯冲。从杨国忠到李辅国,从元载到卢杞,各个都与他针尖对麦芒,而最终总是正不压邪,以颜真卿的外放或贬官告一段落。

如今兵燹不断,百废待兴,颜真卿上书奏议朝廷休养生息,稳中求胜。左相卢杞却指责颜真卿因循守旧,倚老卖老,遂以逆鳞犯上为由要求罢黜颜真卿太子太师兼礼仪使职务。颜真卿一气之下,也索性上书请辞,要求致仕退隐。

李适哪里舍得这样德高望重的一位四朝元老,但也确实烦了颜真卿的直言敢谏,遂下诏免去颜老朝廷礼仪使之职,保留太子太师位,许他每月初一、十五上殿朝会,其他时间听凭自便。也就是事实上的免职了。

此时，说起朝局动荡，烽烟四起，颜真卿仰天长叹："藩镇割据，奸臣当道，我大唐危矣！"说罢掷杯于地，竟然痛哭失声。

众人见他醉了，忙各起身，纷纷告别。

陆羽没想到，这同样也是他与颜真卿的最后一面。

三

陆羽离开京城，却没有回到湖州，而是应好友戴叔伦之请，入幕曹王李皋的湖南府做了客卿。

或许，是因为那人不肯同行吧，他便也不愿意再一个人回到孤零零的湖州，宁可独走天涯。

建中三年（782年）十月，李皋调任洪州刺史，陆羽随往洪州。

与此同时，京中的局势却是越发紧张了。

就在陆羽到洪州的次月，也就是建中三年（782年）十一月，驻军河北的范阳节度使朱滔、魏博节度使田悦、恒冀都团练使王武俊兵集魏县。朱滔自称冀王，田悦自称魏王，王武俊自称赵王，李纳自称刘王，并以朱滔为盟主，祭天盟誓，联手反唐，历史上称为"四王之乱"。

李适遂诏令河东节度使马燧和神策军都将李晟发兵讨伐，并诏拜淮西节度使李希烈为南平郡王，兼蔡州刺史，出兵北上，讨伐青州。

颜真卿虽然已经是半退休状态，眼看危机当前，仍是不肯独善其身，便上书反对，力陈缘故：他在平原多年，对李希烈十分了解，认为此人生性奸诡诈，反复无常，轻易不可启用，给他加官晋爵出征平叛，无异浇油扑火，纵虎归山。

然而卢杞态度强硬，反指责颜真卿结党营私，排斥异己。于是德宗一意孤行，仍命李希烈出兵。

结果李希烈率领三万淮西军北上，行至许昌城下后，立刻下令驻军不行，派使者联络四王；非但没有讨伐乱军，反而自称建兴王，宣布加入反唐联盟。一时五贼株连，攻城掠地，瞬息席卷半个中国。

汝州失陷后，李适再也坐不住了，汝州为洛阳门户，下一步就是东都洛阳，李希烈的势力，便足以与朝廷分廷抗礼。

即便到了这种时候，李适也没有深责卢杞，只是催促众大臣商定计议。卢杞先是痛哭流涕地自责一番，说我到底不如颜元老目光远大，接着话锋一转，竟说当今之际，唯有请颜真卿往军中传旨，抚恤乱军，方能扭转危局。

这分明就是要让颜真卿送死。众朝臣都看不下去了，右相李勉上奏："煌煌大唐，何至于无一能臣，竟让一位古稀老人孤身犯险。失一国老，贻朝廷羞矣！"

就差没明着说，让一个七十五岁老人当使臣去敌营送死，这比嫁公主和藩还要耻辱，难道满朝文武死光了吗？

李适也觉羞愧，手捏着早已拟好的诏书，眼巴巴望着颜真卿，虽然说不出口"你还是去吧"这句话，可是旨意已经是明明白白的了。颜真卿一叹，上前接了诏书，慨然道："臣食君之禄，忠君之事，何足道哉？"

李适闻言大喜，顺水推舟道："那就辛苦太师了，往许昌代朕宣慰李希烈及淮西将士，平息干戈，功德无量。"

那李希烈既然拥兵造反，便立意已决，能是几句宣慰就平息得了吗？颜真卿明知以今日之局势，非一战不能罢休，此番前去，必死无疑。却也唯有慷慨受命，临行前给儿子留下六字家书："奉家庙，抚诸孤。"

这显然是遗书了。

到了许昌军中，李希烈让部将列兵千人聚集厅堂内外，刀光闪闪，要给颜真卿一个下马威。颜真卿刚开始宣旨，那些人就拿着刀冲上去对他威吓谩骂。然而颜真卿面不改色，一字一句，朗声将圣旨读完。

此后，李希烈囚禁颜真卿，对其百般羞辱恐吓，还在庭院中挖了一丈见方的坑，说要活埋他。颜真卿不屑道："我已年近八十，官至太师，死都要保持名节，怎会为你所迫？"

他的忠烈，连叛军将士都为之动容。

且说唐德宗看到颜真卿去了军营，李希烈也没有收兵的意思，便再出昏招，诏令驻军凤翔的陇右兼泾原节度使朱泚驰援。

这朱泚可是"四王"盟主朱滔的亲兄弟，也是安禄山从前的部将，又会是什么好东西？行经长安时，军队突然哗变，拥立朱泚称帝。

这可是在长安起事，近水楼台，事出突然，唐德宗李适完全没有防备，只得学曾祖父玄宗西狩之举，狼狈逃往奉天。

李希烈闻讯后，便也举兵自立，分国而治，并缢杀颜真卿于阵前，誓军明志。

时维兴元元年（784年）八月初三。颜真卿终年七十六岁。

一代书圣，竟死得如此惨烈！

悲讯传来，德宗废朝五日，追赠司徒，谥号"文忠"。

《新唐书》载："嗣曹王皋闻之，泣下，三军皆恸，因表其大节。"

特别提出曹王来，陈明他闻讯恸哭，率军哭悼，不能不让人觉得感慨，因为曹王李皋，正是陆羽的新幕主。

四

李皋（733—792），字子兰。唐朝宗室，太宗李世民五世孙。

也就是说，他和李齐物一样都是皇亲国戚，而且地位更高，天宝十一载嗣封曹王，是陆羽"朋友圈"中仅次于德宗李适的尊贵存在。

所以陆羽这一生，真是见惯权贵，睥睨红尘，绝对有资格说一声见多识广。

遍尝草木不言苦，笑看风云只等闲。

李子兰曾在多地任观察使，每多善政，以良好治绩闻名。建中元年（780年）四月，李子兰改授潭州刺史、湖南团练观察使，任戴叔伦为判官，久闻陆羽之名，邀其入幕。但是转过年，他便又升了江南西道节度使、洪州刺史兼御史大夫。

于是，陆羽在五十岁这年，随李子兰从湖南来到了江西。

同年冬天，李希烈叛唐自立，扣押颜真卿，南方诸镇各自据守一方，按兵不动。唯有江南西道节度使李子兰主动与朝廷联系，并联手淮西招讨使李勉、山南东道节度使贾耽于784年春共同发兵，讨伐李希烈。

在旷日持久的相抗中，李子兰屡次击败李希烈进攻，收复数州，史载："江汉倚皋为固。"可以说，李子兰是平定李希烈叛乱的最大功臣。

这其中，身为幕僚的陆羽究竟起了多少作用？

我们无法找到史料佐证陆羽的作为，但是以时间点和人物关系的微妙，可想而知鸿渐是不可能不做事的吧。

尤其李子兰在江西节度使任上，还发明了一项重要的军事武器——车船！

这是一款可以用踏板操纵的新型战舰，操作简单，速度奇快，是我国古代战争史上的水战新杀器。直到南宋时，这种车船还在长江沿线的战争中发挥了极大作用，岳飞、韩世忠都是亲自操作过的。

而这种车船最早的发明，正是发生在李皋幕府。

陆羽，又恰恰是最喜欢发明创造的奇人，这从《茶经》记载的各种风炉宝鼎、制茶贮茶器的奇思妙想便可以知道了。

皎然曾为杼山三癸亭落成作诗，前有小注："亭即陆生所创。"可见陆羽对建筑也是精通的。

那么这座战舰的发明，是否也会来自陆羽的设计，或至少是创意呢？

时至今日，后人多已不了解颜鲁公的大德大义，只知道他是著名书法家，且与赵孟頫、柳公权、欧阳询并称"楷书四大家"。岂知字如其人，颜真卿平生，在文采、成就、政绩、德行各个方面，都足为万世楷模。

欧阳修曾说："颜公书如忠臣烈士、道德君子，其端严尊重，人初见而畏之，然愈久而愈可爱也。"

苏轼曾云："诗至于杜子美，文至于韩退之，书至于颜鲁公，画至于吴道子，而古今之变，天下之能事毕矣。"

同样的，因为史料不全，我们亦无法尽知陆羽之才，除了《茶经》外，陆羽的诗文和发明在不息的烽烟与不停的迁移中，全都散失了，让我们只能识文豹之一斑，酌江海之一蠡，实为大憾！

幸而，有《韵海镜源》和湖州联诗团让我们知道，陆羽和颜真卿，两个伟大而有趣的灵魂曾经相遇、相知。

陆羽得识颜真卿，幸矣！痛矣！

李季兰死于非命

一

大唐说起来有二百八十九年历史，但是其间一会儿武则天改国号周，一会儿安禄山改国号燕，一会儿朱泚改国号汉，后来黄巢又改国号齐，中间其实裂了好几道缝儿。

朱泚最初是定国号"秦"的，可能是想到秦朝时间太短，不够强大，于是又改国号为"汉"，年号"天皇"，口气是真大。

然而大汉梦没做多久，很快唐军反攻长安，朱泚逃亡，后被部将杀死。这场为期两年的"泾原之变"，完全就是一次小型的"安史之乱"余震。

历史仿佛重演了。

帮助唐德宗平叛的人，仍是张志和的舅舅李泌；而朱泚登基执政后，也是和安禄山一样，抓了很多官员强授官职，又令诗人名士为自己撰文歌功颂德，包括太常少卿樊系之、诗人严巨川等，也包括了滞留长安未去的李季兰。

唐朝赵元一所撰《奉天录》卷一有载：

> 时有风情女子李季兰，上泚诗，言多悖逆，故阙而不录。皇帝再克京师，召季兰而责之，曰："汝何不学严巨川有诗云：'手持礼器空垂泪，心忆明君不敢言。'"遂令扑杀之。

虽然《奉天录》中说"言多悖逆，故阙而不录"，然而俄藏敦煌文书中有唐朝蔡省风《瑶池新咏》残卷，李季兰居首，其中却保留了这首不完整的献诗：

> 故朝何事谢承朝，木德□天火□消。
> 九有徒□归夏禹，八方神气助神尧。
> 紫云捧入团霄汉，赤雀衔书渡雁桥。
> 闻道乾坤再含育，生灵何处不逍遥。

李季兰在诗中将朱泚捧成了尧舜禹汤那样的圣人，还说他得道多助，八方归顺，慧眼卓识，重辟乾坤，让天下生灵得到平安逍遥，祥瑞频现，天地感戴。这怎能不让德宗切齿痛恨，必杀之而后快？

与其说李季兰死在了一首诗上，不如说她死在了自己的任性使气上。

她美丽了一辈子，任性了一辈子，张扬了一辈子，然而兴冲冲地奉诏入京，却被唐德宗当面轻辱，淡淡称了一句"俊媪"，这可比那些道德人士指着她鼻子骂一百声"荡妇"还让她意难平。

然而那是皇上，她再气也不能甩脸色给他，甚至不能背后非议，痛痛快快地表示愤怒不满，因为她确实老了。铜镜里的那张脸，描画得再秀美，也有了细细的皱纹，仿佛精美的瓷器上有了皲裂。

李季兰含了一口气，总想着要报复一下，因此当朱泚命她歌功颂德时，她并没有觉得有什么不妥，反而隐隐有种得意：你李适有眼不识金镶玉，本来也不是什么明君，你看小小一个节度使做了皇上还知道请我写诗呢，你巴巴地召我入京，却一不问学问二不看文墨，就只知道看脸，连看脸也不会，就只是看年纪。你这昏君，不骂你骂谁？

陆羽受了李季卿三十文赏钱还能回去写篇《毁茶论》呢，李季兰怎么就不能写首诗小小地报复一下了。

然而，这却让她丧了命。

唐德宗是继玄宗、高宗后，大唐在位时间第三长的皇帝，他在成长期间饱经风雨，即位后也还算得上勤政，因此自诩明君。自从"安史之乱"让他与母妃天人永隔，这藩王夺位耻辱就一直咬啮着他的心，如今偏偏噩梦成真，历史再现，更是让他满心的暴戾都被翻腾起来了。

回返长安后，他和当年的唐肃宗一样秋后算总账，一一惩治曾在伪朝效力的叛臣"唐奸"；也和肃宗轻放王维一样，对于身不由己有诗明志的文臣酌情放过。比如太常少卿樊系之因被逼着起草朱泚即位册文，服毒自尽。严巨川感念其人，以诗纪事：

> 烟尘忽起犯中原，自古临危贵道存。
> 手持礼器空垂泪，心忆明君不敢言。
> 落日胡笳吟上苑，通宵虏将醉西园。
> 传烽万里无师至，累代何人受汉恩。

这首诗追念唐皇旧恩，表现迫于叛军凶焰的无奈之情，"心忆明君不敢言"。无论从背景还是从情绪上，都和王维追念雷海青所写的《凝碧池》相类，所以也同样得到了皇上的谅解。

毕竟，屠刀面前，文人恋生，被俘胁从也是无奈的选择。可是，至少心里是怀念故国的，还惦记着唐皇是"明君"。

但是李季兰呢？她一个方外之人，有什么理由蹚浑水写赞歌谄媚伪朝？

德宗怒斥："你就算学不了樊系之，也至少该学严巨川，如何贪生至此！"竟下令将其乱棍打死。

话说中唐时，"杖毙"这种粗暴的死刑已经近乎绝迹了，而德宗竟将之加于一个手无缚鸡之力的弱女老妇之身，怨毒何其深也。大概他最恨的就是"吴兴才女"这四个字了，潜台词是：你也配？

二

《唐才子传》称："天宝间，玄宗闻其诗才，诏赴阙，留宫中月余，优赐甚厚，遣归故山。评者谓'上比班姬则不足，下比韩英则有余，不以迟暮，亦一俊媪。'"

这是说召见李季兰的是唐玄宗，夸她虽然比不过汉代第一才女班婕妤,却比韩兰英强多了,还将她在宫中留了一个多月,诸多赏赐,然后才送回湖州。

然而唐玄宗是什么时候诏见她的呢?总不能是"西狩"归来半软禁期间还有这份闲情吧?若是"安史之乱"发生前,也就是756年之前,那么李季兰怎么也称不得一声"迟暮老妪"。

虽然李季兰出生年月不详,但若是756年已经迟暮,那坚持到784年才被棒杀,又得老成啥样儿了?何况已经"遣归故山"了,为何又会重新回到长安,招惹这一场杀身之祸?

从李季兰《恩命追入,留别广陵故人》一诗来看,她的确是因为名声达九重而被诏入京,且是在"龙钟"之年。所以我猜测她入京面圣是真,但诏见她的却不是玄宗,只不过由于玄宗风流好色的名声太响,才被后人张冠李戴了。

肃宗与玄宗是同年驾崩的,所以按时间推算,诏见李季兰的人只能是代宗或德宗,又以德宗最为合理,不然解释不了为什么李季兰从此留在了京中。而若不是留京,也就不会有后来的劫难与惨死。

反过来说,李季兰也是太想不开,戴了一辈子女冠,扮了一辈子清高,如何年纪一把了还会惜命至此,写出那样卑微谄媚的赞歌颂词呢?这让人对李季兰之死很难同情得起来。

不过,在《瑶池新咏》残卷中,同时发现的还有李季兰的《陷贼后寄故夫》:

　　日日青山上,何曾见故夫。
　　古诗浑漫语,教妾采蘼芜。

> 鼙鼓喧城下，旌旗拂座隅。
> 苍黄未得死，不是惜微躯。

这首诗化用古诗十九首之《上山采蘼芜》。原诗作：

> 上山采蘼芜，下山逢故夫。
> 长跪问故夫，新人复何如？
> 新人虽言好，未若故人姝。
> 颜色类相似，手爪不相如。
> 新人从门入，故人从阁去。
> 新人工织缣，故人工织素。
> 织缣日一匹，织素五丈余。
> 将缣来比素，新人不如故。

这首诗流传极广，因此发明了一个词叫"衣不如新，人不如故"，是一个女子对前夫的牵挂与诘问。故夫，就是前夫。

可既然是前夫，李季兰为什么还要每天登山遥盼，哀叹人家不来，这就有点儿莫名其妙了；而且说古诗骗了自己，什么"上山采蘼芜，下山逢故夫"，我明明照着办了，天天跑到青山上，可是没有遇见你啊。

鼙鼓，军队用的小鼓。旌旗，军中的旗子，代指战争。"渔阳鼙鼓动地来，惊破羽衣霓裳曲"（《长恨歌》）是同样的用法。

最后说我已年迈，却还没有死，不是惜命，而是为了保留残躯见到你。

这位故夫是谁，我们不得而知。但是这首诗完全可以看成是借喻，代指长安失陷，自己心念故国，盼君归来：我身陷伪朝，忍辱偷生，只是为了留此残躯看到君主还朝，还我泱泱大唐。

"苍黄未得死，不是惜微躯。"如果李季兰在乱杖面前拿出这首诗，做这样的解释，也许就不用死了。

但是她不肯，宁被德宗棒杀也不愿砌词求饶。

或许，这在她看来不过是一个任性记仇的女子的小心眼儿罢了，并没想过大是大非，只是记恨德宗随口揶揄的那句"俊妪"，写几句诗小小地报复一下。可是，这该怎么向皇帝说明？

而她也实在不愿意乞求这个轻辱过她的皇上，他可以要她的命，却不能让她讨饶。

自古红颜多薄命，不是吗？她活到了"俊妪"的年纪，本来也够了。

就这样吧。

三

消息传到上饶，陆羽听了，猛地吐出一口血来。坐下来静了半晌，却什么也没说，转身背了茶篓，提了木杖就进山了。

黄昏时，他坐在高高的峰顶，看着夕阳从另一座山峰的洼谷里慢慢沉落下去，心里充满了巨大的悲伤，只觉得整个世界都跟着黯沉了下去。

他盘坐山巅，开始念诵《拔一切业障根本得生净土陀罗尼》（简称《往生咒》）："南无。阿弥多婆夜。哆他伽哆夜。哆地夜他。阿弥利都婆毗。阿弥利哆。悉耽婆毗。阿弥利哆。毗迦兰帝。阿弥利哆。毗迦兰哆。伽弥腻。伽伽那。枳多迦利。娑婆诃……"

佛律规定持此咒者须嚼杨枝澡豆漱口燃香,于佛像前长跪合掌,日夜六时各诵二十一遍。然而陆羽一遍又一遍,根本不记得次数,也完全不愿让自己停下来,仿佛一停下来,那个女人就真的要去了。

他想起那个女人的绝代风华,举手投足间都透着一股别样的潇洒,漫不经心又楚楚含情。

还记得那次在剡溪送别朱放,她看着对岸的桃花,轻轻说:"看到太美的事物,我总是想哭。"

他当时还不觉得怎样,可是后来每次进山采茶,三四月间,看到桃花开放的时候,就会想起她,想要把山林中最美的那枝桃花采下来给她。

但是他不能,于是让茶叶替他记住桃花的芬芳,然后他再采下茶叶制成茶饼送给她。年复一年,从未间断。

他知道她从来没有在意过他,对着他笑时有一点儿挑逗又有一点儿揶揄,看到他对她无可奈何就笑得恣意张扬,故意装出柔弱的样子来说"我病得连一只铁壶都提不起",哄着他替她烹茶。

其实她明知道直接吩咐他煎茶他也是会做的,可她就是不肯把一件简单的事简单地处理,哪怕是再理所当然的要求,她也总要换一种口吻和姿态说出来,比戏台上的伶人们花样还多。

他并不是看不透她的花样,却仍然为此着迷,窃喜着她耍的这些小花招——至少,她愿意对他用心思,耍花招。

他并不指望自己能真正地亲近她,更不奢望得到她,甚至没想过要一直留在她身边陪着她，或是多看她几眼。他就只是偶尔听到她的消息，隔些年月能见到她一面，说上几句话，对饮一杯茶，然后一直在心里惦记着她，这就够了。

有了她，便有了爱情，这世上的颜色便丰富起来，四季便分明起来，日子也有了盼头。他就只是这样清淡地、执着地、遥远而沉默地爱着她。

可是现在，连这样也不得了，连惦念着也不可以。她死了，死得那样惨。那个怕疼的矫情的女人，拎一壶茶也要蹙眉笑着说"哎哟好重"的女人，被茶沫子溅了一下便呼呼喊疼又叫又笑的女人，竟被人活活棒杀了。她该有多疼！

陆羽到底是号哭起来，对着群山起伏，对着暮霭云天，从西天残碧一直哭到月冷星沉。

不俗即仙骨，多情乃佛心。她是他的仙骨，也是他的佛心。没有了她，他的心如何完整？纵然成佛成仙，又有何趣？

这世上有一个让你惦记着却得不到的女人，和世上再也没有了一个让你终朝惦记的人，到底是不一样的。

他在山里一直住了十多天，饿了吃松果，渴了喝泉水，晚上便住在山洞里。常常一整天什么也不做，就只是盘膝持诵，或是静静地躺在枯草堆上，闻着山洞潮湿清冷的气味，岩石的味道，泥土的味道，还有风送进来的植物的味道，听到鸟儿唧啾地叫着，小动物在树上蹿跳，松针悄悄掉落。

他不知道什么时候睡的，也不知道什么时候醒的，一个梦接着一个梦，再也分不清梦与现实。

然后，有天半夜里忽然下起雪来，先还是细碎的雪粒子，后来就疯了一般，漫天里搓棉扯絮，足足下了一夜。

陆羽整夜团缩在山洞里发着抖，心知这雪一下，只怕出山就难了，却也没有多担心，只是闭着眼睛绝望地睡卧在冰天雪地里，感受这个冬天从内到外的彻骨寒冷。

第二天醒来时，他走出山洞，看到满山满谷都是厚厚绵软的一层，整个世界白亮得透明，就像在玉殿云宫一般，心里忽然便开阔起来，好像被一只冰凉的小手抚平了。冰凉，而柔软。

他想起第一次洞明自己的心意，便是在一个大雪天，因为看到飞雪而想到了怀揣咏絮之才的谢道韫，便又想起了当世才女李季兰，那一刻心中又是欢喜又是悸动，仿佛被冰棱刺穿心脏一般，一笔一画在心尖上刻下了"李季兰"三个字，从此再也不能忘记。

如今，大雪埋葬了回忆。他不能回到长安为她收葬，便在心中的冰雪世界里为她垒一座坟，永远守候吧。

他拄着杖，一步一踉跄地下了山，从此再没有跟任何人提起过李季兰，只是写过一首诗：

会稽东小山
月色寒潮入剡溪，青猿叫断绿林西。
昔人已逐东流去，空见年年江草齐。

剡溪，位于绍兴嵊州，被称为"绍兴第一漂"。

但是我来到绍兴的时候，日间温度四十二摄氏度，根本无法在烈日下乘舟漂流，也只能望溪兴叹而已。

绍兴很美，绿草萋萋，尤其是我住在兰亭景区内的园林客栈里，行走在东晋王谢子弟曲水流觞的旧地，想象着颜真卿或是刘长卿召集文士诗会的情形，感慨而惆怅。

塘里的荷花开得鲜妍恣肆，然而越美丽的生命越让人不忍见其凋零。陆羽和李季兰这一段没有开始也没有高潮的因缘，就如同这池中的荷花，清媚骄傲，可望而不可及。

农历七月十四，月圆如镜，流光似水。我坐在兰亭驿栈老房子的扶手游廊雕花格窗下，轻轻吟诵着"月色寒潮入剡溪"的诗句，一时恍惚莫名，仿佛行走在幽明两界。

我想我可能是茶醉了。

明明是北方人，然而每每看到江南水乡，都会有种类似乡愁般的温柔感动，仿佛走入褪色的记忆，总觉得这里掩埋着自己不慎忘记的往事，说不定会在某个拐角撞见旧时的自己。

旅行中的自己，既是在经历一个新世界，又像是寻找失落的回忆。总是在熟稔与陌生间徘徊，如花如水如月，似嗔似喜似忧。此刻多希望有一床琴，让我可以在月下替陆羽弹一曲《忆故人》。

陆羽"一生为墨客，几世作茶仙"，虽然文墨清通，以文学得名，可惜《全唐诗》仅传诗两首，一首是写茶的《六羡歌》，另一首就是这篇剡溪忆旧。

他不喜经书，早已下山，但事实上仍是一个不穿袈裟的和尚，以寺院为家，僧侣为友，一生没有婚娶，生命中唯一的一段桃花，就是这位女冠子。

能被一个这样的人爱过，李季兰此生也算值得了。

茶醉：

茶醉，就像酒醉，会使人出现头昏、心悸、头重脚轻、四肢无力等情况。

茶醉的原因主要是茶叶内的咖啡碱摄入太多。咖啡碱利尿，会导致身体内的钾、钠在短时间内过快流失，从而让人出现四肢无力、头晕恶心、手足颤抖等症状。

一般发生茶醉的原因有三种：

1. 平时很少喝茶的人，稍微多喝，就可能因饮茶过量而茶醉；

2. 平时喝的茶都是高发酵的熟茶，例如红茶、陈年老茶等，换成低发酵或者不发酵的绿茶或生茶，这些茶叶所含的咖啡碱较高，又喝得过量，于是茶醉；

3. 空腹喝茶过量、血糖偏低的人容易醉茶。茶叶中含有复合多糖、儿茶素类物质，是降血糖的有效水溶性成分。空腹饮茶时，人体血糖本来就低，再摄入复合多糖、儿茶素类物质，血糖会进一步降低，从而引发头晕、心慌、手脚无力、心神恍惚等症状。所以，血糖偏低的人都不宜喝生普、绿茶、黄茶。如果是全发酵、重发酵茶和五年以上的老白茶，就不会出现这样的问题。

醉茶后，也不用太紧张，马上吃点儿高热量茶点或糖果，喝点儿蜂蜜，吃点儿葡萄干都可以有效缓解。

鸿归何处

第五章

江西，庐山水与浮梁茶

一

李白世称"诗仙"，但是蒙玄宗诏入京师却是因道名而显，又给了个空头衔翰林学士；

陆羽世尊"茶圣"，入宫倒是以文名享誉，诏拜太子文学与太常寺太祝，虽不就，名声已著，"词艺卓异，为当时闻人"（权德舆《萧侍御喜陆太祝自信州移居洪州玉芝观诗序》）。

在他辞别京中故旧赴湖南的饯行宴上，好友权德舆有诗相赠，可以充分看出陆羽在当世的文名：

送陆太祝赴湖南幕同用送字（三韵）
不惮征路遥，定缘宾礼重。
新知折柳赠，旧侣乘篮送。
此去佳句多，枫江接云梦。

很显然，这是一次专为陆羽而举行的聚会，席中要求众人各自作诗一首送别。

古人的诗文游戏中，除联句外，最常见的一种就是命题作诗，各限一韵。比如这次诗会的题目就是《送陆太祝赴湖南幕》，韵部则在题目中任选一字为韵，显然不只一人选了"送"字，故而权德舆说"同用送字"，并且只写了六句，是为"三韵"。

诗中说，陆羽不接受京中太常寺太祝之职，不畏惧路远地僻，千里风尘，应曹王李皋之邀入幕湖南府，自然是因为曹王情深意重，礼下于人。

陆羽离京之日，新朋故旧俱来相送，折柳赠诗，牵衣不舍。不过，朋友们都相信，以陆太祝之才，此行必定江宽云阔，鲲跃鹏飞，佳句不断。

当真是善祝善祷。

权德舆果然没有说错，接下来的十年中，陆羽一直辗转于湘、赣、粤之间，游幕诸省，多半为僚，偶尔闲居，或是为了寻茶问泉独走天涯，仍如水中飘萍，雪上鸿爪，一任东西，但是声名却越来越响亮了。

李皋离开洪州后，戴叔伦也晋为抚州刺史，陆羽则接受信州刺史姚骥之请，移居上饶，还在彼处建了新居。但也没住多久，贞元二年（786年），他又应洪州御史萧瑜之邀，再次来到洪州。

据权德舆撰文称，陆羽移居洪州时，"凡所至之邦必千骑郊劳，五浆先馈"，民众夹道欢迎。可见，彼时陆鸿渐之名，已经响彻大江南北。

萧御史欣赏陆羽的为人散逸，更佩服他文词清越，铿若金璧，每每邀其对饮联诗，一时酬唱之作棐然可观，汇为文集，并请权德舆作序。序中说：

> 惟三贤师友风骚，迭为强敌。志之所之，发为英声。其于奇正相生，质文相发，若笙磬合奏，组缋相映。君子曰：侍御唱之，太祝酬之，法曹和之，是三篇也，不可以不纪，况合散出处之未始有极耶？

三贤，分别指的是洪州御史萧瑜、法曹掾崔茂实、太常寺太祝陆羽——虽然陆羽对赐官谢而不受，世人却一直恭敬地以他的官衔称呼他：陆文学或是陆太祝。

这是唐宋时期的称呼惯例，或者也可以看作是世人势利的一个固习吧，名声这回事，纵然发自民间，也到底还是要皇家来认证的。

这番来洪州，陆羽没有像以往那样借住僧院，而是选择了玉芝观——住在道观里，是不是可以同她近一些？

权德舆将陆羽的居止形容得宛如桃花源中的逸士高人：

> 竹斋虚白，湖水在下，春物萌动，时鸟变声，支颐散发，心目相适。

倘若岁月静好，陆羽便这样做一个醉心茶事的逍遥僚属未必不好，可惜，他的内心已是一片荒芜，碾碎成尘。

幸而，还有江湖泉水可以洗濯他的风尘。

在萧瑜的资助下，陆羽沿信江考察了弋阳、鄱阳、庐山、南昌等地的茶叶种植，又与萧瑜结伴而行，从九江登庐山，一路品茶鉴泉，评定天下之水。

在庐山，盛传着一个陆羽品水的故事。说是陆羽一日与萧瑜饮茶，说起泉水，以为庐山谷帘泉水当属天下第一。萧瑜不以为然，一边命士兵去康王谷汲取谷帘泉来亲自品评，一边传出风声，邀茶圈好友后日相聚，共品江山。

过了两天，士兵汲水而归，宾客济济一堂。陆羽亲自煮水煎茶，众宾客只觉茶味甘醇，纷纷称赞："这水的确上佳。"

陆羽却摇头说："这水虽甘冽，却只是庐山溪水，不是谷帘泉水。"

萧瑜听了，忙把汲水的士兵唤来询问，士兵满面惊惶，却一口咬定这就是谷帘泉水。

正在争执，有客张又新赶到，闻言笑道："我听说御史要评水鉴茶，特地携来了一坛亲自取的谷帘泉水，一饮便知。"

陆羽舀起一杓尝了尝，微笑点头，遂用坛中水重新煎茶，请众人再次品评。不怕不识货，只怕货比货，众人一品，顿觉回甘无穷，都道："果然不同，这才是天下第一水。"

结果不须说，那士兵早已吓得腿软，跪地坦白说，他当时确实取到了谷帘水，可是下山时摔了一跤，竟将坛子打翻了，便就近取了山中溪水充数。

张又新叹道："古人云：'泻水置瓶中，焉辨淄与渑。'原以为不过是烹茶，水与水哪有什么不同，谁想到陆太祝竟然真能尝出呢！"

这故事与李季卿评鉴南零水如出一辙，只不过所评之水不同，共饮之人也不同，但是主角都是陆羽。

然而李季卿的故事过于玄奇，早被欧阳修等提出质疑。倒是萧瑜同陆羽交善，常相往来，倘若真有斗水一说，洪州的故事还更为可信。

而且张又新在《煎茶水记》中开列的品水榜单虽然未必是陆羽口授，但他对康王谷帘泉水的确是非常欣赏的。

《全唐诗》辑录陆羽题康王谷泉水残句："泻从千仞石，寄逐九江船。"

宋代王禹偁为之续貂，前有引言："水之来，计程一月矣，而其味不败，取茶煮之，浮云散雪之状，与井泉绝殊。"诗云：

> 泻从千仞石，寄逐九江船。
> 迢递康王谷，尘埃陆羽篇。
> 何当结茅屋，长在水帘前。

"康王谷"得名，据《星子县志》载："昔始皇并六国，楚康王昭为秦将王翦所窘，逃于此，故名。"

水帘泉源出汉阳峰，中间被岩石阻隔，遂成水流披挂之势，远望如珠帘悬挂山谷，四季不竭，水质纯净，其味甘冽。

宋代王安石、朱熹、秦少游、王禹偁、陆游都曾到此品泉，陆游赞曰："真绝品也！甘腴清冷，具备众美。（陆游《入蜀记》）"

显然，大家对于康王谷水帘水为天下第一水还是服气的。

二

　　二十水品中,庐山不仅有谷帘泉水名列第一,观音桥东招隐泉水也列为第六,迄今泉畔尚存"招隐""第六泉"等崖刻。

　　虽然水单未必是陆羽评定,但他对江西的情感必然很深。

　　九江是陶渊明的老家,生于斯,葬于斯。

　　据当地人说,陆羽因为崇拜陶渊明,还曾特地在庐山脚下的栗里陶村隐居过一阵子。

　　于是,总是追着陆羽脚步时不时出现在他面前,来一次惊喜式相见的皎然,又意外而惊喜地出现在江西了。

　　一同来到的,还有道士郑容。

　　陆羽自是又惊又喜,陪着一僧一道上庐山,赏莲池,登香炉峰,访东林寺,汲水烹茶,乐游忘返。

　　庐山东林寺是佛教净土宗的发源地,亦称"莲教"。

　　早在东晋时,净土宗始祖慧远来到庐山,结白莲社宣传佛法。参社的不仅有出家人,还有很多公子缙绅,名士墨客,且留下一部书《莲社高贤传》,专门记载当时与慧远交往的名士故事,大书法家王羲之和儿子王凝之都是社中骨干。

　　据说山水诗人谢灵运也很想加入"白莲社",还给东林寺捐了许多白莲花,可是慧远法师说他的心不清静,不肯接受他。但是待陶渊明,却是青眼相加,经常与他晤谈终日。

　　如今,谢灵运十世孙谢清昼到此,自然也是见不到慧远僧的,唯有朵朵白莲,映日盛开,依然清艳。

皎然、郑容、陆羽，一僧一道一茶客，万水千山百十劫。三人汲谷帘泉水，烹庐山云雾，宛如大荒山青埂峰下，茫茫大士和渺渺真人坐在补天石下，纵谈古今因果，笑说幻境奇缘。

皎然还对陆羽提起了途中听说的一则奇闻，在河南巩县一带，若于瓷窑购买数十件茶具，即可同时得到一尊陆羽瓷像，供奉茶肆中，可保生意兴隆。若不然，即以茶汤浇注瓷像，祈祷茶神保佑自己客源广进。

陆羽听了，啼笑皆非："我竟不知道生成这般模样，竟也还有被人塑像礼拜的一天，果有此能，某当日对铜镜数次，不知可换银钱几何？"

皎然笑道："妍媸寿夭，福祸生死，忠奸是非，贫富穷通，皆名色耳。"说罢双手合十，长宣一声佛号。

陆羽心中一震，泪水几乎涌出，想歌，想哭，想啸，却终究努力咽住，只是苦苦一笑。他知道，这位亦师亦友的高僧是不放心自己，特地从江南赶来开解自己的。但是他心里的那道伤，哪里是那么容易抚平的呢？

那天，他们谈经论道，一直喝到夜深茶醉，便都宿在寺中。

第二天吃过斋饭，郑容先告辞，皎然、陆羽相送下山时，经过虎溪，皎然叹道："《莲社高贤传》中说，慧远上人昔时住在东林寺传经，从不出山，但是有一次送陶靖节下山时，却因为谈得投机，竟然越走越远，一直走过了山下的溪桥。就连山中老虎见了都奇怪，忍不住咆哮一声，这才有了虎溪桥的传说。如今我三人醉踏溪云，虽不闻虎啸，然而相送之情却是一般。"遂高歌一曲饮茶歌相赠：

饮茶歌送郑容

丹丘羽人轻玉食，采茶饮之生羽翼。

名藏仙府世空知，骨化云宫人不识。

云山童子调金铛，楚人茶经虚得名。

霜天半夜芳草折，烂漫缃花啜又生。

赏君此茶祛我疾，使人胸中荡忧栗。

日上香炉情未毕，

醉踏虎溪云，高歌送君出。

从来名士能萍水，自古高僧爱斗茶。茶有清肠胃之能，故而丹丘子饮茶得道，白日飞升；茶有戒定慧之功，遂有众僧伽唯茶是求，洗尘涤烦。

皎然声称，茶不仅是神药，可以祛疾，更是灵草，洗荡忧惧。鸿渐以茶闻名，怎么倒不能领茶之妙功呢？

我们走过李白"遥看瀑布挂前川"的香炉峰，踏过慧远与陶潜并行的虎溪桥，想想那些云飞星散的烟尘过客，终究有什么好挂碍的呢？

陆羽呆呆地听着，那句"楚人茶经虚得名"分明说的就是自己啊。皎然这是再次提醒自己：万般皆是名色，何必执着生死。生有何欢，死有何惧，譬如朝露，终归尘土。不如喝茶去，尽祛百千疾。

他在晨风中悄悄落了泪，又被山风吹干了……

三

我在 2022 年七夕抵达江西九江,接着前往景德镇、浮梁、上饶,一一寻访陆羽的脚印,最重要的一站便是陶村。

这是一个坐落于城南山脚下的小村庄,半山坡处建有陶渊明纪念馆,陶公墓就在馆区园内。

七夕不该是扫墓的日子,那便视作一场迟到了一千六百年的约会吧,我顶着四十度高温来到陶公墓前,诚心参拜。

这是陶渊明"采菊东篱下,悠然见南山"的地方,虽然没有东篱也没有菊花,却有竹林森森,荷叶田田,墓碑上写着"晋徵士陶公靖节先生之墓",碑额上书"清风高节",令人肃然起敬,暑意顿消。

我站在乡道上远望山村,一边轻轻吟诵着陶渊明的《挽歌》"死去何所道,托体同山阿",一边想象陆羽当年也从这条路上走过,如我一般虔诚地拜会早已作古的陶徵士。

陆羽与陶渊明相隔三百年,与我相隔一千三百年,反正都是见不到面,作为同样只能神交遥想的后辈来说,"粉丝"的心情又有什么分别呢?

九江除了庐山与陶渊明故里,还有浔阳楼与琵琶楼,扬名于白居易《琵琶行》:"浔阳江头夜送客,枫叶荻花秋瑟瑟。"

然而我更在意的是另外两句:"商人重利轻别离,前月浮梁买茶去。"

可见在唐朝,茶业买卖实在是暴利,而茶商则为富无情。

只是,他为什么要去浮梁买茶呢?

虽然江西在今天算不得茶叶主产地,但是据晚唐《膳夫经手录》云:

> 饶州浮梁,今关西、山东,闾阎村落皆吃之。累日不食犹得,不得一日无茶也。其于济人,百倍于蜀茶,然味不长于蜀茶。

江西人饮茶之风如此之盛,可以一天不吃饭,不能一天不喝茶,江西茶的产量和质量自然都是不错的。通常县令的级别当为七品,而浮梁县令却官居五品,也是因为此地是唐朝最大的茶叶集散地之一,所以才会吸引了琵琶女的老公。

那么陆羽,既然遍考江西茶业,肯定也是会来浮梁的吧?可惜《茶经》此时已经付梓,看不到陆羽对浮梁茶的评价。只知道,他对于江西瓷不大欣赏:

茶经·四之器

> 碗,越州上,鼎州次,婺州次,岳州次,寿州、洪州次。或者以邢州处越州上,殊为不然。若邢瓷类银,越瓷类玉,邢不如越一也;若邢瓷类雪,则越瓷类冰,邢不如越二也;邢瓷白而茶色丹,越瓷青而茶色绿,邢不如越三也。
>
> 晋杜育《荈赋》所谓:"器择陶拣,出自东瓯。"瓯,越也。瓯,越州上。口唇不卷,底卷而浅,受半升已下。

> 越州瓷、岳瓷皆青，青则益茶，茶作白红之色。
> 邢州瓷白，茶色红；寿州瓷黄，茶色紫；洪州瓷褐，茶色黑。悉不宜茶。

显然，陆羽评瓷，是以"宜茶"为标准，评的是瓷又不是瓷，而只是茶器。

邢州，就是今天的河北邢台，邢窑以产白瓷为主；越窑则是杭州湾南岸古越地青瓷窑场的总称。

陆羽最推崇越瓷，认为越窑温润，似冰类玉。当时制茶工艺主要是蒸青绿茶，碾罗煎煮后，盛入瓷盏，越州青瓷正可提衬汤色的青碧，相得益彰。而且越州碗的碗口不反卷，碗底既卷又浅，盛茶不足半升，用起来很方便。

这个观点一直持续到晚唐，陆龟蒙曾有《秘色越器》诗，可知越窑直至晚唐还是主打青瓷：

> 九秋风露越窑开，夺得千峰翠色来。
> 好向中宵盛沆瀣，共嵇中散斗遗怀。

邢州瓷白，越州瓷青，而茶为青芽白毫，所以唐朝人多以邢、越二瓷并佳。但陆羽不以为然，认为邢州瓷白，会显得茶汤发红；寿州瓷黄，会使汤色发紫；洪州瓷褐，则显得茶汤黑浊，不宜展示汤色，故而都不在陆羽的审美选择内。

从南昌丰城罗湖一带发掘的洪州窑遗址来看，出土瓷器的釉色的确以青色和褐色为主，褐色较深，近似酱紫；青色略淡，青中闪黄，但釉汁匀洁，釉面光润，色泽稳定纯正，作为瓷器，实为上品。

而且洪州窑出土瓷器制作精工，旋削规整，胎质坚致，器形繁多，碗、罐、壶、钵、杯、盏、盘等无一不有，图案装饰工艺精良，有刻花、印花、堆塑、镂空等；甚至还有少量玲珑瓷，釉色淡青闪黄，胎薄质细，器壁装饰镂带玲珑，精美异常，显然是当年的高档茶具或酒器，足以证明在唐代时，洪州窑的瓷器烧制已经达到极高水准。

虽然陆羽不喜，但也不能抹煞了洪州瓷的历史地位。

记得我当年为了写作一部关于唐朝瓷器的电影剧本，特地前往宁波慈溪参观越窑遗址，又去青瓷博物馆好一番瞻拜。

后来为了创作小说《命犯青花》，又特地在油菜花盛开的季节赶往景德镇，还在婺源的思溪延村住了一星期，品茶，访古，听瓷器的故事。

这次重来景德镇，更是单纯地为了走近陆羽，所以接连用了两天的时间重游陶溪川和陶瓷城，用心触摸那些精美与惊艳。

徜徉于瓷街时，有一只纤巧精致的玲珑茶杯莫名吸引了我的目光。杯子极薄，还要在薄薄的胎体上雕镂花纹，使得最薄处的"玲珑眼"隐隐透出光来，宛如镂空，有种说不出的脆弱灵巧，剔透轻盈，让人拿起时忍不住心颤，仿佛略微一用力就会捏碎了。

我轻轻托起那只小小的荷叶杯端详，想象一千年前的陆羽站在同样的地方，拿着同样的一个杯子，忧伤地把玩，觉得它像极了一个人，轻盈、灵巧、玲珑通透，又脆弱明丽，总是带着一种淡淡的哀愁，因为太过美丽，便觉得不能长久。

可惜，在陆羽的时代，大名鼎鼎的"瓷都"景德镇还完全不起眼，如雷贯耳的青花瓷亦未问世。人们只知浮梁而不知景德镇。

景德镇设镇于东晋，始称"昌南"，汉代易名"新平"，唐天宝元年更名"浮梁"，北宋真宗朝定名"景德镇"，辖于浮梁县，直到解放后从浮梁分了出来，成为景德镇市，再后来成了瓷都，则干脆反过来将浮梁县收于辖内。有点儿像小弟反水做老大，反过来收了大哥的女人。

这使我走进浮梁古城时，总是忍不住要想起香港电影情节，尤其看到那一排排的大红灯笼无比喜气地铺展开去，就更加忍俊不禁；然而待低头看清瓷砖廊道上的宣传内容时，便不自禁地端正了颜色。

这道历史文化长廊，一一记述着浮梁的官文化、瓷文化与茶文化，相当于一部陶瓷史诗。白居易、王安石、苏东坡、佛印……这些辉煌而熟悉的名字，在白地蓝字的瓷砖上熠熠闪耀，一字千钧。

美丽的青花瓷，当真是世间最优雅的颜色。

茶、瓷与丝绸，是中国给予世界的最好的礼物。

每一件手作陶器，都是一个故事。

这样的故事，一定要在阳光很好的午后，坐在水乡小镇的老房子里，泡一壶茶，慢慢诉说。

婺源、瑶里、延村、思溪、李坑、三宝村，江西有很多古镇和古村落都保存得相当完整，那些祠堂、商号、老宅、义塾，甚至戏台，都踏踏实实地停留在原来的位置上，以一种执拗的姿态停留在流水样的时光中，仿佛赌气——但是谁能赢得过时光呢？

老房子会说话，房梁间的每一道缝隙、墙壁上的每一道水痕都有记忆。虽说经过了风沙的磨砺，诉说的声音有些暗哑，但是它们依然保持着自己曾经辉煌的过往，风度俨然。

只是，我要去的是遥远的大唐，这注定是一个虚妄的梦。老房子的记忆，能追溯到三百年前就已经很吃力了，不知元明，遑论唐宋？

但又有什么关系，只要这片土地还在，便可以确信，大唐的魂还在。

陆羽还在。我见到了。

用什么样的茶具泡茶、煮茶最好？

唐朝的饮茶方式是煮茶，所以青瓷更能衬托茶汤之绿；宋朝流行点茶，以乳花细白为上，于是黑釉兔毫的建盏备受青睐；到了明清以后，泡茶成为主流，那么一只透明玻璃杯才是欣赏茶叶旗枪分明的最佳展台。

如今通用的茶具材质主要有瓷器（以盖碗为主）、紫砂（以壶为主）、玻璃（以杯为主），另外还有各种材质的简易泡茶杯、壶。

盖碗是最方便的，特别是白瓷的盖碗最实用。首先，白瓷盖碗最容易清洗；其次，瓷质盖碗不吸味，一个盖碗可以泡所有的茶。但是盖碗上手的难度有点儿大，是要掌握一些技艺和方法的，很多人刚开始用盖碗时，会烫到手，多练习几次就好了。

如果你平时喝茶种类比较多，什么茶都喝，那基本上一个白瓷盖碗就可以泡所有茶，但如果你只喝一种茶，或者只喝有限的几种茶，那建议选紫砂壶。紫砂壶泡茶的优点是可以提升茶叶的香气，而且很有文化感；缺点是紫砂吸味，基本上一把壶只能喝一种茶。而且好的紫砂壶都很贵，要是每种茶配一个壶，几乎很难有人做得到。

家庭用盖碗，以白瓷为优，一百一十毫升容量的大小最适合。

老白茶、黑茶煮了很好喝，秋冬季最适合煮茶。煮茶壶的种类很多，追求品质的可以选紫砂壶、铁壶、陶壶，贪图方便的可以选玻璃材质的煮茶壶。

玻璃材质的煮茶壶最大的优点是可以直观地看到水位、汤色，而且价格实惠。

常见的煮茶壶基本上分为两大类。一是浸入式的，茶叶投入水中直接煮，茶和水并不分离。这种壶的优点是煮出来的茶汤感醇厚，入口滑润度比较好；缺点是时间上很难把控，而且必须严格控制投茶量，一不小心就会煮得偏浓。

另一类是蒸汽类，茶和水是分开的。这种壶的优点是煮的时候会满室生香，而且对时间和投茶量的要求不太严格；但缺点是汤香不足，醇厚感上也有点儿欠火候。

我个人推荐大家优先选用蒸汽式的茶水分离的煮茶壶。我的一般做法是，煮好茶后，会把茶汤倒出来后，再从顶上浇一两遍，这样就弥补了汤香不足的问题，对口感滑润度也会有明显提升。

戴叔伦，与君俱是沧海人

一

陆羽入幕湖南府，是因为戴叔伦的推荐。

和陆羽的很多亲密好友一样，戴叔伦的生卒年月亦是不详，只知与陆羽年龄相仿，润州金坛人，字幼公，祖父戴修誉，父亲戴脊用，都是终生隐居不仕，可谓隐士世家。

戴叔伦年少时师从名士萧颖士，博闻强记，聪慧过人，"诸子百家过目不忘"，同张志和一样，都属于典型"别人家的孩子"。但张志和是"官二代"，自小生长于宫廷翰院之间，十五岁即明经及第；戴叔伦却只想着修仙养真，因为战乱中家境败落，才不得已放弃隐士家风，谋求仕途。

戴叔伦一生历任新城令、东阳令、抚州刺史、容管经略使等，到了晚年，又重新上表自请为道士，到底归了本心。

令人敬佩的是，他虽然心性隐逸，素抱"野人无本意，散木任天材"之志，但既已出仕，也便兢兢业业，政绩卓著，是个出色的地方官。虽然诗风清逸，追求隐士生活，但是《女耕田行》《屯田词》等篇又满怀悲悯,反映民生艰苦,跳出了大历诗坛耽溺花月的惯性风格,可谓独树一帜。

戴叔伦对诗歌风格别有主张,认为"诗家之景,如蓝田日暖,良玉生烟,可望而不可置于眉睫之前也",讲究诗有余意,言在诗外,意境当可望不可及。主张是好的,但他自己的诗作倒未见其旨。

且以一首《小雪》为例:

> 花雪随风不厌看,更多还肯失林峦。
> 愁人正在书窗下,一片飞来一片寒。

"风、花、雪、月"四个字,这首诗里占了三个,又是"林峦",又是"书窗",和皎然写禅诗一样,有种迫不及待的表白欲,"置于眉睫之前"而仍怕人不解。

再如《千家诗》中他紧挨着皇甫冉、朱放,排在后面的一首《三闾庙》:

> 沅湘流不尽,屈子怨何深。
> 日暮秋风起,萧萧枫树林。

戴叔伦曾因不愿附议权贵而遭同僚陷害,这首诗借古喻今,通过对屈原沉江的怀念悼惜,表达自己蒙冤不白的忧愤之情。一泄千里,诗无余意,实在谈不上"蓝田日暖,良玉生烟"之境。倒是白白被李商隐借了去,写下朦胧诗滥觞的《锦瑟》:"沧海月明珠有泪,蓝田日暖玉生烟。此情可待成追忆,只是当时已惘然。"

且说戴叔伦后来冤狱昭雪，放任东阳令。赴任前，陆羽前来相送，吟诗以赠，戴叔伦酬答两首，慨然明志：

敬酬陆山人二首

其　　一

党议连诛不可闻，直臣高士去纷纷。
当时漏夺无人问，出宰东阳笑杀君。

其　　二

由来海畔逐樵渔，奉诏因乘使者车。
却掌山中子男印，自看犹是旧潜夫。

诗中仍是他一惯的直白，自称"直臣高士"，毫不讳言"党议连诛"的事实，声明只忠于皇上，不畏惧党争。

可惜的是，我们只见酬和之作，却看不到陆羽的原诗了。

人以群分，颜真卿也罢，戴叔伦也罢，都是铮铮铁骨之人，"愿得此身长报国，何须生入玉门关"（戴叔作《塞上曲二首》），由此也可见陆羽为人了。

戴叔伦和颜真卿一样地"犯小人"，后来又几番沉浮，每次昭雪之后，都找陆羽喝酒庆祝，遂又有《抚州被推昭雪答陆太祝三首》：

其　　一

求理由来许便宜，汉朝龚遂不为疵。
如今谤起翻成累，唯有新人子细知。

其　　二

贫交相爱果无疑，共向人间听直词。

从古以来何限枉，惭知暗室不曾欺。
其　　三
春风旅馆长庭芜，俯首低眉一老夫。
已对铁冠穷事本，不知廷尉念冤无。

同样是只见答诗，不见原作；也同样是直抒胸臆，毫无忌惮。

诗中说，我在抚州为官，处处以西汉太守龚遂为范，忠君爱民，问心无愧。谁料竟遭奸佞诬谤，有苦难言。幸有鸿渐你知我信我，不离不弃，肝胆相照，患难相交。春去春回，我已苍老，如今已向御史澄清本末，只待廷尉为我平冤。

殷殷之情，令人动容。充分见证了陆戴二人的推心置腹，患难知交。

戴叔伦是在邀陆羽入幕湖南府的第二年晋升抚州刺史的，不知为什么没有邀陆羽同行，或许是因为姚骥与萧瑜太热情吧。

不过两人同在江西，常相往来，交情显然一直是很好的。想来，陆羽各处访茶问泉，戴叔伦也是给予了很多帮助与便利的吧。

临别前，他与陆羽把酒谈心，曾劝他："以鸿渐的学问名望，不难择一山寺长居，便如皎然上师那般，纵不能一时便为住持，经营二三年，必然可得。"

戴叔伦说得含蓄，事实上，时人好佛，以陆羽茶圣之名和其"朋友圈"的强大，若是募捐建庙，民间香火钱与高官的捐赠都不会少了，还能趁机炒一波新闻，说不定会名声更盛，绝对是双赢乃至多赢的牌面。

然而陆羽微微摇头，诚实地道："我心不静，无法出家。"他将手抚住胸口，似乎在感受什么，那里满满的都是回忆，满得简直要溢出来，一圈圈荡漾翻涌，如江海澄澈，波光粼粼，光圈的中心，是那个女人，天地间唯一的女人。他苦笑地摇摇头，又点点头，再次说："我心念红尘。"

戴叔伦道："既然留恋人间烟火，不如好好择一闺秀成婚，生儿育女，也是正道。"

陆羽仍是摇头，淡淡说："妻子儿女，梦幻泡影，如露亦如电。"

戴叔伦气结。他虽然性耽烟霞，却碍于生活选择了出仕，还结过两次婚，对陆羽既不肯出家亦不愿成家简直瞠目结舌，既然看穿了世上一切色相恩情乃至骨肉血脉，认为它们皆是虚妄，那为什么又说心有挂碍呢？

他呆呆地看着老友，却见他脸上挂着一个迷茫而沉静的笑，宛如垂首拈花，不期然地心下一惊，如对佛陀。

二

贞元五年（789年），戴叔伦转正四品，授金紫服，封谯县开国男爵，可谓苦尽甘来，富贵荣华。但他一生精读《易经》，深知否极泰来、水满则溢的至理。"身随幻境劳多事，迹学禅心厌有名。（释清江《送车参军江陵》）"就在这仕途通畅、前途光明的时刻，却偏偏上表辞官，自请归隐做道士。

戴叔伦这心性志向，与张志和是一样样儿的，孰料就连结局也与张志和一样，竟在返乡途中客死蜀中清远峡，永沉九渊。

这一切，或许早在他的一首江上送别的五言诗中预言了：

> 年年五湖上，厌见五湖春。
> 长醉非关酒，多愁不为贫。
> 山川迷道路，伊洛困风尘。
> 今日扁舟别，俱为沧海人。

"今日扁舟别，俱为沧海人。"这句诗后面真该缀上一句：与玄真子共勉。

戴叔伦的墓志铭，为权德舆所撰，他也是陆羽的熟人，同在一个"朋友圈"里。铭中称："维贞元五年夏四月，容州刺史、经略使、侍御史、谯县男戴公，至部之三月，以疾受代，回车瓯骆。六月甲申，次于清远峡而薨，春秋五十八。"

这个说法遭到了史家的质疑，因为《全唐诗》所载唐德宗李适的《中和节赐群臣宴赋七韵》后有注："贞元五年，初置中和节，帝制诗，写本赐戴叔伦于容州。"

贞元五年，德宗下诏废除正月晦日之节，以二月初一为中和节，大宴群臣，并亲题御宝，赐诗戴叔伦，天下美之。这堪称是戴叔伦人生的高光点。

史家以为，既然戴叔伦二月初一还在京城，如何权德舆却说他三四月才回京办理病退呢，可见讹传。

然而诗序只道"写本赐戴叔伦于容州"，未必是当面赐诗，而是德宗难得在宴会上写了首长诗后非常得意，只恨当时没有微信可以"晒圈儿"，于是自己受累，多抄了几份赏赐群臣，包括远在容州的戴叔伦，这不更显得"简在帝心"吗？

且来看看唐德宗李适这首难得的御诗：

东风变梅柳，万汇生春光。
中和纪月令，方与天地长。
耽乐岂予尚，懿兹时景良。
庶遂亭育恩，同致寰海康。
君臣永终始，交泰符阴阳。
曲沼水新碧，华林桃稍芳。
胜赏信多欢，戒之在无荒。

讲析这首诗之前，要先普及"古风"与"格律诗"的概念：

人们通常所说的旧体诗或古诗，往往是指白话诗以前包括格律诗在内的诗歌创作。这其实并不确切，因为诗家术语中的"古体诗""近体诗"，是以唐朝格律诗的形成为分界点，在此之前不合格律的叫作古体诗，而在此之后严格按照五言、七言格律来写的诗，则叫近体诗、今体诗或格律诗。

古体诗又称"古风"。从字数上看，唐以前的诗大致可分为四言诗、五言诗、七言诗、杂言诗。四言诗主要出现于《诗经》与汉魏六朝，魏晋以后多为五、七言诗，通常七言的称为"七古"，五言的称为"五古"，字数不定的称为杂言诗。

要强调的是，"古体"与"近体"指的不只是时间，而是诗体的区别，因为唐朝虽然形成了格律严谨的近体诗，但是诗人们除了科举制试，平时仍可以随心所欲地作古体诗。比如李白，就最喜欢古风。

但是，这并不是说不合格律的诗就叫古风，古风是在题材意境上追求魏晋风度，语言技巧上有很多特殊的要求，只是不熟悉格律的人不能轻易体会罢了。

现在有些人每当作诗不合平仄时，就拿古风说事儿，认为古人写诗也不按平仄，就是因为分不清古体诗与近体诗，也无法欣赏古风优劣的缘故。

比如德宗李适的这首诗，从格律上说完全不合平仄粘对，更无对仗之工，什么孤平、拗救、三平尾之类的就更不讲究了。只能算古体诗，但是从风格上来说又毫无魏晋风致，一板一眼，陈腔滥调，所以只是"小学生作文"而已。

首句"东风变梅柳，万汇生春光"，显然化自谢灵运成名句"池塘生春草，园柳变鸣禽"，说是春天来了，东风送暖，不知不觉就将梅花吹绽，杨柳吐新，万物生光辉。虽然起得中规中矩，但是偷用了一个"变"字，倒也算聪明。

次句"中和纪月令，方与天地长"仍是叙事，说朕从今而起，发明中和节，千秋万代，天地同寿。

接下来开始表白，说我不是耽于淫乐、崇尚奢华，而是与民同乐，君臣同心，愿卿家与朕，有始有终，共振大唐。

本来身份所在，铺排两句也不算错，这是"起承转合"中明明白白的"承"，但是诗到这里就该"转"，再添一把火，推上高峰了，可惜皇上实在没那能力，关键处泄气塌腰，忽然宕开一笔又去写景了，"曲沼水新碧，华林桃稍芳"，池塘的水绿啦，林子里的花开啦，说了跟没说一样。然后便草草收束，"胜赏信多欢，戒之在无荒"，说我们好好努力，请大家看我的行动吧。

雷声大，雨点小，不仅是小学生作文，简直是开学前的决心书。

不过，诗虽写得不怎么样，难得能每句五个字凑得整齐，德宗也就很满意了。示之群臣，大家自然也都捧场叫好，抻着脖子一叠声地将什么"词瞻华美""文藻精神""凤彩鸾章"……诸如此类的高帽不要钱地向皇帝抛来，不管你信不信，反正德宗是信了。

而戴叔伦也很给皇上面子，将这件事大加宣传，因此"天下荣之"（季肇《国史补》）。

同时，戴叔伦趁着皇上高兴赶紧回京请辞，果然一奏便准。谁知却因此葬身鱼腹，溺于清远峡。

屈原、张志和、戴叔伦，他们的英灵，会在水府相会吗？

三

戴叔伦过世时，陆羽仍在四处漂泊。他这一生总是在不停地搬家，忽而洪州，忽而信州，间中还去广州李复的幕府住了两年，如此来来去去耽搁了十年，一直不肯回到江南。他在逃避什么呢？

湖南距离江西和广州都不远，陆羽十年间游幕于湘、赣、粤之间，时相往来。宋人张君房《云笈七签》曾引"太子文学陆鸿渐所撰《武夷山记》"，转述了武夷山八月十五"幔亭招宴"的故事，可见陆羽还去过福建，到访武夷山，亲眼目睹了一场盛会。

这也很正常。江西地理位置优越，交通便利，自古为"干越之地",号称"吴头楚尾,粤户闽庭",陆羽访茶问泉,吴、楚、粤皆游遍,又怎会独独错过闽地,不去拜访名茶胜地武夷山与太姥山呢?

至少,武夷山人是坚定地相信着陆羽曾经来过的,直到今天,在制茶评茶时,仍然谨遵茶圣"蛤蟆背"的明训:

茶经·五之煮

> 凡炙茶,慎勿于风烬间炙,熛焰如钻,使炎凉不均。持以逼火,屡其翻正,候炮出培塿状虾蟆背,然后去火五寸。卷而舒,则本其始又炙之。若火干者,以气熟止;日干者,以柔止。

炙茶,说的是烤饼茶时不要在通风的余火上烤,因为飘忽不定的火苗会卷到茶饼某一点,使受热不均。

持饼近火,要不停翻动,等到饼面上烤出像蛤蟆背上的小疙瘩一样的气泡,将茶饼持离火五寸远。等到卷曲的茶饼重新伸展开,再重复一次这个过程。

如果制茶时就是用火烘焙的,炙茶时烤到热为止即可;如果制茶时是太阳晒干的,那么晒到软就可以了。

史说陆羽"有文学,多意思,耻一物不尽其妙"(《唐国史补》),描摹事物纤毫毕至,最擅长打比方。"蛤蟆背"之喻,可见一斑。

从此,"蛤蟆背"成为武夷岩茶的评审标准之一,能烤成这样的,纵然不是最好的岩茶,却一定是最好的火功。

去年清明，我正是在武夷山庄度过的，酒店在半山，抬头就能看到巍峨壮观的大王峰。

武夷岩茶的名品讲究"三坑两涧"：牛栏坑、慧苑坑、倒水坑，流香涧、悟源涧。我跟着茶农来到牛栏坑，一路沿溪而上，爬到鹰嘴岩已经累到不行，对着"不可思议"的摩崖石刻喘息如牛，比任何时候都更加理解了武夷肉桂的"岩韵"。

武夷山茶种类颇多，但主要是红茶和乌龙茶，最著名的是正山小种、金骏眉、大红袍、铁罗汉等。

陆羽对烹茶的木柴很讲究，特别提出"膏木"，也就是有油烟的松柏桂桧不可用，会有"劳薪之味"；而正山小种却恰恰相反，非得以桐木关特有的油松才能熏制。

准确地说，只有用桐木关所产的油松熏焙而成的，具有松烟香气、桂圆汤味的小种红茶，才能称之为正山小种红茶。

不过，半发酵的乌龙茶和全发酵的红茶，都是明清以后的工艺，在陆羽的时代是没有的，所以即便他来了武夷山，也是一样将所有茶叶蒸青了事。

不过，同属福建名茶的太姥山白茶可就不一样了。因为一千年前的白茶喝法，很可能与今天并无不同。

四

日本茶人冈仓天心对茶道有个很特别的形容："茶道是一种对残缺的崇拜，是在我们都明白不可能完美的生命中，为了成就某种可能的完美，所进行的温柔试探。"

所以这样说，就是因为茶的炮制须经过杀青、揉捻，像揉面一样揉捻茶叶，还要分为"热揉"和"冷揉"。

较老的叶子纤维素含量高，揉捻时不易成条，因此要在杀青后趁热揉捻，称作"热揉"；高级嫩叶比较娇贵，为保持良好的色泽和香气，要在出锅后立刻摊凉，降低叶温，注意通风，防止叶色变黄和产生水闷味，之后才进行揉捻，叫作"冷揉"。

这是为了将茶叶揉捏破碎，使其汁液流出，发出香味。然后再烘焙、摊凉。每一片茶叶的诞生，都要经过水深火热的炼化过程，仿佛太上老君炼丹。

但是白茶却无须这般虐恋。

白茶是唯一经过晒青便可直接饮用的茶品，可以最大程度地保留茶叶的天然属性，带着温暖明媚的太阳味儿与我们相逢。

这便是我最爱白茶的原因所在。

爱其天然，爱其洁净，爱其温暖，爱其阳光明媚，闻香品茗之际，会有一种幸福的感觉。

诚如明代田艺蘅《煮泉小品》所云：

> 芽茶以火作者为次，生晒者为上，亦更近自然，且断烟火气耳。况作人手器不洁，火候失宜，皆能损其香色也。生晒茶瀹之瓯中，则旗枪舒畅，清翠鲜明，香洁胜于火炒，尤为可爱。

白茶最主要的品种是华茶一号的大白茶和华茶二号的大毫茶，在等级上则大致可分四等：

白毫银针。采用大白茶新梢的肥大芽尖制成，外形似针，白毫如银，数量稀少，自然价格不低，是我的最爱。

牡丹王。标准形态是一芽一叶。行内的标准名称叫"高级牡丹",兼具了白毫银针和白牡丹共同的优点,也是收藏级的奢侈茶。

白牡丹。标准形态是一芽两叶或三叶,一级牡丹和二级牡丹也就是从叶子的多少上来区分的。绿叶夹着银白毫心,形似花瓣微凋,故称牡丹,色泽灰绿,茶汤明澄,是性价比最高的一款。

寿眉和贡眉,是白茶中等级最低、产量最大的,自然也是价格最低、受众最广的白茶。好的寿眉口感上也是不输给白牡丹的,特别是存成老寿眉后,更有特别的香气和口感。

因为偏爱,所以每年茶季,我都会与先生亲自往福鼎点头镇跑一趟,参与采青、晒茶,及至包装、运输的全过程。

小镇不大,走马观花一个小时就逛完了,但是满街茶店茶馆若是一家家喝过去,只怕一个月也喝不完。

没有日晒过的茶是没有灵魂的!

没有品过白茶的人生是欠缺温暖的。

如果你来大唐西市找我喝茶,我一定奉上白毫银针,请你和我一起,感受阳光和山水的滋味!

泡茶时茶叶和水的比例是多少？

要泡好一杯或一壶茶，首先要掌握好投茶量。每次茶叶用多少，并没有统一标准，主要根据茶叶种类、茶具大小以及个人的饮用习惯而定。

茶道茶艺表演一般都是按照1∶45左右的比例来泡茶的。但这样的比例在日常喝茶时会略有些淡。日常喝茶，我个人的经验是1∶20到1∶40的比例比较合适。家庭常用的是容量一百一十到一百二十克的盖碗，用三到五克茶，是一个比较适合的量。

具体到常见的茶，如果是黑茶、红茶，包括熟普，三克就可以了。如果是绿茶、生普、白茶，四到五克就可以了。简单来说，茶色比较浓的，投茶量少；茶色比较淡的，可以适当增加投茶量。

但是加量也要有度，不论是什么茶，喝时都不适合过浓。即使是像白毫银针这类茶色特别淡的茶，也最好不要超过六克的投茶量。

如果是煮茶，请不要机械照搬这个比例。因为煮茶有一个煮的过程，茶叶内质的析出速度要比泡茶时快、多，所以煮茶时，不论你的煮茶壶是多大，水量是多少，你的投茶量都请保持和泡茶时一样就好。不要盲目加大投茶量，投茶量太大时，你煮的就不是茶，而是酱油汤了。

泡茶时我们都是十到三十秒的时间出汤，那么煮茶的时间也不要过长,第一水两分钟左右就可以,第二水三五分钟足够。第三水,其实没有必要再煮了,无论多好的茶,内质都是有限的,第三水以后,最多只能算是有颜色的水,已经没有什么茶味,更谈不上营养保健功效了。

喝茶在本质上喝的是健康,如果茶汤的内质已经被榨干了,当然也没有再喝的必要了。扔掉没有营养保健功效的残茶,并不是浪费,反复煮泡残茶,其实是浪费水电,浪费时间。如果长期喝残茶,最大的坏处就是让你很难提高对好茶的鉴别能力。

怀素，蕉和陆羽皆知己

一

张潮在《幽梦影》中说："茶以卢仝、陆羽为知己，蕉以怀素为知己。"

而陆羽和怀素，则互为知己，陆羽还为怀素写下了半部《僧怀素传》。

说半部，是因为两人相识于盛年，所以传记没写完整。但是"茶圣"为"草圣"作传，已足称佳话了。

怀素比陆羽小四岁，也是在寺院中长大的，但和陆羽不同，他是出于主动选择。陆羽十岁时想方设法逃出山门，怀素却是在十岁那年忽然哭着喊着要出家。父母百般劝阻不来，只得把他送进了永州书堂寺为僧，改字藏真。

怀素（737—799），长沙人，俗家姓钱，"大历十才子之冠"的钱起，就是他的叔叔。而擅书法的惠融禅师，则是他的伯祖，怀素出家，很可能就是受到这位伯祖的影响。

永州古称"零陵",故而怀素又称"零陵僧"或是"释长沙"。

《僧怀素传》中说:"怀素疏放,不拘细行,万缘皆缪,心自得之。于是饮酒以养性,草书以畅志。"

也就是说,怀素平生两大爱好,一是喝酒,二是草书。

在寺中时,怀素初随惠融伯祖学习欧阳询楷书,写得和伯祖一模一样,被赞为"沙门札翰";后来看到东汉草圣张芝的草书碑拓和本朝泰斗张旭的草书真迹后,如痴如狂,开始改学大草。

怀素练字,不择其地,不论寺壁、里墙、衣裳、器皿,只要能落墨,逮到什么就在什么上面写字。买不起宣纸,就在寺旁山地上种了上万株芭蕉,在蕉叶上写字。这个典故就叫作"怀素书蕉"。

因为长期练字,秃笔成堆。林黛玉伤春葬花,有座"埋香冢",而怀素则为他用废的笔建了座"笔冢",冢旁有小池,因为总是洗砚台,以至池水变成黑色,名为"墨池"。

不过,几乎凡是名人胜迹都会有一座"墨池",绍兴的书圣王羲之故里有,九江的陶渊明墓园有,眉山的苏东坡故居也有,"墨池"几乎成了墨客标配,倒不稀奇了。

且说怀素少年成名,最大的贵人是李白。

只不过,那时候李白一点儿也不贵气,正是流放夜郎途中遇赦放还,死里逃生之际。途经洞庭潇湘,太守设宴相邀,李白便与怀素在酒局上相遇了。两人年龄虽然足足相差了近四十岁,却一般张扬,恃才放犷,又都是酒胆无忌,于是推杯换盏,很快便醉了。

怀素喝大了要写字，李白喝大了要吟诗，怀素便趁机向李白求诗，李白爽快地应了，拍着怀素的肩说："小子，你很像一个人。"

怀素问："谁？"

李白说："三十年前的我。"

说罢，酒杯一摔，手拍桌子高歌起来。怀素则是笔走龙蛇，一路狂草，就此合成一首《草书歌行》：

> 少年上人号怀素，草书天下称独步。
> 墨池飞出北溟鱼，笔锋杀尽中山兔。
> 八月九月天气凉，酒徒词客满高堂。
> 笺麻素绢排数厢，宣州石砚墨色光。
> 吾师醉后倚绳床，须臾扫尽数千张。
> 飘风骤雨惊飒飒，落花飞雪何茫茫。
> 起来向壁不停手，一行数字大如斗。
> 怳怳如闻神鬼惊，时时只见龙蛇走。
> 左盘右蹙如惊电，状同楚汉相攻战。
> 湖南七郡凡几家，家家屏障书题遍。
> 王逸少，张伯英，古来几许浪得名。
> 张颠老死不足数，我师此义不师古。
> 古来万事贵天生，何必要公孙大娘浑脱舞。

由于这首《草书歌行》里明显的张狂与过度的揄扬，以至很多人否认这首诗为李白所写，而认为是怀素假李白之名为自己造势。

因为这时候的怀素书法只不过小有所成，还远不到惊才绝艳的程度，说什么"草书天下称独步"，未免太不自量力了。

不过，李白做诗从来都是"语不惊人死不休"的，向来不知道什么叫矜持克制，更何况这还是他遇赦途中的醉后酒语，就更加认不得真了。

在李白心目中，向来认为他自己是"北溟有鱼，其名为鲲"所化的那只大鹏，如今他将这个意象很大方地送给了自己萍水相逢的小兄弟——这个很像自己的小和尚怀素，认为其将来一定会凭借书法腾飞，正如"墨池飞出北溟鱼"。

不愧是"诗仙"，怀素后来的成就确实当得起这首诗，李白不过是提前二十年预言罢了。

接下来数段都是夸赞怀素的书法多受欢迎，把湖南名流的家中屏幛都写遍了。醉后狂草，字如斗大，奔蛇走马，气势不凡，如疾风骤雨，似楚兵汉攻，真个是惊天地，泣鬼神，与日月同辉。

最惹眼的还是最后三句。

"王逸少，张伯英，古来几许浪得名。"王逸少就是东晋书法家王羲之，字逸少；张伯英，名张芝，善草书。

李白觉得，这些书法大家不过是浪得虚名，当世张旭也已经老死了不算数，数风流人物，还看今朝。

张旭是草书艺术的代表人物，墨法飞扬洒脱，灵动狂放，一笔一点俱有生意，充满情趣，仿佛会说话一般。他以造化为师，曾因看到公主与担夫争道，闻鼓吹而得笔法之意；又看公孙大娘舞剑，从横切纵劈中得草书之神。

以前的人讲究冠戴整齐，张旭却洒脱无忌，即使在公卿之前也敢脱帽露顶，旁若无人，每次喝醉后便手舞足蹈，大喊"抬墨来！"，然后笔走龙蛇，飘逸如飞，写出的字比清醒时更加变化无穷，如有鬼神之助；醉到极时，狂呼暴走，甚至把头发浸在墨汁里，然后狂甩脑袋写大字，故得"张颠"之名。

杜甫《饮中八仙歌》中声称："张旭三杯草圣传，脱帽露顶王公前，挥毫落纸如云烟。"

李白的诗、张旭的草书、裴旻的剑舞，曾被唐玄宗金口玉言评为"大唐三绝"。但在这首《草书歌行》中，李白却对与自己并称"三绝"的张旭颇不以为意，就连公孙大娘也跟着"躺枪"，为的就是强调那句"古来万事贵天生"，意思是怀素啊我的小和尚，这世间唯有你和我是天赋异禀，哪里需要什么老师、什么借鉴呢，诗也好，字也好，那还不是信手拈来吗？

而陆羽，正是这北溟鱼腾飞的见证者。

二

陆羽结识怀素，有人说是因为颜真卿，有人说是因为戴叔伦。总之，同一个"朋友圈"的人，相遇相知一见如故，几乎是必然的事。

唐德宗贞元三年（787年），陆羽在洪州写下了《僧怀素传》，满怀激情地记录了颜真卿和怀素两位书法大师的友情与交流。

李白笔下的怀素，是二十岁怀素的心智与表现：少年轻狂，目无下尘，相信"学无师授"；陆羽笔下的怀素，随着年纪渐长，渐渐收敛了狂狷脾气，虽然洒脱依旧，却已经清楚地知道自己之不足，先后向邬彤、颜真卿学习，终于悟得草书真法，自成一派。

怀素求见颜真卿，有两大拜请，第一自然是学书法，第二则是求文章，拿出以往各位大咖为自己写的诗并《自叙帖》呈上。

《自叙帖》为怀素狂草的代表作，全篇七百零二字，共一百二十六行，笔势如激电奔雷，圆转流畅，灵动跳脱，随势参差，出神入化，是我国书法史上不可多得的瑰宝。

叙中开篇自述："怀素家长沙，幼而事佛，经禅之暇，颇好笔翰。"四处远游求学，寻访遗编绝简，名公高人。得遇颜真卿，"书家者流，精极笔法"，因诚意拜请，又拿出诸位师友为自己写的歌诗呈上，打算结文为集，请求颜鲁公作序并"冠诸篇首"。

这些赞诗中，我们且只完整收录老朋友戴叔伦的一首：

怀素上人草书歌

楚僧怀素工草书，古法尽能新有余。
神清骨竦意真率，醉来为我挥健笔。
始从破体变风姿，一一花开春景迟。
忽为壮丽就枯涩，龙蛇腾盘兽屹立。
驰毫骤墨剧奔驷，满坐失声看不及。
心手相师势转奇，诡形怪状翻合宜。

人人细问此中妙，怀素自言初不知。

颜真卿看了怀素笔墨，赞叹不已，欣然为序：

> 开士怀素，僧中之英，气概通疏，性灵豁畅。精心草圣，积有岁时，江岭之间，其名大著。

他在序中回忆自己师从张旭的过往，自称"资质劣弱，又婴物务，不能恳习，迄以无成。追思一言，何可复得"，如今看到怀素"姿性颠逸，超绝古今"，笔风更是"纵横不群，迅疾骇人"，其人其字都颇有张颠之风，不禁慨叹：如果张旭在世，怀素能得颠师亲笔教诲，登堂入室，舍子其谁？

颜真卿谦逊宽和，轻易不肯以师自居，遂只是代师传法，以张旭所授"十二笔意"传怀素，"平谓横、直谓纵、均谓间、密谓际"，一笔一画，如水银泻地，毫无保留；且真诚地与他切磋顿悟之法，道："张长史观孤蓬、惊沙之外，见公孙大娘剑器舞，始得低昂回翔之状。"告诫怀素师法古人，道悟自然。悲欢忧喜，凡有动于心，悉可发于笔墨，山水崖花无不可化为一撇一横，自得江山之助。

在真正的大师面前，怀素也收敛轻狂，如海绵吸水，一字一句地咀嚼着恩师所授，谦逊地汇报自己的观察感受："贫道观夏云多奇峰，辄常师之。夏云因风变化，乃无常势，又遇壁坼之路，一一自然。"

这句话的意思是说自己靠观察夏天云彩的变化来体悟自然，以此为师。结果他发现，云朵随着风势的转化而变化莫测，没有一定之规，没有痕迹，所有的来锋去笔都非常自然。

"壁坼"，指的是新泥墙壁有坼缝。这里指的是作书当用笔端正，字有牵丝，而断头与起笔牵丝都应在正中，清峻天然，就像泥墙自然断裂的坼缝，没有刻意布置的痕迹。这番体悟非精谙笔法者不能道出，因此颜真卿大喜赞叹："噫！草书之渊妙，代不绝人，可谓闻所未闻之旨也。"

怀素虽未得亲见张旭，其天赋悟性却如出一辙，更因为颜真卿的隔代授艺，使他的草书成就终于达到了与张旭两峰并峙的高度，在书法史上留下了"以狂继颠"的美谈，并称"颠张狂素"。

所以说，怀素算得上是张旭的隔世弟子，这大概便是他后来再不提李白那首对自己揄扬太过的赞美诗的缘故。若真是"张颠老死不足数，我师此义不师古"，那他跟颜真卿学的又是什么呢？

陆羽的这篇《僧怀素传》，与其说是写给怀素的赞歌，不如说是对颜真卿的怀念。

更难得的是，这篇传记不但记录了三位大师的友情，更写下了草书史的传承，这是陆文学给我们留下的又一文学遗存！

有了颜真卿的加持，怀素声名更胜，为他写赞歌的人也更多了：

> 奔蛇走虺势入坐，骤雨旋风声满堂。（张渭）
> 初疑轻烟淡古松，又似山开万仞峰。（卢象）
> 笔下惟看激电流，字成只畏盘龙走。（朱逵）

> 志在新奇无定则，古瘦漓䍦半无墨。醉来信手两三行，醒后却书书不得。（许瑶）
> 粉壁长廊数十间，兴来小豁胸襟气。……忽然绝叫三五声，满壁纵横千万字。（窦冀）

"大历十才子"之首、怀素的亲叔叔钱起也特地写诗赞他：

> 远鹤无前侣，孤云寄太虚。
> 狂来轻世界，醉里得真如。

从这些诗中可知，怀素虽是僧人，却不但嗜酒，且不忌荤腥，是个不折不扣的酒肉和尚。

晚唐诗僧贯休《观怀素草书歌》更是说得无忌：

> 张颠颠后颠非颠，直至怀素之颠始是颠。
> 师不谭经不说禅，筋力唯于草书朽。颠狂却恐是神仙，有神助兮人莫及。

怀素在《自叙帖》中称少年时"经禅之暇，颇好笔翰"。作为一个出家人，好歹还是把经禅视为正业，以暇时习翰墨的。到了晚年，却已是"不谭经不说禅"，一味寄情草书，放旷醇酒，而且是"一日九醉"，时人呼之为"醉僧"。

《食鱼帖》中，怀素更是老老实实地承认：

> 老僧在长沙食鱼。及来长安城中，多食肉，又为

> 常流所笑，深为不便，故久病，不能多书，实疏还报。

既吃鱼又吃肉，以致被人笑话。估计宴席中常常有人诘问"你身为和尚，怎么如此荤腥不戒"。怀素听得烦了，懒得解释，索性装病不出，既躲饭局又躲稿债，这位高僧还真是任性。

大概是酒喝得太多的缘故，怀素晚年患了风痹病，虽比陆羽小，走得却比陆羽早，于贞元十五年圆寂，享年六十二岁。

怀素传世的草书作品有《四十二章经》《千字文》《自叙帖》《苦笋帖》《酒狂帖》《食鱼帖》等。虽然他出道是凭借李白之诗彰名，但是留传至今的书法代表作之一，却是杜甫的《秋兴八首》，这也是后人质疑《草书歌行》非李白所作的缘故。

世人对怀素的研究，最可靠的资料来源，就是他的《自叙帖》与陆羽的《僧怀素传》了。

倒不知，作传之前，怀素有没有请陆羽喝酒吃鱼？

三

水品二十中评郴州圆泉水为第十八，或谓陆羽入幕湖南府时所评。

陆羽来过长沙是一定的，但是有没有到过永州和郴州，则史上存疑。

这几个地方，我都是去了无数次的。因为西周私塾的游学场馆之一就在郴州安陵书院。这里据说前身是一座宋代书院，亭台楼阁，蕉风棠雨，像极了大观园。

至于长沙，更是因为长期合作的剧场与导演都在那里，几乎每年都要去住上一阵子。与唐朝最近的距离，是我为长沙市委宣传部创作的舞剧《君生我未生》，主题便是关于唐代铜官窑的故事。

铜官窑的瓷器其实还只是"类瓷"，更接近陶，难得的是铜官窑的遗址犹在，保存完好。我们观摩龙窑，学习陶瓷制作，想象湘江的水与铜官的泥和在一起，在火中涅槃，诞生一只只陶瓷盏。

就只是一种稍微特殊的土，和了水，便成了器，这是多么神奇的事情。

陶土是柔软的，由着主人的心意搓扁捏圆成各种形状；然而陶器是坚贞的，一旦成形，除非打碎，不可重来。

并且，随着岁月风尘的浸润，陶瓷器会焕发出更加深沉的美，美得惊人。

陶瓷收藏界素有"整清破明"之说，即便是一块从明朝遗存下来的瓷片也是极为珍贵的，更何况一樽大唐的整器呢？

而湖南省博物馆的镇馆之宝，便是一只出土的唐代陶罐，或许便是茶罐吧。罐身上题着一首诗：

> 君生我未生，我生君已老。
> 君恨我生迟，我恨君生早。

器上题诗，这是铜官窑独有的瓷诗文化。

而我创作的故事，就围绕着这只陶罐展开。当写到男主人公担水、炼泥、拉坯、制陶、题诗时，不禁想，陆羽入幕湖南府时，不知有没有来过这铜官窑，有没有试过亲手制作一只陶罐，再题上一首诗。

如果有，他的诗，是送给谁的呢？

他双手托着那具亲手制作的陶瓷皿，久久地注视，仿佛透过它注视某个人。他的眼神逐渐温柔，心无旁骛地将所有情感注入到那只皿中，然后亲自守候着它，直到烧制完成，仿佛守候一个梦。

我剧中的男主人公，爱上了一个他从未触摸过的美丽女子，他将所有的爱都融进陶土，完成一樽又一樽瓷器，并在上面绘制了女子的形影，寄托相思。

后来，他听说了女子的死讯，便在生平最后一只作品上题下这首"君生我未生"的诗，然后抱着陶罐步入窑中，让一千度的烈火焚烧了自己，与他的爱、他的诗、他的陶罐一起化为永恒。

我想着那个关于前世今生的故事，在铜官窑的素胎上手绘了一朵荷花，签上名字，交给师傅烧铸。

光阴荏苒十年梦，岁月清闲一盏茶。如今，这只盛满回忆的荷花罐仍然摆在我家的博古架上，安静而温柔。我时常会抚摸着它并不平滑的釉面，亦真亦假地对朋友说："它在我生前为我装茶叶，在我死后替我装骨灰，然后我的灵魂就会浸泡在茶香中，一起轻盈。"

湖南的安化黑茶可谓六大茶例中黑茶的代表。唐五代前蜀毛文锡《茶谱》云："渠州，渠江薄片，一斤八十枚……潭、邵之间有渠江，中有茶，而多毒蛇猛兽。乡人每年采撷不过十六七斤。其色如铁，而芳香异常，烹之无滓也。"

不过，虽说是"其色如铁"，这时的茶工艺应该还是晒青毛茶或蒸青绿茶。直到明朝，黑茶工艺方才出现，为重发酵，紧压茶，宜长期保存，且越陈越香。如今主要有"三砖、三尖、一卷"，即黑砖茶、茯砖茶、花砖茶、天尖、贡尖、生尖、花卷茶。花卷茶中，又分为十两、百两、千两，以千两茶最为著名。

千两茶每支净重千两，将松柴明火烘焙过的毛茶汽蒸变软，然后"灌包"。竹针穿过蓼叶，像缝制衣服一样为茶青穿连成一件斗篷，无比珍惜怜爱地包裹着茶叶，将其装入竹篾编织的长筒形篾篓中，仿佛送女出嫁。然而接下来便是锤击绞压，反复束紧，锤子、拳脚、篾缠、杠压，过程几乎是残暴的，直到将篾篓变成一条紧密坚实的"茶棍"，再经过日晒夜露七七四十九日，自然干燥而成。

其过程，好比是多年的媳妇熬成婆。

我有位收藏千两茶的朋友，人头高的茶棍伫立如林，蔚为奇观。她说茶的年纪比自己大多了，每每缺钱，就砍一根茶去卖，能换一套房子。

安化黑茶最正宗的原产地在高马二溪村，虽然没有大片茶园，却有茶山，而且是山上有林，林中有茶，正是陆羽所说的："野者上，园者次。阳崖阴林。"

茶叶应该怎样存放？

茶厂的专业库房，都备有能够通风抽湿、控制温度和湿度的系统，只有在这样的条件下，才能保证茶的保鲜和后期陈化效果。如果是家庭存茶，就要注意做好以下几点：

第一，防潮。特别是南方的朋友，在回南天、雨水比较多的季节，家庭存茶一定要做好防潮措施。如果有条件，最好备一个干燥箱，用来专门存茶。

第二，防异味。茶性易染，茶叶吸湿吸味的功能非常强大。专业茶艺师在泡茶前首先要做的就是把手洗干净，并不是因为手脏，而是我们用的护肤品、洗手液都有明显香味。所以在专业茶馆，会明确规定茶艺师在上班期间不可以喷香水，不可以使用护手霜。一点儿护手霜都可能让茶叶沾染异味，更何况是其他的味道。所以火锅店附近的茶室茶店，是坚决不能问津的。

第三，控制温度。常见茶的存贮，温度最好不要低于十摄氏度，不要高于三十摄氏度。也就是家庭常温。经常有人问要不要把茶叶放到冰箱里，答案是：不要！不要把茶叶放进你家塞满了蔬菜、水果以及各种食物的冰箱里。无论多好的茶，在这样的冰箱里放一段时间，也基本上就是煮茶叶蛋的命运了。

很多人有在冰箱里保存绿茶的习惯，认为这样可以延长绿茶的保质期。但是，绿茶本身就是当季茶，最好在当年喝完。存放时间越长，品质越是下降，存那么久做什么？如果非要把绿茶放进冰箱，也请放在冷冻室，而不是冷藏室。更不要信冰箱的保鲜、冰鲜等各种功能。请一定放在能结冰的，温度最低的冷冻室。

除了绿茶，像白茶、普洱、黑茶是绝对不可以放进冰箱的。这种越老越好的茶，后期陈化转化的重要条件就是温度不可过低，因为低温会让茶叶内的许多微生物的活性降低，甚至死亡。低温存白茶和普洱也就等于人为终止了茶叶后期转化的进程。

第四，存茶要避光。避光是为了防止氧化，茶叶的氧化主要是茶叶内质及营养保健成分失效的一个过程。许多人会买茶饼的摆件或者挂件，这样的茶饼，从做出来的那一刻起，就注定只可以作为装饰品，失去了品饮的价值。许多茶叶店里会挂着或者摆放着三斤、五斤甚至几十斤重的茶饼，其实这仅仅是为了广告和装饰效果，并不是为了喝的。

另外，什么茶可以混着放，什么茶不可以混着放？

红茶如果不是密封的，就不要和普洱、黑茶混放，会串味儿。生普和熟普，最好分开放。同一种茶，比如单纯的普洱，新茶和老茶也最好分开存放；但如果年份上只差了一两年，放在一起也是可以的。如果是密封好的白茶，和任何茶都是可以放在同一空间的。绿茶，最好现买现喝，尽量不要长时间存放，过期了扔掉就好，更谈不上和别的茶混存的问题。

最后一点，存茶要有量，才有质。

白茶、普洱、黑茶等都是越老越好，越陈越香。所以喝白茶、普洱的朋友都有买新茶、存老茶的习惯。

茶叶适合群居，单独的一两饼，或者半斤八两的茶，并不适合长期存贮。

存茶的目的是让茶叶在时间的长河中自然转化成为品质更好、营养保健功效更佳的茶，而茶叶的后期转化陈化是需要一个小气候环境的，只有把相对较多数量的茶叶存贮在同一空间内，才有形成这个小气候环境的基础。如果只有一两饼的茶、半斤八两的茶，长期单独存放，只会造成茶气的流失，也就是我们常说的跑味儿了，时间越长，其实越是浪费。

自己存茶有两个最大的好处：一是年份保证不会有假，市场上买的十年茶，也许只是三四年的茶，但自己存的，多少年就是多少年，年份上是最真实的；二是省钱，老茶讲的是年份，几乎每多一年就会贵两成以上。所以年年买新茶，天天喝自己存的老茶，是老茶客通行的做法。

孟郊，吟花啸竹成新篇

一

从五十岁到六十岁，陆羽度过了整整十年的幕僚生涯。先从李皋，后投李复，也就是原竟陵太守李齐物之子，遂成两代佳话。

但他停留最久的地方，还是上饶，且在上饶城北二里新建了一座宅子，凿泉引水，茂竹修林，且植茶园十数亩，轩庭敞阔，既适合修书，亦方便制茶，当真是闲云野鹤的茶仙生活。

虽然他也没有在此住多久，仍然时不时来一场说走便走的旅行，但却留下了不少痕迹：

他在上饶种茶的山，后来改名茶山；他寄居的广教寺改为茶山寺，就在如今的上饶第一中学校园内；他在山舍旁开凿的山泉，叫陆羽泉，"其水似井而傍山，色白味甘，是为乳泉。以土色赤，又名胭脂井"，被评为"天下第四泉"。

我在立秋这日驱车三小时，早晨从景德镇出发，一路隧道穿过葛洪炼丹成仙的三清山,来到上饶一中。

路上颇为踌躇,我担心因为疫情防控,校园未必肯放人进入。然而到达后,才发现校址已迁,老校区成为工地,到处都是挖起的土堆深沟,工人进进出出,我便也跟着晃了进去。

四十度高温下,踩着高跟鞋一路在沟坎与瓦砾间腾挪跳跃,刚穿过教学楼,便看到了丛竹掩映的"陆羽亭",当下简直热泪盈眶。

亭子旁边乱石堆下,露出罩栏环护的古井,我们搬开倒卧在井上的施工板,蹲下来认了半天井壁上的红色篆字,只模糊认出一个"流"字,后来查过资料,方知是"源清流洁"四个字,为民国知县所书。

从井台望下去,幽深不见底,但可以看到清波微漾,仍是一口活井,这可是一千三百岁的活井啊,真恨不得取一瓢水感受下。

史载此处傍山而建,泉水色白味甘,是为乳泉。然而有不锈钢管焊接的八角型井罩相隔,无法品尝,倒是因为施工,泥土尽被翻起,确实见证了"土色赤",也就确认了"胭脂井"的身份。

陆羽亭为后人所建,水泥立柱,藻井上绘着二龙戏珠,虽然色彩斑驳,却依然艳丽,有一种诡异的热诚,仿佛生怕我不相信这里是真正古迹似的。

亭子里有工人在乘凉,让我不便坐下来发思古之幽情,只站着同他们攀谈了几句。其人并不知陆羽何许人也,却知道亭子后面原先有座雕像,施工推倒了,但是建筑完成后会重建的。

就这样,驱车三小时,徘徊十分钟,但我能够顺利见到这井、这亭，已经觉得尽兴，伸手穿过栏杆抚摸了一下井壁，轻轻说一声："陆羽，我来过了。"

上饶一中所在的路叫作茶圣路，不远处还有一座陆羽公园。

另外，陆羽在余干冠山临时居住时，曾经"凿石为灶，取水煮茶"，留下了"仙人灶"和"煮泉亭"等古迹，不过如今都已不存。

一代代的慕诗客寻茶访圣，同我一样热诚的明代诗人叶继震曾在此题咏一首《陆仙茶灶》：

> 品茶人已去，遗址尚名仙。
> 不辨西江水，空余岩畔烟。
> 传薪留宿火，洒润得廉泉。
> 饥渴居来后，偕离别有天。

二

叶继震和我都来得太晚了，但是有人来得及时。陆羽新居落成不久，迎来了一位形容枯瘦的客人——孟郊，就是写"慈母手中线，游子身上衣"的那位苦吟诗人。

孟郊（751—814），字东野，从前在湖州时便与陆羽在诗会上见过一两面，此番故友重逢，自是亲热，先参观了新居的环境设施，又品尝陆羽亲自种植焙制的好茶，只觉色清味酽，美不胜收，不禁连连赞叹："好茶，好水，好处士！"当即请陆羽取出笔墨，不及推敲，挥毫写下一首古风相赠：

题陆鸿渐上饶新开山舍

惊彼武陵状，移归此岩边。

开亭拟贮云，凿石先得泉。

啸竹引清吹，吟花成新篇。

乃知高洁情，摆落区中缘。

不过多年之后，虽然他的仕途一直不顺，诗名却已传遍天下，远胜陆羽，且成为苦吟诗派宗主，人称"诗囚"，与同样愁眉苦脸的"诗奴"贾岛并列，称为"郊寒岛瘦"。

孟郊一生存诗五百多首，多有炎凉之态、凄苦之声、寒峭之气，听得人忍不住眉毛皱起。但他送给陆羽的这首，却十分清新难得，虽不合格律，但词清句秀，充分表达出君子相交以心的欣赏之情。

诗中借武陵人打渔误入桃花源的典故，说明陆羽来到信州的缘起乃是"避乱"，倚岩而居则为山水高情，故而筑亭邀云，凿石引泉，栽花种竹，吟风弄月，真正山人心性，隐士清操！

也正因为诗中有避乱之意，以至于后世研究陆羽者一知半解地将陆羽在上饶的时间说成是二十几岁时，为避"安史之乱"而下江西。其实中唐战乱频仍，叛乱的何只一个安禄山呢？"刘展之乱""四王之乱""泾阳之乱"哪一次在战乱中受苦的不是普通百姓？对于陆羽来说，真正有切肤之痛的，李希烈与朱泚才更令他恨入骨髓。

而孟郊和陆羽都是从前颜真卿湖州诗会的座上宾，如今重逢，自然不免抚今思昔，缅怀忠烈，这才会有武陵之叹。

而"区中缘"为佛教术语，指人世间的俗念。孟郊这首诗不仅雅，而且恰，既赞美了山居的清雅，又奖誉了主人的脱俗，与孟郊一向的笔风大相径庭，看得出此时孟东野对陆鸿渐当真仰慕。

陆羽看了诗，自是欢喜，越谈越深，互相交换起平生经历来。

要说孟郊的运气实在是不好，简直从出生说起来就是一把辛酸泪。他很小的时候，父亲就去世了，母亲独自拉扯他们兄弟三人长大。这使得孟郊从小性格孤僻，不喜与人往来，年纪轻轻便隐居河南嵩山苦读。

到了三十岁这年，孟郊自觉经纶满腹，世界这么大，我该多看看，遂离家远行，往长安赶考，只望一跃龙门改命运；谁知科举却落了第，而且是两次落第，实在太伤自尊了，困顿挫败至极。

孟郊绝对不认为这是自己水平不行，而是苍天无眼，考官无德。不然，那些金榜题名的卷子贴出来，都写的什么乱七八糟的，哪点比得上自己？

说着，孟郊忍不住牢骚满腹，吟起一首五言律《落第》：

晓月难为光，愁人难为肠。
谁言春物荣，独见叶上霜。
雕鹗失势病，鹪鹩假翼翔。
弃置复弃置，情如刀剑伤。

天地无光,暗无天日啊,一字一泪有没有?

陆羽听了不禁愕然,虽佩服孟郊才气,却不忍见他太过消沉。科举不第固然可以自认为是雕鹗失势,可也不用讽刺及第者都是鹪鹩得志吧?或许,这种心态便是源于自幼丧父带给他的阴郁压抑吧。

陆羽是从弃儿身份与心态中一路挣扎出来的,如今早已通透世情,想了想,故意叹口气笑道:"东野虽然少年失怙,毕竟上有高堂,手足情深,也不白来这人世间走一遭。何似陆某这般天地孤鸿,零丁一叶,连自己姓甚名谁也不知道,又天生貌丑口吃,神憎鬼厌,只好躲进山里与林泉做伴,倒是老茶树不嫌弃我,所以才有了这手烹茶的活计,勉强谋生。"

孟郊忙道:"太祝何必太谦?自是锦心绣口,下笔千言,才有圣人亲自诏赐太子文学之职,何等光耀?普天之下,但有饮茶者,孰人不读《茶经》,孰不知鸿渐之名?"

陆羽摇头说:"某于幼时,曾寄居僧舍为杂役,扫厕牧牛,常遭鞭笞斥骂。每每自苦,便想起孔夫子谓仲弓之语:'犁牛之子骍且角,虽欲勿用,山川其舍诸?'老天生我,纵然不材,必有深意。我每每如此自省,方能于林泉之间得到真趣,师父给我取名'疾儿',我不喜欢,自己给了自己一个名姓。这才有了你今日所见之'鸿渐',不然,我也只是僧舍小打杂的疾儿而已,何谈光耀?"

孟郊听了,若有所悟,叹道:"我知太祝良言,只是郊年逾而立,一事无成,难免急躁了。从今而后,当以太祝诫我之言自省。"

这一年,是贞元元年(785年)。彼时,孟郊可不知道,这才从哪儿到哪儿啊，他后来落第的次数还多着呢。

三

孟郊的科考运气实在差，史书上说他"十七年间六落第"。也就是说他从三十岁开始一心备考，百折不挠，一直到四十六岁方才中举，那欣喜若狂的劲儿就别提了，一得意便写下了登科史上最得瑟的一首诗：

登 科 后

昔日龌龊不足夸，今朝放荡思无涯。
春风得意马蹄疾，一日看尽长安花。

科举及第的庆功节目非常多，有雁塔题名、杏园探花、曲江宴游等。其中"探花宴"，是在同榜进士中选两位较为年轻英俊的"探花郎"，骑着高头大马遍游长安，采摘名花；其他进士则步行采花，若是抢了先，两位探花郎就要受罚。

但是孟郊及第的时候已经四十六岁了，居然也有幸"春风得意马蹄疾，一日看尽长安花"，可见唐朝科举之艰难，故而有"三十老明经，五十少进士"之说，就是说五十岁考中进士也算年轻。

这首诗一不小心接连制造了"春风得意"和"走马观花"两个成语，可见孟郊当时的心情有多么飞扬。

可惜他的高兴并没有维持多久，因为唐朝举子即使中了进士也不能直接分配工作，还要经过"选官试"，往往一等十年不得官的也常见。

比如有个叫卢藏用的河北举子，中举后就一直未得官，于是同哥哥一起隐居终南山，还写了篇《芳草赋》到处传扬，借此累积名声。皇上在长安的时候，他隐居附近的终南山；皇上移驾洛阳的时候，他便又跑去嵩山隐居。于是得了个"随驾隐士"的绰号。

但是不管怎么说，这一招硬是好用。唐朝廷因为以老子为祖先，道教盛行，所以对隐士高人很尊重，到底还是赏了他一个左拾遗的职位，不久升到吏部侍郎。有一次皇家仪仗经过终南山，卢藏用指着山说："此中大有嘉处。"有隐士名司马承祯者立刻接口说："我看啊，最大的好处是做官捷径吧？"

从此，"终南捷径"一词不胫而走。

孟郊是个运气差的，又不懂得走捷径，登科后一直不得选官，伸长脖子足足等了四年，才混了个溧阳尉的小官。

这时候，他已年过半百，走马上任的第一件事，就是把老母亲迎到溧阳来，享受一把县尉太夫人的待遇。

母亲到的那一天，孟郊早早命人打扫庭堂，摆设宴席，自己一遍遍跑到村口大柳树下望了又望，心头层层滚过五十年来母子相依的种种艰辛折磨，涌上心头最清晰的画面，就是母亲白发苍苍，在灯下走针缝衣的模样。

于是，孟郊满含热泪，脱口而出，写下了千古绝唱《游子吟》：

慈母手中线，游子身上衣。

临行密密缝，意恐迟迟归。

谁言寸草心，报得三春晖。

很多专家在解读这首诗时，都受到老母亲缝衣相赠的画面影响，以为是孟郊年轻时某次赴考前所作。然而，原诗前有题注："迎母溧上作"。而孟郊直到及第授官才来到溧阳，可见是五十岁之作。

前后考了十七年，可想而知孟郊长年漂泊，远离家乡，是个不折不扣的游子。而一次次离家远行前，看过多少次母亲灯下缝衣的情景，听过多少句路上小心的叮咛，承接了多少回金榜高中的祝福，更许下了多少个"待我金榜题名，为你请诰增荣"的诺言。

然而，现实太残酷，多少次打碎他的梦想，让他的期望与尊严碎落一地。

孟郊的故事，真是一点儿都不励志。

"慈母手中线，游子身上衣。"没有母哪来的子，没有线哪来的衣？这是世上最亲密的关系，最直接的真理，朴素天成，肌肤可亲。

"临行密密缝，意恐迟迟归。"太实在了，太真切了，太平常了，太刻骨铭心了。这是天下所有母亲在送别儿子时最常说的叮咛吧：孩子，早点儿回来！读着这样的话，简直要落下泪来。故乡所以温暖，不就是因为有母亲翘首盼归的身影吗？有妈，才有家啊！

"谁言寸草心，报得三春晖。"可怜的孟郊，五十岁才终于立业，当了小小县尉，以为可以奉养母亲回报慈恩了。可是母爱如春日阳光般温暖明亮，儿心却似小草般青涩微简，位卑薪薄，何能回报？别说只是小小县尉，就算真的高官厚禄，就能回报母亲的骨肉恩情一世辛苦了吗？

这首诗明白畅晓，一洗凿字镂句之习，全诗一气呵成，直白如话，却字字凝炼，情意万千，绝对是世间描写母爱最好的诗，没有之一。

四

不知是性格决定命运，还是命运造就了性格，总之孟郊的运势一直都不太好，就算偶尔得意，幸运之神也被他的愁眉苦脸和满面怒气给吓跑了。

实在是科考的历程太艰辛，让他对中举得官抱的期望值太高，而现实和理想的差距又太大，小小溧阳尉并不能让他光宗耀祖、锦衣玉食，甚至连财政自由都做不到。

孟郊并没有因为走上仕途而从此快乐起来，反而因为中了进士也仍摆脱不了拮据的生活，让他的心理彻底崩溃，也就破罐子破摔起来。

官职小，薪水低，孟郊做事也就不尽心，只想做条职场"咸鱼"，每天晒了正面晒背面，有空写诗，无心公务。这样子自然做不好官，没有升职的希望不说，还被县令打了小报告，另外请人代替他做县尉，把他本已微薄的薪水又分走一半。

如此"摆烂"三年，任期满后也得不到推荐信，他就干脆地辞官了。

在家赋闲两年后，日子越过越穷，向朋友借钱也都借遍了。

孟郊悔不当初，便又托亲告友地找工作，幸而韩愈肯照顾，替他谋了份去河南府任幕僚的闲职。

这期间，韩愈也在洛阳做官，对孟郊多方照顾，而卢仝、贾岛也都先后来到洛阳。文友相会，自然免不了吟风弄月，酬唱无休。

孟郊的诗多描写民间疾苦和炎凉世态，追求瘦硬奇僻的风格，如《织妇辞》《寒地百姓吟》等，多为百姓发声。虽然凄风苦雨，但却迎合了韩愈畅导的古文运动与写实主义，后来，人们就索性把他们归为"韩孟诗派"。

韩，就是韩愈；孟，就是孟郊。

我敬佩韩愈，却不喜欢孟郊的诗，更不喜欢他的人生态度，因为太能抱怨了，弄得诗作也充满寒窘之态。"苦调竟何言，冻吟成此章。""夜学晓未休，苦吟神鬼愁。""默默寸心中，朝愁续暮愁。"简直从早到晚愁眉不展，满满的负能量。一个人的心太狭隘，路也就越走越窄，难怪"出门如有碍，谁谓天地宽"了。

但是孟郊对陆羽这个一面之缘的朋友倒是真的温暖多情。

德宗贞元二十年（804年），还在溧阳任上的孟郊，听闻了陆羽病故于青塘别业的噩耗，衷心感伤，想起他与陆羽在上饶的见面，已经整整三十年过去了。

彼时他还只是一个孜孜于举业的落第考生，而陆文学的名声已经传遍天下，如同一个江湖传说，在他眼中就是神仙般的人物。可是陆羽待他那样亲切，还特地拿自己弃儿的身世来开解他，鼓励他，他是领情的，只是依然做不到陆羽那般豁达清通。

他一直记着那次见面，一直想去陆羽的坟上看看，但是不知为什么，溧阳与湖州明明相隔不远，他却始终未能成行，托了一位恰好要回湖州的好友陆畅代为祭奠，莫不是因为友人恰好也姓陆？

他写下一首古风，长歌当哭，托友人在皎然和陆羽的坟前焚化，长诗原题为《送陆畅归湖州，因凭吊故人皎然塔、陆羽坟》。

这首诗，永远地见证了"诗僧""诗囚"与"茶圣"的友情。

我在 2022 年 8 月 16 日的正午，于皎然塔侧看到了它。

那天，我们一早从酒店出发，径奔妙西镇祭茶圣。

之前查阅了不少资料，关于陆羽墓所在有两种说法，一说在妙西镇，一说在妙峰山，两处相隔十几公里，倒也不远，我决定都去看看，先定位了妙西镇。

原想"陆羽墓"或是"皎然塔"这样著名的去处，导航上应该有定位的，然而并没有这样一个地名，只能一路走一路问。好在进妙西镇不久，便有热心村民指点我准确的位置，虽然方言不太懂得，方位总是不错的。

及至看到牌坊上"杼山"的字样，我想这里应该不会错了。四十二摄氏度的高温天气，我们一路上山，汗水都不是流下来的，是大颗大颗地往下砸，连眼睛都是汗，感觉像是泪流满面。

往山上去的石级上，就连地砖往往都刻着个"茶"字，让我虽然挥汗如雨，却觉得心里踏实，一路穿过竹林，有种寻幽觅胜的成就感。

　　昨天已经顶着烈日寻到了苕溪草堂和青塘别业，陆羽在湖州的三个住处，便只差杼山妙喜寺，更何况，这里还是他的埋骨之地。想到就要与陆羽异世同处，心中忍不住一阵阵激动。在看到圆冢时，一时竟不敢上前。

　　小山并不高，半坡处一座巨大的圆坟，坟前有碑，刻着"茶翁陆羽之墓"，坟上是茂密的灌木绿植，夹杂着一两棵茶树。这可是茶圣坟头的茶树啊，真让人肃然起敬。

　　碑前两边石柱上刻着：

　　　　自从陆羽生人间，人间相学事新茶。

　　冢后略高处有座亭，亭中有陆羽石像；左近有写真堂，堂中则是皎然像，但是关着门。

　　就在我绕过亭子去寻皎然塔的时候，意外发生了。也不知是脚下被绊了还是腿软了，只觉眼前一黑，便重重地摔了下去，肩膀狠狠地砸在地上，头脸被胳膊垫了一下，却还是摔得一阵晕眩。

　　先生抢过来扶我，我却连呼"别动我"，只觉两条腿一阵剧痛，动弹不得。左膝盖血肉模糊，右脚踝迅速肿起，我躺在地上，半晌动弹不得，最要命的，是我眼前完全昏黑一片，只听到先生的声音，我模糊看到人影，却完全没办法分清黑白，只能用意志力强撑着告诉自己不能晕倒。

　　我觉得这样的失智足足持续了十几分钟，但先生说前后只有半分多钟，当他将我扶起时，我只觉两腿发软，眼花想吐，好容易挪到荫凉处坐定，犹自看不清眼前是黑是明，知道大约是中暑加上轻微脑震荡，不敢大意，乖乖坐着等震荡过去。只是心里难免委屈：我都这样有诚意了，是哪位神仙还看我不顺眼，要下手推我这一跤呢？

不知坐了多久，这个世界终于在我眼前渐渐清晰起来，又重新有了明暗颜色。我咬着牙，身残志坚地倚在先生身上，一步一挪来至皎然塔前，对着"大唐高僧释皎然灵塔"礼拜之后，又坚持绕着塔一一拍摄了壁上题字，分别是皎然生平简介，皎然《奉和颜使君真卿与陆处士羽登妙喜寺三癸亭》诗，与孟郊的祭塔诗，但是题目与我从前所见略有不同，乃是《送陆畅归湖州，因凭题故人皎然塔》，竟然未提陆羽墓。首句"森森雪寺前，白蘋多清风"，也各缺一字，题为"森森寺前，白多清风"，其余均同，录之如下：

森森雪寺前，白蘋多清风。
昔游诗会满，今游诗会空。
孤吟玉凄恻，远思景蒙笼。
杼山砖塔禅，竟陵广宵翁。
饶彼草木声，仿佛闻余聪。
因君寄数句，遍为书其丛。
追吟当时说，来者实不穷。
江调难再得，京尘徒满躬。
送君溪鸳鸯，彩色双飞东。
东多高静乡，芳宅冬亦崇。

> 手自撷甘旨，供养欢冲融。
> 待我遂前心，收拾使有终。
> 不然洛岸亭，归死为大同。

"昔游诗会满，今游诗会空。"孟郊是晚辈，到他举业的时候，颜真卿、皎然、陆羽都已作古，昔日湖州联诗团风流云散，好不感伤。

"杼山砖塔禅，竟陵广宵翁。"点明此处是皎然塔与陆羽墓并立，而且草木余响，群山追怀。

孟郊在最后说：等我将所有的事了结，希望也能来与你们相伴，死归一处，因果大同。

念着孟郊的诗句，我自嘲地想：是不是茶圣和诗僧也想邀我一起结伴杼山，"归死为大同"？

这一摔委实不轻，也就此中断了我的问茶之旅，只得放弃了前往顾渚山寻找大唐贡茶院的计划，次日一早便匆匆返回西安了。

车子在高速路上飞奔，一路看到"长兴""溧阳"字样时，我忍不住叫着：这里就是大唐贡茶院的所在地了，这里是孟郊做县尉的地方……我好想下车寻幽觅胜啊，可是完全走不了路，奈何？

但是很快便也心平了。我已经是知天命之年，越来越缺少心动的能力：打开电视，几乎没有喜欢的节目，没有想追的剧情；翻开书本，除了永无尽头的专业知识外已无小说可读。因为世上从来没有新鲜事，所有的故事都是重复了又重复，只有发生在自己身上的才叫真情，而发生在别人身上的故事，无论来自书本或是隔壁，都只是昨天的新闻罢了。

唯一看不清的，是自己忘记了的前世，还有未曾去到的来世。

于是才要不停地旅行，因为旅行是最接近前世今生的游历。不论你做过多少功课，计划得多么周密，行程中都会有难以掌控的变动或见闻，都会有不可预期的惊喜或失望，而那种不确定性，便是旅行最大的魅力。

就如同这被迫中断的问茶之旅。

虽然不能照着我的计划去到所有的地方，但是第一站在陆羽的出生地天门，而最后一站止于陆羽的埋骨地湖州，未尝不是一种圆满。

或许，这便是天意吧？

最好的结局

一

唐德宗李适（742—805）在位二十六年，先后用过三个年号：建中、兴元、贞元。

陆羽在永泰二年完成《茶经》初稿，一飞冲天；于建中元年，在皎然支持下三卷付梓，并得到皇帝诏见；贞元末，病逝湖州，归葬杼山。

他是在贞元八年（792年）回到湖州青塘别业的，湖山依旧，物是人非。

好在，还有皎然。

一个地方之所以让人魂牵梦萦，熟稔亲切，从来都不是为了山水，而是因为那里有自己惦念的人。

陆羽虽然以竟陵为故乡，成长后却不再回去，人生大半时间都停留在湖州，叶落归根想着的也是湖州，主要就是因为湖州有皎然吧。

但是皎然也变了,从前墨香远溢的禅室中,竟连一笔一砚、一诗一卷亦不见,唯有经卷木鱼,檀香袅袅,佛座前供奉着一束菖蒲,一盆兰花。皎然益发清癯,眉骨显出峰棱来,不见衰老,只是更加冷清超然。

老友重逢,对席烹茶,陆羽因问:"如何经案上不见笔墨?"

皎然淡淡说:"都命弟子们弃了。"

陆羽一惊:"这却是为何?"

皎然道:"我生平尝言'隐心不隐迹',终日沉湎文字以为雅趣,著《诗式》以矜道侈义,实则自误矣;耽于推敲而废经禅,缚于诗书而困愚顽,数十年间,了无所得,大非禅者之意。故令弟子尽弃之,绝俗物之累,与松云为偶。"

"诗僧"皎然竟然再不写诗了!那他还是陆羽所熟悉的皎然吗?

陆羽怅然若失,一时惶惶惑惑,不辨滋味,仿佛迷路的孩子归不了家,好容易寻了回来,亲人却都已不在,当下讷讷道:"上人清净其志,高迈其心,自是世外人,世外语。然某当初著《茶经》,正是上人大力相勉,嘱我以一生之识,传后世之师。又道文章千古,功德无量,如何上人倒弃置文字,自毁《诗式》?"

皎然摇摇头道:"诗与禅本不相合,诗言志以道性情,坐禅则为见性忘情。一旦堕入文字凤慧,岂非自绝禅那因缘?岂若孤松片云,禅座相对,无言而道合,至静而性同哉!"

陆羽恍惚间,只觉得自己又回到了竟陵龙盖寺中,与智积禅师作释儒之辩,因道:"我听闻朝廷月初有旨,敕写上人文集入于秘阁,天下荣之。可见上人纵然自弃,人不弃之,又当如何?"

皎然微微一愣,沉默良久,叹道:"诗书文墨,究竟是外物,何累于人哉!集于秘阁也罢,佚于江湖也罢,终究与我无干。住既无心,去亦无我。各归本性,使物自物,岂不乐乎?"

陆羽心中一动,似乎意识到了什么,却不敢相信,因试探道:"文字无心,人心自窥,何必因人心而废文字?"

皎然无声叹息:"云无心以出岫,便难避风雨,倒不如居山不出的好。是以无心不如无迹。"

陆羽心中大恸,喃喃低吟:"心远浮云知不还,心云并在有无间。狂风何事相摇荡,吹向南山复北山……"

这正是李季兰的诗《偶居》。一时两人都沉默下来,心头同时浮起那个女子若飞若扬的姿态,若嗔若喜的娇颜,无法相信她真的就此消逝在天地间。

释皎然,释皎然。李季兰初罹难时,皎然还特地赶去江西开解陆羽,然而莲台深处,原来他自己也不能释然。

陆羽不知是悲是慨,只觉心中万语千言,却哽在喉头不得出,又沉默着饮了两盏茶,便告辞别去了。

下山时,正是黄昏,走到山底,还能听见僧院的敲钟声。他回头望去,透过密林的缝隙,依稀看到寺院里的一座塔尖,歇山檐式的屋顶在夕阳下碧光流翠,分不清是琉璃还是绿叶,心中涌起一股说不出的失落茫然。

他怀念那个一边张起四面素绢誊写《茶经》一边调侃他"楚人茶经虚得名"的皎然,那个自由行走在红尘歌宴中以茶代酒行令飞花的皎然,更怀念那个巧笑倩兮美目盼兮的女冠子,弯着一双娇媚的眼睛赞他："衣敝缊袍与衣狐貉者立而不耻者，其由也欤？"

她再也不会哭、不会笑，也不会回来了，所以，他与皎然，也都变了。

她的死，是因为一首诗，于是皎然弃笔墨而废诗书，声言再也不写诗了。这是一个方外之僧对于世俗刻薄律例的无声抗议，是一种凛冽的拒绝，却更是深沉的怀念。

为一首诗杀一个人，这就是皇权。皇权无奈何那些独霸地方举兵叛乱的藩镇，也震不住那些功高权重挟制朝廷的宦官，更拦不住那些纵兵掠夺荼毒洛城的回纥人，却有足够的威仪棒杀一个写诗的女冠子。

皎然是悲悯的，也是愤怒的，而终归是柔软的。"天女来相试，将花欲染衣。禅心竟不起，还捧旧花归。"这是他当年拒绝李季兰的诗，然而他的心中，终究是念着那个活色生香的多情女子。

陆羽看清这一点，心下更是一阵大恸，仿佛再次下起漫天大雪，纷纷扬扬，遮蔽了心尖上那座小小坟茔。

他想，他对她永远的祭奠是在心里为她筑了一座水晶冢，而皎然，想来也必会在佛堂为她点燃一盏长明灯的吧？

二

陆羽回到了青塘别业，也回到了闭门著书的生活，可惜这些作品都没有流传下来，不然一定会成为研究唐朝风土人物及陆羽生平的重要史料。

安禅何必山水,清心终须砚墨。陆羽自幼生长于禅林,读书又是师从火门山邹夫子,一生都愿与僧道交结,并且性近山水,终生不娶。但是他的内心,始终都是那个站在智积老和尚面前昂然称"羽将校孔氏之文"的倔强小孩子。

只是,他再也不能与皎然分享他的文字。

书成,陆羽再度远行——其实也不远,只是移居苏州。

据说《水品》一卷,就是在苏州完成的,因为他在这里又发掘了一处最优质水源:虎丘山泉。

虎丘,向有"吴中第一名胜""江左丘壑之表"的美誉,相传是吴王阖闾墓冢所在地。

《吴越春秋》载:"阖闾葬虎丘,十万人活葬,经三日,金精化为白虎,蹲其上,故名虎丘。"

殉葬的不仅有十万活人,还有包括"鱼肠"在内的三千名剑。阖闾的墓道口就在剑池深处。倘若传说为真,那里该有多重的怨气与戾气啊!虎丘寺的和尚们天天念经,也是在为他们超度吧?

虎丘的传说太多了,剑池、千人石、云岩寺、真娘墓、冷香阁、望苏台、平远堂、万景山庄……从吴越春秋,到秦汉一统,从魏晋风骨,到衣冠南渡,晋末高僧竺道曾在这里说法,千人得道,顽石点头。

而就在"千人石"的右侧,赫然便是"陆羽泉"。《苏州府志》云:"面阔丈余,旁皆石壁,鳞皱天成,下达石底,渐窄,泉出石脉中,甘冷胜剑池。"

岩井四周石壁陡峭如削,犹如天成,苏东坡赞之为"铁华秀岩壁",再后来,清代范承勋来此,手书"铁华岩",刻于壁上。

在宜茶之水排行榜上,"苏州虎丘寺石泉水"名列第五,但是唐代另一品水名家刘伯刍认为应该排第三,因此如今井泉之上便标以"天下第三泉"。

天门市文学泉、江西上饶一中陆羽泉、杭州双溪苎翁泉,再加上这苏州虎丘陆羽泉,便是现今存世的四大陆羽泉了。

陆羽在久居之地,除了凿泉,自然也少不了种茶访茶。

早在德宗贞元四年(788年),韦应物刺苏州时,便写下《喜园中茶生》:

> 洁性不可污,为饮涤尘烦。
> 此物信灵味,本自出仙源。

韦应物也是中唐诗坛的代表人物,性高洁,好佛道,同颜真卿、皎然、顾况等都是好朋友,却不知与陆羽是否有过交集。毕竟,陆羽来苏州时,韦应物早已任满离开。

不过,陆羽虽然错过了韦应物,却一定不会错过虎丘白云茶。

《虎丘志》载:"虎丘茶色如玉,味如兰,宋人呼为白云茶。"

《茶解》则云:"茶色白,味甘鲜,香气扑鼻,乃为精品。茶之精者,淡亦白,浓亦白,初泼白,久贮亦白,味甘色白,其香自溢，三者得则俱得也。"

这段描写真令我心向往之，恨不能一睹为快。茶色白，而且淡亦白，浓亦白，初色白，日久仍白，看上去有点像白茶中的极品白毫银针，未知是也不是。

白云茶于明代时成为贡茶，一度风头无两。文震亨《长物志》载："虎丘，最号精绝，为天下冠，惜不多产，又为官司所据。寂寞山家，得一壶两壶，便为奇品。"

然而，"虎丘雪颖细如针，豆荚云腴价倍金"。正因为价值高昂，产量又少，供不应求，后来便也与阳羡紫笋一样，生生被折腾荒了，湮没不见。

关于虎丘茶的消失原因，据《虎丘山志》载："明时有司以此申馈大吏，诣山采制。胥皂骚扰，守僧不堪，薙除殆尽。"

原来，虎丘山头统共也没多大，茶叶产量更少，"竭山之所入，不满数十斤"。哪里禁得起层层官吏的盘剥求索，于是虎丘寺僧索性将茶树尽皆砍了，绝怀璧之罪，免红尘之扰。

真真令人顿足。

不过，所有介绍虎丘茶的专著中，都不忘提一句茶树为虎丘寺僧所植。而陆羽，正是寄居虎丘寺，想来也在种茶僧列吧。只是《茶经》早在十年前已经付梓，所以书中并未提过虎丘茶。

倒是《茶经·八之出》中有一句"苏州长洲县，生洞庭山"，而洞庭山所产茶叶，如今最著名的正是碧螺春。

碧螺春，俗称"吓煞人香"，因香气高而持久，茶色碧绿，形曲如螺而得名。

由于碧螺春芽尖细嫩，不宜煮饮，因此陆羽虽在书中有载，却并未引起关注，直到明清时碧螺春改饼茶为散茶才为人熟知。

明代《随见录》记载："洞庭山有茶，微似芥而细，味甚甘香，俗称为'吓煞人'，产碧螺峰者尤佳。"

相传"碧螺春"之名，为康熙皇帝下江南时所赐。然而明末诗人吴梅村词中已有"睡起爇沉香，小饮碧螺春盌"之句，可见传言不实。

或许是碧螺春太娇嫩纤细了，宛如处子。因此民间有个传说，采茶者必须是未婚女子，不用茶筐，而是放在怀里，以胸脯捂热，异香清幽，如花如果，令人心醉，故名"吓煞人香"。

每到春来，"入山无处不飞翠，碧螺春香百里醉"。新茶白毫毕现，银绿隐翠，如诗如画。

碧螺春的采摘讲究"摘得早，采得嫩，拣得净"。每年春分前后开采，谷雨前后结束，以明前茶最为名贵，拥有"满身毛、蜜蜂腿、铜丝条"的特征，一芽一叶，芽叶嫩、色泽鲜。

碧螺春制作工艺主要包括"杀青、揉捻、搓团显毫、炒青"四大步骤，炒青迄今仍采用手工炒制，"手不离茶，茶不离锅，揉中带炒，炒中有揉"，火候和手势都极讲究，速度慢了会焦，力度重了会伤。"捻断芳心散碧，翻成雪浪浮花。"真如对待一位处子般小心侍候。

如果你在春茶时节来到苏州吴中区，每到清晨，当第一缕阳光洒在小巷中时，便可闻到阵阵茶香，到处都是炒茶品茶的茶农茶客。

碧螺春是非常娇嫩的一种茶，就连投茶时都只能采用"上投法",就是先冲水后投茶,水温不宜过高,七至八十度即可。茶水清碧,香气袭人,微啜一口,鲜爽生津,整个春天都被吸入肺腑之中了。

如今,虎丘白云茶已成绝响,而市面上高价售卖的"碧螺春"也往往只是以碧螺春制茶工艺制作的普通炒青,只有产自苏州太湖边洞庭山、清明前采制的茶,才是陆羽品鉴过的"洞庭碧螺春"。

一斤碧螺春,四万春树苗,颇有种"一将功成万骨枯"的壮烈显贵。因此往往"养在深闺人未识",并不是有钱就一定能买到真品。

其鉴别方法,首先是看外观,碧螺春条索纤细,卷曲如螺,茸毛遍布,银绿隐翠,茶芽幼嫩、完整,无叶柄,无黄叶,无边缘枯蜷;注意茶叶颜色,没有加色素的碧螺春色泽比较柔和自然,加了色素的看上去颜色鲜艳油绿,有明显的着色感。其次是品茶汤,开水冲泡后,碧螺春芳香浓郁,有花果香,滋味鲜醇,回味甘厚,汤色嫩绿整齐,幼芽初展,芽大叶小。没有加色素的汤色看上去清澈柔和、青黄透亮,加了色素的看上去颜色鲜艳,明显发绿。

不过,最保险的方法,还是亲自来到吴中区,盯着茶农采摘炒制,然后美美地品上第一口春茶,那才是最正宗的洞庭春!

三

我第一次去苏州,为的是感受香菱的出生地阊门,"最是红尘中一二等富贵风流之地"。

住在阊门街，步行去虎丘，七里山塘我硬是走过来的，一步一景，颇不寂寞，仿佛走在明清与民国。

后来几次再去，为的是参加昆曲节或是为昆伶角儿捧场，满耳都是咿咿呀呀的笙箫笛阮和水磨调，梦回的是大明王朝。

奢望穿越大唐，的确是有点儿难度了。

不过山塘街相传是白居易知苏州时修建的，纵然留不下遗迹，也留下了地气。

而且，七里山塘的风景是真的好，会馆祠堂，小桥流水，处处题写着历史的褶皱。墙面上留着深深浅浅的水迹，背阴处长满青苔，像是画家任性地醉涂狂草，却有一种疏影横斜的慵懒趣致。

我特别钟爱江南的小桥，每每行走其上，总是想起阿难的石桥禅："我愿化成一座石桥，经受五百年风吹，五百年日晒，五百年雨打，只求你从桥上走过。"

那天，有雨，我打着伞从桥上经过，想象陆羽走在桥的那一头。微风拂起他青色的衣衫，他回过头去整理背上的竹篓，然后望也不望我一眼，低着头从我身边匆匆走过。

历史不会为任何人停留。"昔人已逐东流去，空见年年江草齐"。

从贞元十年到十五年（794—799），陆羽断断续续在苏州住了六年，比在上饶山舍待得还久。

这年春天，皎然来了。

陆羽大喜过望。自从上次关于诗与禅的辩论后，他总觉得皎然变了，而自己的生活也变了，他们中间隔了一个人，简直不知道该如何对话，所以竟连湖州也待不下去了。

他千里迢迢地从洪州回来，却只在青塘别业住了两年多便又离开，一如当年逃离龙盖寺。而皎然对自己的寻访，也一如当年积公走出禅寺亲自往戏班里找寻小小的疾儿，力劝他重归禅院。

当然，皎然没有劝他皈依，甚至没有见到他，只留下一首诗：

访陆处士羽

太湖东西路，吴主古山前。
所思不可见，归鸿自翩翩。
何山赏春茗，何处弄春泉。
莫是沧浪子，悠悠一钓船。

还是皎然一贯的萧然出律，不问平仄，吉光片羽，俯拾即得。

诗中大意是：我沿着太湖追溯，来到孙吴君主的古山前，寻访陆羽处士，却没有见到。想来，你又像是一只翩翩孤鸿遨游天地去了。不知此时你在哪座山头采撷新茶，又在哪处岩边品饮流泉？你是世间最逍遥的隐士，正如夫子屈原邂逅的那位渔夫，嬉游于沧浪之间，钓纶自适，清高超然。

陆羽看了诗，泪流满面。到底是皎然！终还是皎然！

诗中的每一个字都烙进陆羽的心中，这只天地孤鸿，忽然就轻盈了起来。皎然仍是最懂他的！

最重要的是，皎然又写诗了！再不纠结什么劳什子"非禅者之意"了!

皎然放下了!皎然回来了!

第二天,陆羽便收拾行囊,返回湖州,仍居青塘别业。

一僧一俗,再度相伴,"永结无情游,相期邈云汉"。

陆羽人生的最后五年,过得安静淡然,真如鸿在天空影在林,兰生深谷雾生溪。

他有句话一直没有告诉皎然:这一生中我遇见的最好的事,就是茶与你。

唐德宗贞元十九年(803年),皎然圆寂。

次年冬(804年),陆羽逝,葬于杼山皎然塔侧。

又次年(805年),德宗崩。

(全文完)

跋　喝茶是一件平常的事

陆羽一生，从禅院杂役到天子亲赐太子文学，锦心绣口，著书无述，最终却只传世《茶经》一部。

普天之下，但有饮茶者，孰人不读《茶经》，孰不知鸿渐之名？

然则陆鸿渐，释耶？道耶？儒耶？

他明明叛出佛门，却又一生喜欢寄居山寺，与僧人交往，诵经不绝，且终生未娶，分明就是一个脱下袈裟的和尚；

他声称要习孔子之文，著作等身，还曾被授予太子文学、太常寺太祝，心甘情愿"礼乐囚姬旦，诗书缚孔丘"，却偏又辞官不就；

他半生都在隐居，或是山中，或是溪村，人人都尊称他一声"处士"，他也自谓楚狂接舆，却也并不拒绝红尘，且曾入幕十余年，追随的还是不同的幕主，完全没有不事权贵的条条框框，随遇而安，来者不拒，顺其自然。

他不是李白，亦不是王维，更不是白居易，他就是茶人陆羽，行走于天地山川的一个草木人儿，骄傲又谦逊，宽和又冲淡，固执又随和，简朴又极致，我行我素，不负初心。

耿沣对他的赞美是非常恰当的："一生为墨客，几世作茶仙。"

他就是陆羽，天生弃儿，千古茶圣！

为了写作这本《陆羽传》，我特地买了一张巨幅中国地图，贴了整面墙，然后按照陆羽生平足迹——圈点，涂抹下来后，发现自己几乎全部去过。

数十年来不停歇地旅游，走遍国内三十一个省、市、自治区的山水，每遇茶乡，必说陆羽，大概就是我写此书的第一个原因了。

熟读大唐历史风物，曾经出版《诗说唐朝》四卷，对陆羽那个时代的空气与诗人熟之又熟，仿佛自己也生活在他的"朋友圈"里，是我的第二项底气。

这本书的完成，必须感谢两个人：我的大学同学、三十年老闺蜜、西周私塾茶道老师蔡承晓，和我的先生、西周私塾老班长、西周茶会负责人。

岁深方知己，茶苦有回甘。若不是蔡老师，我不会涉足茶行，开办茶会，不会有这几十年的品茶经验；结发二十五年，共度银婚的老班长就更不用说了，他既是我的专职司机和摄影师，也是顾问和校对，没有他，我便没办法完成一次又一次的长途自驾行，也想不起要写这本书。

拥有开茶社、教茶课的经验，是我写作此书的第三条倚仗。

和陆羽一样闭门著书，也和陆羽一样走访山川，我理解他的孤独,更佩服他的执着,有目标的行走是幸福的,我在读万卷书、行万里路的奔跑中,忙碌而快乐着。

茶、瓷、还有丝绸,都是中国给予世界最好的礼物。作为一个中国人,真是骄傲。

我的英语水平还不足以给外国朋友翻译唐诗,因此在周游世界的时候,特别喜欢同他们讲茶,因为既浅且深,亲近又悠长。

英国、日本、法国,湖北、江苏、福建,等等,处处都留下了我的足迹,带着一缕茶香,缭绕于记忆,氤氲着诗情,凝结为一篇又一篇的文章。

像陆羽那样,行走、饮茶、吟诗、著述,在青山绿水的浸润中,字字句句都生了骨血,让我乘着这些文字,沿着茶烟渺然,瞬间穿越,凌渡千年。

最后,用老班长的一首小诗结束这本书,为我们的生活再续一杯茶:

平 常 的 事

喝水是一件平常的事
有了茶
便是诗

喝茶是一件平常的事
有了诗
便是风雅

风雅是一件平常的事
有了你
喝茶是诗
喝水也是诗

2021 年 12 月初稿于西安大唐西市
2022 年 3 月 9 日二稿于西安大唐西市
2022 年 8 月 16 日定稿于湖州
2023 年 4 月 3 日校改于福鼎茶乡